PURE  NARD

PURE  NARD

John & Paula Sandford

존&폴라 샌드포드의

상한 영의 치유

Healing the Wounded Spirit

②

PURE NARD

Healing the Wounded Spirit
by John and Paula Sandford

Copyright ⓒ 1985 John and Paula Sandford
Published by Victory House, Inc.
6506 S. Lewis, Suite 112 Tulsa, OK 74136

Korean translation copyright ⓒ 2007 by Pure Nard
2F 16, Eonju-ro 69-gil, Gangnam-gu, Seoul, Korea

The Korean edition is published by arrangement with Victory House, Inc.
All rights reserved.

본 저작물의 한국어판 저작권은 Victory House, Inc와의 독점 계약으로
'순전한 나드'가 소유합니다. 저작권자의 허락 없이 이 책의 일부 또는 전체를 무단 복제,
전재, 발췌하면 저작권법에 의해 처벌을 받습니다.

상한 영의 치유 2

지은이 | 존 & 폴라 샌드포드
옮긴이 | 임정아

초판발행 | 2007년 1월 25일
8쇄발행 | 2022년 1월 15일

발 행 인 | 허 철
등록번호 | 제2010-000128
발 행 처 | 도서출판 순전한 나드
　　　　　서울 강남구 언주로69길 16(역삼동) 2층
도서주문 | 02) 574-6702
Fax.　　 02) 574-9704
홈페이지 | www.purenard.co.kr

ISBN 978-89-91455-65-8 04230

상한 영의 치유 2

HEALING THE WOUNDED SPIRIT 2

존 & 폴라 샌드포드

John & Paula Sandford

PURE NARD

내적치유 사역에 있어서

우리의 첫 번째 스승이자 친구가 되어주신

아그네스 샌드포드 여사에게

그리운 추억을 담아 이 책을 바칩니다.

● 상한 영의 치유 1

감사의 글
머리말(존)
서두(폴라)

Section 1

몸으로 표현되는 영의 상처와 죄

1. 무시되어온 영의 기능들_ 26
2. 태아기의 경험들_ 65
3. 거절감으로 인한 상처들_ 103
4. 거식증, 난독증, 정신분열증, 아동학대_ 138

Section 2

여러 가지 영의 질병과 그릇된 영의 상태

5. 졸음의 영_ 184
6. 영적인 감금 상태_ 249
7. 우울증_ 280
8. 더럽힘, 마귀, 죽음의 소원_ 353
9. 동일시와 때까치 기질_ 414

상한 영의 치유 2

section 3

영적인 범죄들

10. 신비사술_ 12

11. 강신술과 축사_ 64

12. 영적 간음과 우상숭배_ 110

section 4

외부적 요인들로 인한 영의 상처

13. 세대적인 죄_ 150

14. 짐 지기와 거머리_ 180

15. 비탄, 좌절, 상실_ 233

16. 죄인들의 세상에서 살아가기_ 270

참고문헌

3부.
영적인 범죄들
Spiritual Sins

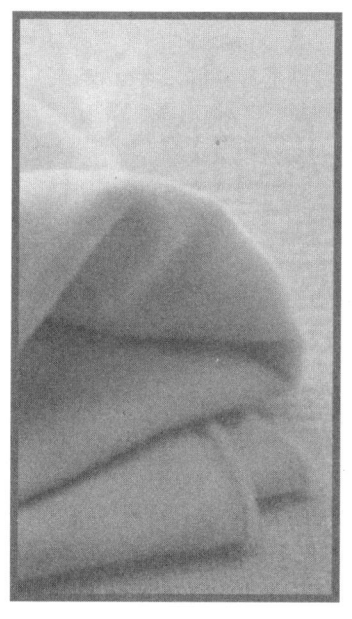

여기에서 우리는 온갖 형태의 신비사술(occult)과 기타 영적인 범죄들에 대해 일일이 나열하고 기술하는 일은 하지 않겠다. 이에 관한 책들은 이미 많이 나와 있다. 유능한 기독교 서점 직원이라면 독자들을 위해 이 주제에 관련하여 참조할만한 좋은 책들을 소개해줄 것이다. 개인의 영(spirit)을 고통스럽게 해온 여러 가지 상처들의 치유법을 그리스도의 몸 된 교회에게 가르쳐 주는 것이 바로 우리의 목적이다. 치유되어야 할 상처는 무엇이며 어떻게 치유해야 하는가에 대한 충분한 이해를 위해, 우리는 비교적 중요한 몇 가지 신비사술들을 상세히 설명하게 될 것이다.

신비사술에 관여한 사람의 영(spirit)은 상처를 입는다. 우리에게 필요한 것은 단지 축사(deliverance)와 용서만이 아니다. 치유도 필요하다. 상담자로서 우리는 과연 어떤 상황이 사람으로 하여금 유혹과 공격에 쉽게 넘어지도록 만드는지를 개인의 삶의 내력 속에서 찾아낼 수 있어야 한다. 우리는 죄의 결과뿐 아니라 죄의 원인도 치유해야 한다. 기본적으로 내적 치유를 다루는 이 책에 영적인 범죄에 관한 부분을 첨가하게 된 것도 바로 이런 이유 때문이다.

사역을 하면서 우리는 교회가 이 분야에 관해 너무나 무지하다는 사실을 발견했다. 이제까지 많은 사역자들이 용서를 위해서는 그리스도의 보혈을 적용하였다. 더 이상 신비사술을 행하지 못하도록 그리스도의 십자가도 적용하였다. 권세를 가지고 악한 영을 쫓아냈고, 가르침의 도구로 하나님의 말씀도 효과적으로 사용하였다. 그리고는 마치 이로써 모든 구속 사역이 완성되기라도 한 양 기뻐하였다. 그러나 이들의 기쁨은 시기상조이다. 내담자의 영에는 그들을 근본적으로 타락으로 몰아간 깊은 상처와, 신비사술에 관여한 죄로 인해 생긴 심각한 상처가 여전히 남아 있을지도 모른다. 그리스도의 몸 된 교회는 내담자가 온전한 치유에 이르도록 인내해야 한다. 내담자에게 필요한 것은 자유함을 넘어 온전함에 이르는 일이다.

Chapter 10. 신비사술에 관여함

Occult Involvement

하나님은 분명하게 신비사술을 금하셨다.

네 하나님 여호와께서 네게 주시는 땅에 들어가거든 너는 그 민족들의 가증한 행위를 본받지 말 것이니 그 아들이나 딸을 불 가운데로 지나게 하는 자나 복술자나 길흉을 말하는 자나 요술을 하는 자나 무당이나 진언자나 신접자나 박수나 초혼자를 너의 중에 용납하지 말라 무릇 이런 일을 행하는 자는 여호와께서 가증히 여기시나니 이런 가증한 일로 인하여 네 하나님 여호와께서 그들을 네 앞에서 쫓아내시느니라 너는 네 하나님 여호와 앞에 완전하라 네가 쫓아낼 이 민족들은 길흉을 말하는 자나 복술자의 말을 듣거니와 네게는 네 하나님 여호와께서 이런 일을 용납지 아니하시느니라 (신 18:9-14)

'신비사술(occult)'이란 '어떤 비밀스런 것' 혹은 '어떤 비밀스런 행위'를 말한다. 천문학에서 별이 태양광선에 의해 가려지는 것을 '엄폐현상(occult occurrence)'이라 한다. 천문학에서 사용하는 '엄폐'라는 단어에는 조금도 부정적인 의미가 없다. 단지 사실을 묘사하기 위한 과학 용어일 따름이다. 그러나 이 단어가 종교에서 사용될 때는 '(마술, 연금술, 점성술, 접신학 등) 초자연적인 용법을 동반한 과학에 관한 것, 혹은 그러한 과학들이 가진 특성'이라는 뜻을 갖는다.[1]

여기서 말하는 마술(magic)은 오늘날 '마술사(magicians)'들이 행하는 재빠른 손놀림과 눈속임으로 인한 속임수와는 거리가 멀다. 이들의 묘기는 '손으로 하는 요술'이라 부르는 게 나을지도 모른다. 마법을 행한다 함은 '영적 존재의 대리자를 강제로 동원하여 일련의 사건에 영향을 미치게 하는 것, 혹은 자연이 가진 신비사술적인 통제의 원리를 작동시켜 사건에 영향을 미치는 것'을 의미한다.[2]

마술에는 두 가지 차원이 있다. 첫째, 목적을 달성하기 위해 자신의 심리적인 힘으로 여러 가지 원리들을 작동시키는 차원이다. 이 때 마술을 쓰는 사람은 혼자서 일한다. 목적에 맞게 자연을 이용하거나 자연에 영향을 미치기 위해 오직 자신의 심리적인 힘만을 사용한다. 이들은 부지불식간에 정사급 귀신들의 영향을 받기도 한다. 그러나 자신의 목적을 달성하기 위해 자신의 능력만을 사용하려는 의도 때문에, 본인은 이런 사실을 전혀 알아차리지 못한다. 최소한 의식적으로는 자신 이외의 그 어떤 대리인이나 힘도 불러들이지 않는다. 둘째, 마술을 부리는 사람이

---

1) Oxford Universal Dictionary, Clarendon Press, 1933.
2) 같은 책.

의식적으로 다른 존재에게 도움을 요청하는 차원이다. 이러한 종류의 마술로는 강령술(necromancy), 심령술(spiritism), 요술(sorcery) 등이 있다. 여기에 영매술(mediumism)이 포함되는 경우도 있다.

강령술(necromancy)은 미래에 대한 정보를 얻거나 어떤 사건을 발생시키기 위해, 물건을 사용하여 죽은 자들과 대화하는 기술이다. 강신술(spiritualism)이라고도 하는 심령술(spiritism)은 죽은 자의 영과 대화를 시도하는 일이다. 영매술(mediumism)이란 강신술사가 현재 접촉하고 있는 죽은 자의 영으로 하여금 강신술사의 몸, 특히 성대를 사용하여 말하게 하는 방법이다.

강신술에 대한 하나님의 입장은 간결하고도 단호하다. "음란하듯 신접한 자(mediums)와 박수(spiritists)를 추종하는 자에게는 내가 진노하여 그를 그 백성 중에서 끊으리니"(레 20:6). 성경은 영매(mediums)에 대하여는 훨씬 더 엄격한 태도를 취한다. "남자나 여자가 신접하거나 박수가 되거든 반드시 죽일지니 곧 돌로 그를 치라 그 피가 자기에게로 돌아가리라"(레 20:27). 레위기 19장 31절에서는 다음과 같이 명령한다. "너희는 신접한 자와 박수를 믿지 말며 그들을 추종하여 스스로 더럽히지 말라 나는 너희 하나님 여호와니라"

위에서 나는 옥스퍼드 사전에 나오는 신비사술의 개념을 언급하였다. 이 때 두 번째로 등장하는 '연금술(alchemy)'은 통상적으로 알려진 개념과는 사뭇 다르다. 일반적으로 연금술은 고깔모자를 쓰고 '네 가지 믿기 어려운 일들'을 추구하는 사람들에 관한 것으로 알려져 있다. 여기서 '네 가지 믿기 어려운 일들' 이란 다음과 같다.

1. 비금속을 금으로 바꾸기

2. 모든 것을 녹이는 용해제를 만들기(모든 것을 녹일 수 있는 산(酸))

3. 불로액(마시는 자마다 영원히 젊음을 유지하게 된다는 물약). 어떤 역사학자들에 의하면, 폰세 데 레온(Ponce de Leon)이 이러한 불로액을 찾기 위해 세계를 돌아다니다가 미국의 플로리다를 발견하게 되었다고 한다.

4. 영원히 멈추지 않는 기계.

연금술은 고대 과학으로서 히브리 국가가 성립되기 훨씬 이전부터 존재해 왔다. 크리스천들을 비롯한 다른 많은 이들의 핍박으로 인해, 연금술사들은 자신들의 본래 목적은 감춰두고 위에서 언급한 네 가지 믿기 어려운 일들에 관한 연구만을 표면적으로 내세웠다. 사람들은 그들을 마치 불가능한 일들만 찾아다니는 바보들이라고 생각했다. 그러나 그들의 진정한 목적은 바로 완벽한 혼(soul)을 추구하는 데 있었다!

연금술사들이 추구하는 완벽함이란 도덕적 혹은 윤리적으로 그리스도의 장성한 분량에 이르는 성숙함(골 3:12-17)과는 거리가 멀다. 이들이 말하는 완벽함이란, 혼(soul)의 능력을 훈련하고 정화함으로써 하나님의 개입 없이도 기적을 행할 수 있도록 영(spirit)의 능력을 발견하고 활용하는 것을 의미한다. 이들이 추구하는 것은 능력(power)이다. 인간의 영 안에 갇혀있는 능력을 풀어내는 것이 이들의 목적이다. 이러한 잠재능력은 사실 모든 사람들에게 있다. 예를 들어보자. 이제 과학은 미세한 원자 분열 혹은 원자 융합을 통해 방출되는 힘으로 반경 25마일 안에 있는 것은 무엇이든 파괴할 수 있게 되었다. 지극히 미세한 물질인 원자가 이같이 엄청난 능력을 발휘할 수 있다면, 한 개인의 영은 얼마나 큰 능력을 가지고 있겠는가!

아담의 마음에 죄가 들어왔을 때, 하나님은 아담 안에 주신 능력이 더 이상 사용되지 못하도록 숨겨 놓아야만 하셨다. 단 한 명의 인간이 수많은 수소폭탄보다 훨씬 더 파괴적일 수 있었기 때문이다! "피조물이 허무한데 굴복하는 것은 자기 뜻이 아니요 오직 굴복케 하시는 이로 말미암음이라 그 바라는 것은 피조물도 썩어짐의 종노릇 한데서 해방되어 하나님의 자녀들의 영광의 자유에 이르는 것이니라"(롬 8:20-21). 하나님은 '밝음'에서 '가장 어두움'으로 조명을 바꿔놓으셨다. 하나님은 부패한 생각과 마음 때문에 자연과 인간에게 부여하신 능력이 오용될 가능성을 미리 차단하셨다. 사단은 인간의 타락 이래 아직 때가 이르기도 전에 인간의 능력을 풀어내려고 온갖 시도를 끊임없이 행해왔다. 사단은 인간으로 하여금 하나님께서 금하신 온갖 신비사술을 행하도록 꾀었다. 사도 바울의 말씀처럼, 때가 되면 하나님은 하나님의 지혜 가운데 모든 인류를 풍성한 영광으로 회복시켜 주실 것이다.

> 돌에 써서 새긴 죽게 하는 의문의 직분도 영광이 있어 이스라엘 자손들이 모세의 얼굴의 없어질 영광을 인하여 그 얼굴을 주목하지 못하였거든 하물며 영의 직분이 더욱 영광이 있지 아니하겠느냐 정죄의 직분도 영광이 있은즉 의의 직분은 영광이 더욱 넘치리라 (고후 3:7-9)

하나님은 인간의 마음(heart)에서 죄가 완전히 소멸될 때 비로소 인간의 능력을 회복시켜 주실 것이다. 사단은 인간이 가진 심리적인(psychic) 능력을 회복시키려고 애를 쓴다. 때가 되기도 전에 이를 회복시키면 얼마나 큰 참상이 초래될지 사단은 너무나 잘 알고 있다. 사단은 심지어 예

수님에게도 능력을 약속한 자였다!(마 4:8, 눅 4:6)

　미국의 어느 초등학교에서는 벌을 받는 학생은 원뿔 모양의 종이 모자(열등생 모자)를 쓰고 구석에 앉아 있어야 한다. 이 원뿔형 모자는 중세에 연금술사들이 쓰던 끝이 뾰족한 원뿔 모자에서 유래되었다. 연금술사들은 마치 바보처럼 보였다. '열등생 모자'를 쓴다는 것은 바보 취급을 받는다는 의미이다. 그러나 실제로 연금술사는 바보가 아니었다. 원뿔도 결코 우스꽝스러워 보이지 않았다. 그들은 매우 진지한 사람들이었다. 연금술사들은 인류 최초의 죄를 재현하려고 했다. 하나님처럼 되기 위해 연구하고 노력하였다. 하나님과 같은 능력을 사용하려고 애를 썼다.

　'알라딘의 램프'는 잠자리에서 들려주는 동화로서 오랫동안 많은 이들의 사랑을 받아왔다. 이는 사실 연금술사에 관한 이야기이다. 알라딘은 점점 더 깊어지는 연속적인 세 동굴을 탐색한다. 연금술사들도 인간 내면에 있는 세 동굴인 생각(mind), 마음(heart), 영(spirit)을 비밀스럽고 심원하게 (내면적이고 보이지 않게) 탐색한다. 알라딘은 가장 깊은 동굴에서 요술 램프를 발견한다. 연금술사들도 인간의 영 깊은 곳에 놀라운 지식이 있을 것이라 생각했다. 오늘날에도 전 세계적으로 램프는 지식의 상징으로 여겨진다. 알라딘이 램프를 문지르면 램프의 요정 지니가 나타난다. 그리고 알라딘이 무엇을 요구하든 놀랍게도 그대로 이루어준다. 문지를 때는 마찰열이 발생한다. 연금술사들은 황금빛 불의 열기를 뜻하는 '은빛'이라는 말을 사용했다. 은빛은 영(spirit)을 일깨워 연금술사가 원하는 놀라운 일이 이루어지게 한다.『신비철학과 연금술(Hermetic Philosophy and Alchemy)[3]』의 서문에서, 월터 레슬리 윔헐스트(Walter

---
3) M.A. Atwood, the Julian Press, New York, 1960

Leslie Wilmhurst)는 연금술에 대해 다음과 같이 쓰고 있다.

우리가 연금술을 일종의 예술(Art)이라고 한다면 이는 연금술을 주제로 한 대부분의 문학작품들의 표현에 따른 것이다. 연금술은 오히려 정밀과학이다. 연금술 교수들이 '거룩한 연금술(holy Alkimy)' 이라고 부른다는 점에서 이는 신적인 과학이기도 하다. 연금술은 인간의 지적(mental), 심리적(psychical), 영적(spiritual) 요소들에 관한, 또한 이러한 요소들을 효과적으로 통제하고 조종할 수 있는 깊은 지식에 관한 과학이다(p. 7).

헤르메티즘(Hermetism)이라고도 하는 연금술(Alchemy)은 그 일차적인 목적과 임무로 볼 때 인간의 혼(soul)의 재생을 위한 철학적인 과학이자 정밀과학이다. 연금술의 목적은 인간의 혼을 감각에 갇힌 현재의 상태로부터 창조시의 완전하고 고귀한 신적인 상태로 재생하는 데 있다(p.26).

인본주의는 인류가 하나님의 도움 없이도 창조시의 모습을 회복하려는 시도라는 점에서 전혀 새로울 게 없다. 그러나 수많은 세대를 거쳐 온 연금술사들은 현대 인본주의자들을 질리게 만들었다. 계속해서 윔헐스트는 연금술에 대해 다음과 같이 말한다.

연금술에서는 인간, 다시 말해 혼(soul) 또는 인간의 참 자아(true ego)는 '타락' 이라는 끔찍한 참사로부터 회복되는 과정에 있다고 본다. 그 과정 속에서 인간은 자연의 힘과 법칙의 작용으로 점차 혼돈과 무질서로부터 부분적인 구원을 받았다. 나아가 인간은 지성(intelligence)과 의지

(will)를 적절히 사용하여 완벽한 혼의 재생에 일조할 수 있는 수준에까지 이르렀다(p.42). (이상 3개의 인용문에서 진한 색은 모두 저자의 표시)

연금술은 영지주의(Gnostic)이다. 영지주의는 사람이 올바른 지식을 통해 구원받는다는 이단 사설이다. 연금술은 펠라기안(Pelagian)이기도 하다. 펠라기안주의자들은 사람이 예수 그리스도를 주님이요 구세주로서 영접하지 않고도 스스로 구원받을 수 있다고 생각한다.

연금술사들은 '라피스 라줄리(lapis lazuli)' 혹은 '흰 돌'에 대한 이야기를 좋아한다(흰 돌은 실제로는 푸른빛 혹은 하늘색이다). 충분한 훈련과 수양을 통해 확실한 정화가 이루어진 사람은 최면 상태에 들어간다. 이때 사람의 혼(soul)이 신비한 방법으로 흰 돌 혹은 '철학자의 돌' 안으로 응결된다. 최면술사의 안내를 따라 이제 그의 영(spirit)과 혼(soul)은 여러 지역과 '에테르(ethers)'를 여행함으로써 모든 것을 갖춘 사람이 된다. 이로써 인류의 모든 지식은 '언제라도 사용할 수 있는' 상태가 된다. 연금술사들은 과학과 훈련을 통해 흰 돌이 되기를 원했다. 그들은 흰 돌을 통해 모든 지식과 지혜를 얻을 수 있다고 생각했다.

인류와 사단은 항상 하나님의 일을 모방해왔다. 하나님이 성령을 통해 주시겠다고 약속하신 것을 사람들은 연금술을 통해 하나님의 도움 없이 얻어내려고 애썼다. "보혜사 곧 아버지께서 내 이름으로 보내실 성령 그가 너희에게 모든 것을 가르치시고 내가 너희에게 말한 모든 것을 생각나게 하시리라"(요 14:26).

사도 베드로는 '본도, 갈라디아, 갑바도기아, 아시아와 비두니아에 흩어진 나그네"(벧전 1:1)에게 편지를 썼다. 당시 이 지역들에는 수많은 연금술사들이 활동하고 있었다. 사도 바울은 바보 섬에서 마술사 엘루마를 만났다. 그는 거의 연금술사나 마찬가지였다. 엘루마가 '주의 바른 길을 굽게 하기'(행 13:10)를 그치지 않자 바울은 그를 소경으로 만들었다. 당시 기독교 입문자들의 눈에 연금술은 꽤 매혹적인 것으로 보였을 가능성이 있다. 불안정한 '외국인(aliens)'으로서 능력을 얻는 지름길로 여겨졌을 수도 있다. 베드로가 연금술을 알고 있었는지의 여부는 확실치 않으나, 베드로전서 2장을 쓸 때 그는 연금술의 영향력을 의식하고 있었다. 이는 분명 성령께서 하신 일이었다. 베드로전서에 언급된 '돌'에 대한 표현에 주목해보자.

그러므로 모든 악독과 모든 궤휼과 외식과 시기와 모든 비방하는 말을 버리고 갓난 아이들 같이 순전하고 신령한 젖을 사모하라 이는 이로 말미암아 너희로 구원에 이르도록 자라게 하려 함이라 너희가 주의 인자하심을 맛보았으면 그리하라 사람에게는 버린 바가 되었으나 하나님께는 택하심을 입은 보배로운 산 돌이신 예수에게 나아와 너희도 산 돌 같이 신령한 집으로 세워지고 예수 그리스도로 말미암아 하나님이 기쁘게 받으실 신령한 제사를 드릴 거룩한 제사장이 될찌니라 경에 기록하였으되 보라 내가 택한 보배롭고 요긴한 모퉁이 돌을 시온에 두노니 저를 믿는 자는 부끄러움을 당치 아니하리라 하였으니 그러므로 믿는 너희에게는 보배이나 믿지 아니하는 자에게는 건축자들의 버린 그 돌이 모퉁이의 머릿돌이 되고 또한 부딪히는 돌과 거치는 반석이 되었다 하나라 저희가 말씀을 순종치 아니하므로 넘어지나니 이는 저희를 이렇게 정하신 것이라 오직 너희는 택하신 족속이요 왕 같은 제사장들이요 거룩한 나라요 그의 소유된 백성이니 이는 너희를 어두운데서 불러 내어 그의 기이한 빛에 들어가게 하신 자의 아름다운 덕을 선전하게 하려 하심이라 너희가 전에는 백성이 아니더니 이제는 하나님의 백성이요 전에는 긍휼을 얻지 못하였더니 이제는 긍휼을 얻은 자니라 사랑하는 자들아 나그네와 행인 같은 너희를 권하노니 영혼을 거스려 싸우는 육체의 정욕을 제어하라 (벧전 2:1-11)

예수님만이 유일한 머리이시고 참된 모퉁이 돌이시다. 예수님만이 완벽한 혼(soul)이요 흰 돌이시다. 다음을 기억하라. 연금술사들은 완벽한 돌이 되려고 과학과 최면술을 통해 끈질기게 노력했다. 베드로는 크리스천들에게 '산 돌 같이 신령한 집으로 세워지라' 고 촉구한다. 연금술사들은 스스로를 개체화시키려 했다. 크리스천들은 신령한 집이자 택하신 족속이요 왕 같은 제사장이요 거룩한 나라요 하나님의 소유된 백성으로 세워져야 한다. 스스로를 자신의 소유물로 삼아서는 안 된다.

밧모 섬의 사도 요한이 연금술을 알고 있었는지의 여부는 알 수 없다. 그러나 연금술을 분명히 알고 계시는 성령께서는 다음과 같이 약속하셨다. "귀 있는 자는 성령이 교회들에게 하시는 말씀을 들을찌어다 이기는 그에게는 내가 감추었던 만나를 주고 또 흰 돌을 줄 터인데 그 돌 위에 새 이름을 기록한 것이 있나니 받는 자 밖에는 그 이름을 알 사람이 없느니라"(계2:17). 히브리 문화에서는 큰 죄를 용서받은 사람에게 흰 돌을 주었다. 흰 돌을 지니는 것은 용서받은 자임을 의미했다. 아마도 성령께서는 다음과 같이 말씀하고 계신지도 모른다. "이기는 그에게는 내가 완벽한 혼(soul)을 줄 것이다. 아무도 그것을 얻기 위해 연금술을 연구해서는 안 된다." 우리 모두는 하나님을 닮아가기 위한 변화의 과정에 있다. 이러한 변화는 결국 '순식간에 홀연히' (고전 15:51) 완성된다. 이는 하나님의 은혜로써만 가능하며, 연금술 혹은 현대판 연금술인 인본주의로는 불가능하다.

연금술사들은 자신의 흰 돌 혹은 완벽해진 혼(soul)을 응시함으로써 먼데서 일어난 일 또는 미래의 일을 알 수 있다고 생각했다. 이러한 능력은 하나님이 자녀들에게 주시는 선물로서 성령의 아홉 가지 은사 가운데 지혜와 지식에 해당한다. 오늘날 축제 현장에서 점쟁이들은 '수정구'를 빤히 들여다보는 척 하며 연금술을 흉내 낸다. 이 수정구는 철학자의 청금석, 즉 흰 돌의 값싼 모조품에 불과하다.

철학자들이나 연금술사들은 그토록 갈망하던 목적을 이루지 못했다. 그들에게 남은 것은 모조품뿐이었다. 사도들이 행하는 참된 기적을 본 마술사 시몬은 그 능력을 자신도 얻고 싶어 애걸복걸하며 사도들을 따라다녔다(행 8:9-24). 물론 연금술사나 '마법사(wizard)'도 일반인들을 놀라게 할 만한 기적을 일으킬 수는 있었다. 시몬도 "전부터 있어 마술을 행하여 사마리아 백성을 놀라게 하며 자칭 큰 자라"(9절)는 말을 들었다. 연금술사들은 스스로 성취한 일을 보면서 자신들이 진정 정도를 걷고 있다는 착각에 빠져들었다.

애굽의 마술사들은 무엇을 할 수 있었는가. 대개 그들은 연금술에 정통한 사람들이었다. 물론 그렇지 않았을 수도 있다. 그러나 그들도 모세와 아론의 첫 번째 기적을 똑같이 재현해냈다! 그들의 지팡이가 뱀으로 변했다. 아론의 뱀이 그들의 뱀을 삼켜버리긴 했지만 말이다(출 7:12). 아론이 손을 뻗쳐 '지팡이를 들어 하수를 치니 그 물이 다 피로 변하고 하수의 고기가 죽고 그 물에서는 악취가 나니 애굽 사람들이 하수 물을 마시지 못하며 애굽 온 땅에는 피가 있으나 애굽 술객들도 자기 술법으로 그와 같이 행하였다'(출 7:20-22). '아론이 팔을 애굽 물들 위에 펴매 개구리가 올라와서 애굽 땅에 덮이니 술객들도 자기 술법대로 이와 같이 행하여 개구리로 애굽 땅에 올라오게 하였다'(출 8:6-7). 아론이 애굽에 재앙을 내리기 위해 이가 올라오게 하자 '술객들이 자기 술법으로 이같이 행하여 이를 내려 하였으나 못하였다'(18절).

그리스는 철학과 연금술이 함께 번성한 도시였다. 이 사실을 염두에 두고 고린도전서 1장 17-25절을 읽으면 훨씬 깊은 깨달음을 얻을 수 있다.

> 그리스도께서 나를 보내심은 세례를 주게 하려 하심이 아니요 오직 복음을 전케 하려 하심이니 말의 지혜로 하지 아니함은 그리스도의 십자가가 헛되지 않게 하려 함이라 십자가의 도가 멸망하는 자들에게는 미련한 것이요 구원을 얻는 우리에게는 하나님의 능력이라. 기록된바 내가 지혜 있는 자들의 지혜를 멸하고 총명한 자들의 총명을 폐하리라 하였으니 지혜 있는 자가 어디 있느뇨 선비가 어디 있느뇨 이 세대에 변사가 어디 있느뇨 하나님께서 이 세상의 지혜를 미련케 하신 것이 아니뇨 하나님의 지혜에 있어서는 이 세상이 자기 지혜로 하나님을 알지 못하는고로 하나님께서 전도의 미련한 것으로 믿는 자들을 구원하시기를 기뻐하셨도다 유대인은 표적을 구하고 헬라인은 지혜를 찾으나 우리는 십자가에 못 박힌 그리스도를 전하니 유대인에게는 거리끼는 것이요 이방인에게는 미련한 것이로되 오직 부르심을 입은 자들에게는 유대인이나 헬라인이나 그리스도는 하나님의 능력이요 하나님의 지혜니라 하나님의 미련한 것이 사람보다 지혜 있고 하나님의 약한 것이 사람보다 강하니라

고린도전서 2장에서는 다음과 같이 말한다.

> 내 말과 내 전도함이 지혜의 권하는 말로 하지 아니하고 다만 성령의 나타남과 능력으로 하여 너희 믿음이 사람의 지혜에 있지 아니하고 다만 하나님의 능력에 있게 하려 하였노라 그러나 우리가 온전한 자들 중에서 지혜를 말하노니 이는 이 세상의 지혜가 아니요 또 이 세상의 없어질 관원의 지혜도 아니요 오직 비밀한 가운데 있는 하나님의 지혜를 말하는 것이니 곧 감취었던 것인데 하나님이 우리의 영광을 위하사 만세 전에 미리 정하신 것이라. 이 지혜는 이 세대의 관원이 하나도 알지 못하였나니 만일 알았더면 영광의 주를 십자가에 못 박지 아니하였으리라 기록된바 하나님이 자기를 사랑하는 자들을 위하여 예비하신 모든 것은 눈으로 보지 못하고 귀로도 듣지 못하고 사람의 마음으로도 생각지 못하였다 함과 같으니라 (고전 2:4-9)

연금술사들이 얻고자 애쓰고 가르친 것이 무엇인지를 알 때, 사도 바울이 분명한 어조로 다음과 같이 말한 까닭도 잘 이해할 수 있다. '이 지혜는 이 세대의 관원이 하나도 알지 못하였나니.' '너희 믿음이 사람의 지혜에 있지 아니하고 다만 하나님의 능력에 있게 하려 하였노라.' 사람의 지혜가 아닌 그리스도만이 우리를 회복시키고 온전케 하신다.

마술이나 연금술을 단순히 어리석은 일로 치부하고 마는 것은 지혜로운 태도가 아니다. 물론 사도 바울의 말씀처럼 하나님은 이것들을 미련한 것으로 만드셨다. 마술이나 연금술이 전혀 해로울 것이 없는 잘못된 망상에 불과하다면, 하나님이 왜 이것들을 이토록 엄격하게 금하셨겠는

가. 아마도 대부분은 취미삼아 재미로 연금술에 관여하였는지도 모른다. 단지 자기의 상상을 경험한 것일 뿐이라고 여길 수도 있다. 그러나 연금술은 끔찍한 현실이며 실제이다. 정죄받기에 조금도 부족함 없는 실제였기에 하나님은 이스라엘이 들어갈 가나안의 족속들을 멸해버리셨다. 이에 대해 이스라엘 백성을 끊임없이 꾸짖고 경고하고 훈련하셨다. 하나님은 숙달된 연금술사였던 마법사들(wizards)에게, 영매들(mediums)에게 못지않은 가혹한 벌을 내리셨다. 레위기 20장 27절의 말씀을 앞에서는 NAS역본으로 읽었는데 이제는 RSV역본으로 읽어보자. "남자나 여자가 신접하거나(medium) 박수(wizard)가 되거든 반드시 죽일지니 곧 돌로 그를 치라 그 피가 자기에게로 돌아가리라."

    이제까지 우리는 마술(magic), 마법(wizardry), 연금술(alchemy)에 관해 살펴보았다. 어떤 마법사들은 오로지 연금술만을 행한다. 어떤 이들은 여기에 요술(sorcery)을 더하기도 한다. 연금술사가 모두 요술을 행하는 것은 아니고, 요술을 행한다고 해서 모두 연금술사도 아니다. 요술은 일종의 독특한 마술 혹은 주술(witchcraft)이다. 요술은 제 2의 마술로서, 다른 사람의 영과 접촉하거나 다른 사람의 능력을 이용하여 자연을 조종하고 사건을 일으킨다. 선의의 마술(white magic)이란 존재하지 않는다. 사단은 오늘날 TV 프로그램 등을 이용하여 사람들을 속인다. 코를 씰룩거리는 귀여운 '사만다'의 모습을 보면서, 사람들은 어떤 마술은 순수하고 재미있다고 생각한다. 그러나 마술은 모두 죄이다. 소위 선의의 마술을 행한다는 사람들 중 최소한 자신은 좋은 일을 하고 있다고 여기는 사람들이 있다. 의도가 아무리 순수해도 죄는 죄이다. 요술도 마찬가지이다. 요술은 검은 마술(black magic)이다. 요술을 부리는 의도, 수

법, 결과가 모두 사악하다. 오직 이기적인 목적만 존재한다. 요술이 다른 사람을 위하는 법은 없다. 다른 사람에게 해를 끼칠 뿐이다. 요술쟁이의 이익만을 목적으로 한다.

사단숭배자들은 교회를 대적할 목적으로 요술을 사용한다. 그들은 교회에 이유 없는 기계고장을 일으키고 분노를 격발시키고 험담과 간음 등을 초래하고자, 주문을 외거나 동일어구를 반복하는 기도를 드린다. 20세기가 지나도록 이렇게 사악한 일에 관여하는 사람들이 있다는 사실은 상당히 믿기 어렵다. 미신적인 행위처럼 보일뿐 아니라 실제로 효과도 없을 것 같아 보인다. 그러나 폴라와 나는 마녀들(witches)의 커번 집회와 마법사(warlock)들을 대항하기 위해 실제로 기도의 영적 전쟁을 치러 왔다. 이러한 일이 실제로 일어난다는 것을 우리는 경험을 통해 잘 알고 있다. 한번은 폴라가 안드레아를 임신하고 있는 동안 이 같은 전투를 치른 일이 있었다. 보이지 않는 강한 힘에 떠밀려 폴라는 계단 아래로 굴러 떨어질 뻔했다. 상상이 아니었다. 누군가가 실제로 폴라를 해치려 했다. 맏아들인 로렌이 크리스천 정신의학자인 친구를 위해 집짓는 일을 도운 적이 있었다. 스포케인 강 상류의 한 절벽 위에 집을 짓고, 절벽 아래 강가에 보트 선착장과 차고를 만드는 작업이었다. 로렌은 목공일로 도왔다. 어느 날 아침 기도 중, 주님이 나에게 한 예감을 주셨다. 그 예감에 대해 주님께 여쭤보았을 때, 주님은 로렌이 노란 줄로 높은 곳에 매달려 있는 환상을 보여주셨다. 로렌은 무척 위험한 상황이었다. 로렌이 일하러 가기 전에 그를 불러 이렇게 물었다. "로렌, 오늘 네 작업 장소는 위쪽이냐 아래쪽이냐?"

"오늘은 아래쪽예요, 아빠. 보트 선착장에서 일할 거예요."

"그래, 오늘은 좀 조심해라. 알았지? 내 예감이 잘 들어맞는다는 거 잘 알지 않니." 나는 로렌에게 내가 본 환상을 말해주었다.

그날은 신시아(정신의학자의 아내)도 새 집을 점검할 겸 두 딸을 데리고 작업장에 나왔다. 신시아는 집의 기초를 살펴보기 위해 절벽의 가장자리에 웅크리고 앉아 있었다. 바로 그때 보이지 않는 손이 그녀를 강하게 내리쳤고, 그녀는 절벽 가장자리에서 굴러 떨어졌다. 발뒤꿈치를 부딪친 그녀는 등을 가까스로 가파른 암벽 위에 반쯤 걸친 채 매달려 있었다. 신시아의 딸들이 기다란 노란색 노끈을 풀어 아래쪽에 있는 로렌에게 내려 보냈다. 로렌은 부서지기 쉬운 이판암으로 된 가파른 암벽을 타고 신시아를 향해 기어 올라갔다. 그 당시 로렌은 역도 선수였다. 로렌의 허리춤에는 노란색 노끈이 묶여있었다. 두 팔로 신시아를 들어 올린 로렌은 그녀의 척추손상을 염려하여 최대한 몸을 건드리지 않고 움직이지 않게 하려고 필사적인 노력을 했다. 그리고 팔에 신시아를 안은 채 균형을 맞춰가며 조심스럽게 가파른 경사면을 내려왔다. 로렌에게 민첩함과 균형감각을 주신 하나님께 감사한다. 신시아의 딸들은 로렌이 흔들리지 않도록 위에서 노끈을 잡아당겨 주었다. 마침내 로렌은 안전하게 내려왔고 신시아를 자동차 뒷자리에 눕혔다. 로렌은 평소 절벽 위에 차를 주차해두곤 했는데 그날따라 우연히 아래쪽에 차를 대놓고 있었다. 척추 세 개가 골절진단을 받았다. 다행히 탈골된 뼈는 하나도 없었다. 만일 골절진단을 받은 세 개의 뼈 중 하나라도 탈골되었다면 척수 손상이 초래되었을 수도 있다! 오른쪽 뒤꿈치를 베이긴 했으나 뒤꿈치며 척추며 금방 회복되었다. 신시아는 3주도 안되어 깁스도 하지 않고 목발만 짚으며 활기차게 걸어 다녔다.

이는 결코 우연한 사고가 아니었다. 신시아의 전공은 발레였고, 그녀는 탁월한 균형감각을 지니고 있었다. 그 날 그녀를 넘어뜨린 강타의 정체는 과연 무엇이었을까. 당시 그녀와 우리의 가족은 모두 마녀(witches)와 마법사(warlocks)들에 대항하여 영적전쟁을 벌여오고 있었다.

우리 중 일곱 명이 밴쿠버 섬에 강사로 초빙 받은 일이 있었다. 나는 강의를 하고 나머지 사람들은 기도회를 인도하기로 되어있었다. 빅토리아의 세인트 마리 수도원에 도착하자마자 담당자가 나와서 이렇게 말했다. "와주신데 대해 하나님께 감사합니다. 인근 섬에서 한 마법사가 이끄는 마녀들의 집회가 열리고 있습니다. 그들은 증오로써 한 소년을 죽음으로 내몰고 있습니다. 그 소년은 의문의 혈액 질환에 걸려 죽어가고 있습니다. 의사들도 그 질병의 정체와 원인을 모른답니다. 하지만 우리는 압니다! 확실히 그 마녀들의 소행입니다!" 우리가 미처 대답하기도 전에 소년이 죽었다는 기별이 왔다. 우리는 마녀들의 집회 활동을 중단시키기 위해 기도전쟁에 돌입했다.

전쟁이 시작되었다. 섬 주민들 중 마법사의 유령이 마을 위로 날아다니는 것을 보았다는 소식도 들려왔다! 많은 이들이 마법사와 마녀들의 집회를 두려워했다. 아무도 감히 마법사를 대적하려 들지 않았.

집에 돌아온 후에도 우리는 영적 전쟁을 계속했다. 며칠 후 나는 체력이 소진된 것을 느꼈다. 한 달 쯤 후 예언하는 사람들은 나의 신변을 더욱 보호하라는 조언을 해주었다. 강연 시 청중으로 앉아있던 나의 친구들의 얼굴에서 눈물이 흘러내렸다. 강연을 마친 후 그들에게 물었다. "내가 무슨 말을 했기에 자네가 그토록 눈물을 흘렸나?"

"그게 아닐세, 존. 우리는 성령 안에서 자네가 맞고 있는 모습을 보고 있었네. 자네는 날마다 매순간 얻어맞고 있네."

실제로 나는 마치 내 자신이 샌드백인 양 느껴졌다. 눈으로 보이는 것은 아무것도 없었지만 마치 온 몸에 멍이 든 듯 했다.

그 후 기독교 캠프에 강연을 하러 간 일이 있었다. 그곳에서 안마의 은사를 가진 한 크리스천을 만났다. 그녀가 내 몸의 통증과 고통을 알아보고는 이렇게 말했다. "제가 마사지를 해드려도 될까요? 도움이 될 텐데요." 경계심이 들었으나 어떻게든 도움을 얻고 싶은 심정이었다. 우선 그녀 이외에 또 한 사람을 우리 곁에 있게 하자고 제안했다. 잔디밭에 담요를 깔고 그녀가 내 등을 마사지하기 시작했다. 마사지는 나의 등골 오른편 중간 부위에 집중되었다. 그녀는 당혹스러움을 감추지 못하고 있었다. 나는 그녀에게 물어보았다. "왜 그래요? 뭔가 안 좋은 일이 있으신가요?"

"모르겠어요, 존. 이런 일은 처음 겪어봐요. 이 부위에 뭔가 사악한 것이 있어요."

우리는 그 캠프에 예리한 분별의 은사를 가진 여성이 있다는 것을 알고 있었다. 사람을 보내어 그녀를 불러오게 했다. 그녀가 도착하자 안마사가 말했다. "마릴린, 존의 등에 뭔가가 있는 것 같아요. 저는 그게 뭔지 잘 모르겠어요. 당신이 좀 빼내주세요." 우리가 마릴린에게 한 말은 단지 이것뿐이었다. 내 등의 어느 부위가 문제인지, 그 원인이 무엇일지에 대해서도 전혀 언급하지 않았다.

마릴린은 잠시 성령 안에서 기도했다. 그리고는 내 등의 문제가 된 부위를 정확하게 움켜쥐고는, 두려움에 찬 비명소리를 지르며 잡아당기듯 내 속에서 무언가를 확 뽑아냈다! 우리는 무엇을 뽑아내었는지 그녀에게 물어보았다. 그녀는 평정을 되찾은 뒤 이렇게 말했다. "화살이었어요. 사단이 심어놓은 사악한 것이죠. 존의 등 바로 오른쪽 중간 부위에 박혀 있었어요." 이는 결코 불가능하지도, 받아들이기 힘들지도, 비현실적이지도 않은 일이었다. 성경의 근거를 찾아보자. "모든 것 위에 믿음의 방패를 가지고 이로써 능히 악한 자의 모든 화전(flaming missiles)을 소멸하고"(엡 6:16). 하나님이 이런 일을 허락하신 이유는 무엇이었을까. 아마도 우리로 하여금 성경 말씀을 비유적 표현만이 아닌 문자 그대로 의심 없이 믿도록 하시기 위함은 아니었을까. 여기서 화살들은 문자 그대로 화살을 의미한다. 이는 경험한 자만이 알 수 있다. 나는 그 화살로 인한 통증을 실제로 느꼈다. 마릴린에 의해 뽑혀질 때의 느낌도 실제적이었다. 화살을 뽑아낸 후 안도와 활력이 다시금 내 안에 물밀듯 몰려왔다. 영적 전쟁은 실제적이다!

그 후 그 섬에 사는 사람이 마법사와 그를 따르던 마녀들이 끔찍한 자동차 사고를 당했다는 소식을 전해주었다. 마을 위를 날아다니는 마법사의 모습도 더 이상 사라졌다! 그의 능력이 파쇄된 것이었다.

아그네스 샌드포드가 영국에 있을 때의 일이었다. 한 목사가 그녀를 찾아왔다. 그는 세 명의 마법사가 그를 증오로 죽이려고 힘을 합쳤다고 호소했다. 그는 마법사들의 공격을 매일매일 몸으로 느꼈다. 아그네스는 어떻게 해야 할지 주님께 물었다. 이 때 주님은 다음과 같이 대답해주셨다. "그들의 힘이 역행하도록 기도하라." 이에 아그네스는 마법사들의 공격이 그들 자신에게 되돌아가는 모습을 구체적으로 그리면서 기도했다. 바로 다음 날 세 명의 마법사들이 모두 죽은 채 발견되었다! 하나님께서는 그들이 뿌린 증오의 씨앗대로 결실을 거두게 하셨다. 이 상황에 매우 적합한 사도 요한의 말씀이 있다. "그 형제를 미워하는 자마다 살인하는 자니"(요일 3:15). 미움은 실제로 살인과 동일하다. 요술쟁이들은 적을 괴롭히기 위해 어떻게 영들을 보내는지를 잘 알고 있다.

마녀들은 매집회시 생명이 있는 모든 교회를 적극적인 공격 대상으로 삼는다. 사단숭배자들은 얼마간 쾨르달렌 근교의 라스드럼 초원에 그들의 본부를 세우기로 했다. 사단숭배자들 자신은 인식하지 못하고 있을 수도 있으나, 그들이 행하는 의식의 많은 부분은 요술쟁이들의 의식과 동일하다. 끔찍하고 섬뜩한 일들이 자행되고 있었다. 짐승들이 내장이 제거되거나 생식기 혹은 다른 부분이 잘려진 채 발견되었다. 우리에게는 영양사인 친구가 한 명 있다. 그녀는 학교와 병원의 영양 프로그램을 관리하고 있었기에 정기적으로 라스드럼 초원을 가로질러 가야 했다. 그 지역의 보안을 담당하는 한 관리는 그녀에게 자동차의 조수석 도구함에 총을 소지하고 다니라고 비공식적인 충고도 해주었다. 또한 그곳을 지나는 동안에는 무슨 일이 있어도 자동차 밖으로 나오지 말라는 조언도 해주었다. 그 길을 결코 혼자서는 다니지 말며, 만일 혼자 운전하게 되었다면 절대로 차를 멈추지 말라고 했다. 혹시라도 운전 도중 전방에 길을 가로지르는 일련의 사람들이 나타나더라도 속도를 결코 줄이지 말아야 했다. 그러다가 혹시 누구를 치었어도 차를 멈추지 말고 신고도 하지 말라고 했다! 그냥 조용히 차를 수리하면 되었다. 이와 동일한 시기에, 우리가 아는 또 한 여성이 쓰러진 나무 전방으로 난 국도를 건너는 인간 띠(human chain)와 실제로 맞부딪쳤다. 바로 앞에서 언급한 영양사 친구와 동일한 충고를 받고 차에 총까지 비치해둔 그녀는 전속력으로 그 길을 빠져나와 한 이웃집으로 피했다.

캐나다에 있는 동안 한 여인을 사역한 일이 있다. 어머니의 자궁에 임신된 순간부터 이미 사단의 아이로 바쳐진 여인이었다. 그녀의 부모를 비롯한 사단숭배자들은 입에 담기조차 어려울 만큼 추악한 성적 제의에 지속적으로 그녀를 사용했다. 그들은 대변도 빵처럼 나눠먹었다. 사도 바울은 말한다. "너희는 열매 없는 어두움의 일에 참예하지 말고 도리어 책망하라 저희의 은밀히 행하는 것들은 말하기도 부끄러움이라"(엡 5:11-12) 안타깝지만 사도 바울의 가르침은 오늘날에도 적용된다! 이 어린 여자아이에게 저지른 사단숭배자들의 만행이 너무나 끔찍하고 추악하기에 더 이상은 구체적으로 언급하지 않으려 한다. 그녀는 그들의 희생양이었다. 놀라운 것은, 그녀 내면의 어떤 힘이 시종일관 그들의 행위에 저항하고 있었다는 사실이었다. 정부에 탄원한 결과 그녀는 사단숭배자들의 학대로부터 풀려날 수 있었고, 마침내 주님은 그녀를 구원해 주셨다. 이제 그녀는 과거의 기억들로 인한 악몽과 심한 공포에 대해 내적 치유를 받기를 희망하고 있었다.

나는 이제까지 한 때 사단숭배자의 일에 빠졌던 수많은 사람들을 사역해왔다. 이들은 요술쟁이들이 행하는 가장 추악한 형태의 타락에 가담한 자들이었다. 이제 주님의 몸 된 교회는 단호하게 현실을 직시해야 한다! 현대인들은 '어리석은 미신' 따위는 믿지 말라는 교육을 받아왔다. 따라서 흔히 사람들은 오늘날 이런 끔찍한 사단의 제의는 존재하지 않을 것이라 여긴다. 또는 단지 무해한 공상이나 유치한 짓거리에 불과하다고 생각한다. 그러나 이것이야말로 무지의 소치이다. 단지 우리가 존재하지 않다고 믿는다해서 사단숭배자들과 그들의 사악한 요술의 실체가 저절로 사라지는 것은 아니다! 우리는 하나님의 진리의 말씀에서 점점 멀어져가는 세대를 살고 있다. 이러한 죄악은 우리 주변에 널려있으며 점점 증가되고 있다.

> 또한 저희가 마음에 하나님 두기를 싫어하매 하나님께서 저희를 그 상실한 마음대로 내어 버려 두사 합당치 못한 일을 하게 하셨으니 곧 모든 불의, 추악, 탐욕, 악의가 가득한 자요 시기, 살인, 분쟁, 사기, 악독이 가득한 자요 수군수군하는 자요 비방하는 자요 하나님의 미워하시는 자요 능욕하는 자요 교만한 자요 자랑하는 자요 악을 도모하는 자요 부모를 거역하는 자요 우매한 자요 배약하는 자요 무정한 자요 무자비한 자라 저희가 이같은 일을 행하는 자는 사형에 해당하다고 하나님의 정하심을 알고도 자기들만 행할 뿐 아니라 또한 그 일을 행하는 자를 옳다 하느니라 (롬 1:28-32)

주님은 사단의 요술에 빠진 사람들을 구해내시길 원하신다. 그리스도의 몸 된 교회는 이런 자들을 치유하고 자유케 하는 법을 배워야 한다. 요술을 유치한 상상이라고 생각하는 사람은 아무 일도 할 수 없다. 우리는 무엇이 그들로 사단의 덫에 걸려들게 했는지 잘 파악하면서 성공적인 사역을 행할 수 있어야 한다. 또한 사단숭배자들에 의해 시달림을 당한 사람들의 상처를 어떻게 치유하고 자유케 해주어야 하는가에 대해서도 잘 알아야 한다.

폴라와 내가 아직 믿음이 어린 상태로 갓 영적 전쟁에 돌입했을 때, 우리는 밤중에 잠을 자던 중 이따금씩 가위에 눌렸다. 신자들에게 흔히 일어나는 일이다. 귀신같은 존재가 방으로 들어와서 나에게 달려들어 순간적으로 가위눌리게 만들었다. 나는 손가락 하나 까딱할 수 없었다. 숨쉬기조차 어려웠다. 나는 내 안에 계신 예수님이 세상에 속한 존재보다 훨씬 더 강하다는 것을 알고 있었다. 그래서 속으로 반복하여 기도하기 시작했다. "예수님은 나의 주님이시다! 예수님은 나의 주님이시다!" 1, 2분 후, 나는 예수님의 이름을 큰 소리로 외치며 그 귀신의 존재를 떨쳐버리기 시작했다. 때로는 나의 몸부림으로 인해 폴라가 잠에서 깨어나기도 했다. 잠에서 깬 그녀가 나와 함께 싸워주었다. 우리가 다시 자유롭게 되고 집안이 청소될 때까지 말이다. 잠시 후 우리는 다시 편안히 잠이 들었다. 이젠 나를 공격했던 귀신 혹은 또 다른 귀신이 폴라를 공격했다. 그녀도 나와 동일한 사투를 벌이면서 나를 깨웠고 우리는 다시금 함께 기도했다. 몇 년이 지난 지금 우리에게 가위눌림은 더 이상 사라졌다. 마귀(devil)도 우리 믿음이 강해진 것을 알고 있나보다. 우리는 다음과 같은 사도 요한의 말씀을 체험적으로 깨닫게 되었다.

> 아비들아 내가 너희에게 쓰는 것은 너희가 태초부터 계신 이를 앎이요 청년들아 내가 너희에게 쓰는 것은 너희가 악한 자를 이기었음이니라 아이들아 내가 너희에게 쓴 것은 너희가 아버지를 알았음이요 아비들아 내가 너희에게 쓴 것은 너희가 태초부터 계신 이를 알았음이요 청년들아 내가 너희에게 쓴 것은 너희가 강하고 하나님의 말씀이 너희 속에 거하시고 너희가 흉악한 자를 이기었음이라 (요일 2:13-14)

그 후 몇 년이 지나고의 일이다. 우리 '그리스도 연합교회' 소속의 아프리카 선교사 중 한 명이 안식년을 맞아 귀국했다. 그는 우리에게 '검은 유령'(the black wraith)에 의해 죽임을 당한 원주민들의 이야기를 해주었다. 그의 이야기는 이전에 우리를 시달리게 한 가위눌림의 경험과 유사했다. 폴라와 나를 지켜준 것은 바로 믿음이었다. 이상하게도 우리는 웬지 두려운 마음이 생기질 않았다. 다만 귀찮았을 뿐이었다. 우리는 마귀(devil)가 우리를 죽일 수 없음을 믿음으로 알고 있었다. 마귀와 싸움을 벌인 후에도 우리는 하나님의 보호를 확신하면서 곧 깊은 잠에 빠져들었다. 그 원주민들이 죽은 것은 바로 두려움 때문이었다. 두려움이 귀신들(demons)과 마법사들(witch doctors)에게 힘을 실어준 것이었다. 그들은 원래의 힘보다 훨씬 더 큰 힘을 갖게 되었다. 이 아프리카 선교사뿐 아니라 (다른 교파에 속한) 아이티(Haiti) 선교사들도, 멀리 떨어진 곳에서 말썽과 사고를 유발하는 방식으로 사람들을 괴롭히는 마법사들의 이야기를 들려주었다.

금발의 아름다운 딸을 가진 한 친구 목사가 있었다. 그녀는 여름 동안 아이티 선교 여행팀에 참가할 예정이었다. 그 친구 목사의 집을 방문했을 때 이 이야기를 전해들은 나는 심경이 착잡해졌다. 그녀의 여행길에 위험이 도사리고 있었고 차라리 여행을 떠나지 않는 것이 나은 상황이었다. 그러나 그들을 어떻게 납득시켜야 좋을지 알 수 없었다. 나는 친구 목사의 딸이 마법사를 만나리라는 것을 알고 있었다. 그녀는 이에 대처할 준비가 전혀 되어있지 않았다. 그 목사는 내 얘기를 좀처럼 믿으려 하지 않았다. 물론 아이티를 여행하는 사람은 누구나 위험에 처한다는 말은 결코 아니다. 이것은 특별히 그 딸에게만 해당되는 경고였다. 결국 그녀는 사악한 세력에 그대로 노출되고 말았다. 그녀는 아이티에 갔다가 희귀한 질병을 얻어서 돌아왔다. 의사들도 손을 쓸 수 없는 병이었다. 내가 아무리 친구 목사의 가족에게 딸의 질병의 원인을 말해주어도 그들은 내 말을 믿지 못했다. 우리가 최근에 들은 이야기인데, 그곳을 순회하던 한 축사 사역자가 그 목사의 딸이 귀신에 시달리고 있음을 분별하고 이를 축사하자 딸은 회복되었다고 한다.

이 정도면 충분하지 않은가? 비슷한 경험을 가진 사람들이라면 이미 우리 이야기가 사실임을 잘 알 것이다. 요술쟁이들은 귀신의 능력(demo-nic powers)을 사용하여 사람들을 괴롭힌다. 귀신의 힘으로 사람의 신체를 공격할 수 있다.

옥스퍼드 사전에 의하면 점성술(astrology)도 신비사술의 하나이다. 요즘 점성술을 하나님이 금하신 악행이라고 생각하는 크리스천들은 많지 않다. 그러나 하나님의 말씀은 분명하다. 이사야 선지자는 요술쟁이(sorcerers)와 점성술사(astrologers)를 의지하는 이스라엘을 책망하였다.

> 이제 너는 젊어서부터 힘쓰던 진언과 많은 사술(sorceries)을 가지고 서서 시험하여 보라 혹시 유익을 얻을 수 있을는지, 혹시 원수를 이길 수 있을는지, 네가 많은 모략을 인하여 피곤케 되었도다 하늘을 살피는 자(astrologers)와 별을 보는 자와 월삭에 예고하는 자들로 일어나 네게 임할 그 일에서 너를 구원케 하여 보라 보라 그들은 초개 같아서 불에 타리니 그 불꽃의 세력에서 스스로 구원치 못할 것이라 이 불은 더웁게 할 숯불이 아니요 그 앞에 앉을 만한 불도 아니니라 너의 근로하던 것들이 네게 이같이 되리니 너 어려서부터 너와 함께 무역하던 자들이 각기 소향대로 유리하고 너를 구원할 자 없으리라 (사 47:12-15)

점성술은 점(占)을 치는 죄와 같다. 점을 치는 것은 미래의 일 혹은 미지의 것을 알려는 노력이다. 이는 성령의 지혜와 계시의 은사에 대한 사단의 모방에 불과하다. 때때로 하나님도 어떤 것은 우리가 모르기를 원하신다. 마치 지혜로운 아버지가 자녀들이 충분히 성숙하기 전까지는 성(sex)에 관해 드러내놓고 이야기하지 않는 것과 마찬가지이다. "일을 숨기는 것은 하나님의 영화요 일을 살피는 것은 왕의 영화니라"(잠 25:2). 그러나 일단 하나님이 우리에게 무언가를 알려주시려 할 때에는, 우리로 하여금 '왕'의 영화를 가지고 그 일을 살필 수 있도록 하나 혹은 그 이상의 방법을 선택해 주신다. 주님은 우리의 성숙도에 따라 이를 결정하신다. "내가 아직도 너희에게 이를 것이 많으나 지금은 너희가 감당치 못하리라"(요 16:12). 하나님은 지혜를 숨겨야 할 때와 드러내야 할 때를 가장 잘 알고 계신다.

점을 보는 것은 하나님의 섭리를 침해하는 일이다. 우리는 하나님을 신뢰하지 못할 때 점을 친다. 우리는 자신의 삶을 좌지우지하고 싶어 한다. 우리는 앞으로 되어질 일을 미리 알고 이에 대비하기를 원한다. 생각(mind)이나 컴퓨터를 써서 앞으로 일어날 일과 대비할 일을 예상한다고 해서 이를 점친다고 볼 수는 없다. 이 정도로는 내일 일에 대해 부적절하게 염려하고 있다고 말하기 어렵다(마 6:34). 이는 하나님께서 선천적으로 부여하신 지혜를 사용하는 것이다. 주님은 우리가 이런 지혜를 사용하기를 원하신다. 그러나 우리가 그 이상의 것을 추구할 때 점치는 것이 된다. 불법으로 얻은 지식으로 안전을 보장받으려 하는 것이 바로 점이다. 점치는 죄 이면에 깔려있는 것은 두려움과 불신이다. 우리가 하나님이 아닌 다른 무엇을 우상으로 삼는다는 것은 더 이상 하나님의 손길을 순수하게(blindly) 믿지 못하게 되었음을 의미한다. "소경이 누구냐 내 종이 아니냐 누가 나의 보내는 나의 사자같이 귀머거리겠느냐 누가 나와 친한 자 같이 소경이겠느냐 누가 여호와의 종 같이 소경이겠느냐"(사 42:19). 여호와의 종은 기꺼이 아무것도 보지 않고 아무것도 듣지 않기를 작정한 사람이다. 오직 하나님에 대한 신뢰, 이 한 가지 때문에 말이다.

복술가(fortune-tellers), 손금 보는 자, 차 잎맥을 보는 자들은 모두 점치는 자들이다. 하나님의 말씀은 이들을 엄격히 금하고 있다. "복술자나 길흉을 말하는 자나 요술하는 자나 무당이나 진언자나 신접자나 박수나 초혼자를 너의 중에 용납하지 말라"(신 18:10-11).

주님의 인도하심을 구한다고 하는 자가 자칫 잘못하여 무의식적으로 복술을 행할 가능성은 매우 높다. 이스라엘 왕들은 거듭 하나님의 선지자들을 찾아와, "우리를 위해 주님께 물어보라!"고 요구했다. 그들의 마음의 동기는 옳을 때도 있었으나, 때로는 너무 두려운 나머지 하나님의 선지자를 복술의 도구로 삼으려고도 했다.

그릇된 마음 상태로 인해 일상적으로 듣는 평범한 말이 점치는 도구가 되기도 한다. 폴라와 내가 아칸소에서 농사를 짓는 친구를 보러 간 일이 있었다. 자동차를 타고 그의 콩밭을 지나가는데, 콩 작물의 상태가 썩 건강해 보이지 않았다. 우리는 그에게 그 이유를 물어보았다. 그는 다음과 같은 이야기를 들려주었다. 그는 오랜 경험과 타고난 지혜로 그 해 애당초 밀을 심으려고 했다. 당시 그는 만사를 하나님의 음성에 따라 순종하고 싶었는데, 하나님이 콩을 심으라고 말씀하신다는 확신이 들었다. 그러나 그 해 작물이 한창 자라던 시기의 날씨는 밀 농작에 안성맞춤이었다. 콩이 자라기에는 최악의 날씨였다. 결국 그는 빚더미에 올라앉아야 했다.

겉으로 볼 때 모든 일을 하나님의 음성을 듣고 하려는 것은 좋은 태도이다. 그러나 하나님은 우리가 노예나 로봇이 되기를 원치 않으신다. 하나님은 우리에게 훌륭한 지성(minds)을 주셨고, 우리가 그 지성을 사용하기를 기대하신다. 그 농부인 친구에게 던진 몇 가지 질문을 통해 그에게 실패에 대한 두려움이 있었다는 사실이 드러났다. 그는 '하나님의 음성을 듣는 것' 자체에 지나치게 확신을 부여하고 있었다. 그 결과 '하나님의 음성 듣기'가 복술의 죄로 변하였다. 만약 정말로 하나님이 그로 하여금 작물의 종류를 바꾸기를 원하셨다면, 하나님이 먼저 앞서 나가셔서 최소한 두 명의 증인을 통해 그에게 확증해 주셨을 것이다. 결국 그 친구의 두려워하는 마음이 하나님을 복술의 도구로 만들었다. 하나님은 그가 잘못된 음성을 듣도록 허락하셨다. 이로써 그 친구는 교훈을 얻었고 가르침을 받았다. 그는 어렵사리 터득한 한 가지 진리를 분명하게 마음 판에 새기게 되었다. 하나님이 우리에게 말씀하시길 원하실 때는 이를 들어야 한다. 그러나 하나님을 복술의 도구로 이용하려 해서는 결코 안 된다! 이미 많은 교회가 이와 동일한 실수로 인한 비참한 결과를 초래해왔다.

기도도 자칫 잘못하면 마술(magic)이 될 수 있다. 하나님이 만드신 우주의 법칙을 깨닫고 하나님의 약속을 들을 때, 우리는 그 약속을 당연한 것으로 요구하며 기도를 통해 그 법칙들을 활성화할 수 있다. 이 때 우리의 마음의 동기가 잘못됨으로써 기도가 아닌 마술을 부린 결과가 되어버릴 수도 있다. 마술은 하나님의 말씀을 손에 쥐고 우리가 원하는 대로 하나님의 약속이 이루어지도록 하나님을 강요하거나 조종하는 것이다. 참된 기도는 간구(petition)이다. 겸손하게 하늘 아버지의 자유의지를 존중해 드리는 것이다. 하늘 아버지는 우리에게 'No'라고 말씀하실 수도 있는 분이다. 우리는 어떤 일을 이루어내기 위해 권세 있게 기도할 수 있어야 한다. 이는 마땅한 일이다. 그러나 이런 기도를 드리기에 앞서 우리는 하나님의 말씀에 귀 기울여야 한다. 우리가 하나님의 뜻을 알 때 성령님께서 우리 안에서, 우리를 통해 역사하실 수 있다. 나아가 우리도 아버지의 뜻(will)을 드러내는 자가 될 수 있다. 하나님의 약속을 움켜쥐고서 약속하신대로 우리의 소원을 이루어 달라고 하나님께 강요한다면, 또한 "주님! 주님의 말씀은 참되십니다. 주님이 반드시 그 말씀을 이루셔야 할 줄을 압니다!"라고 말한다면, 이는 사실상 하나님을 조종하는(manipulate) 기도이다. 기도가 마술이 되었다! 우리의 소원을 이루기 위해 주님의 말씀을 인위적으로 조종하려 했기 때문이다.

오럴 로버츠가 발견한 '씨앗 믿음'(seed faith)의 원리는 무척 훌륭하다. 우리는 그의 사역에 대한 존경심을 갖고 있으며, 그를 대적할 의도는 조금도 없다. 그러나 씨앗 믿음은 자칫 잘못하면 마술이 될 수도 있다. 예를 들어 어떤 주의 종이 당신에게 도움을 구하는 편지를 보내며 5센트짜리 동전을 동봉하였다고 가정해 보자. 그 사람은 지금 당신에게 씨앗 믿음의 원리를 사용하고 있다. 본인은 이 사실을 알 수도 있고 모를 수도 있다. 편지를 받은 당신으로 하여금 그에게 답례의 선물을 줄 수밖에 없도록 만드는 힘의 원리, 이것이 바로 마술이다. 분별의 열쇠는 '예의바름(courtesy)'에 있다. 모든 이의 자유의지를 존중하는 것이야말로 주님의 방식이다. 선물로 보내온 동전에 붙어있는 원리의 힘 때문에 우리의 자유의지는 무력화된다. 도움을 요청한 사역 단체에 기부할 것인지의 여부를 자유롭게 결정할 권리를 침해당한 것이다.

나는 이따금씩 한 유명한 치유 강사의 강의를 듣는다. 주님은 종종 나의 영에게 다음과 같이 말씀하신다. '이 사람은 지금 마술을 가르치고 있다.' 그는 우리가 믿음을 적용하기만 하면 하나님이 반드시(must) 치유해 주실 것이라고 열렬히 주장하고 있었다. 그리스도의 몸 된 교회여, 제발 부탁이니 하나님을 손아귀에 넣고 흔들려고 하지 말라! 우리는 하나님께 무엇을 하시라고 강요할 수 없다! 하나님께 무엇을 강요하는 것은 마술이다. 마술은 자신의 이기적인 목적을 이루고자 하나님의 법과 원리를 인위적으로 움직이려는 것이다. 이런 의미에서는 '치유' 조차 이기적인 목적이 될 수 있다. 지금 당장 치유하는 것이 하나님의 뜻이 아닐 수도 있다. 하나님은 나중에 치유하시길 원하시는지도 모른다. 하나님을 우리의 시간표에 억지로 끼워 맞출 수는 없다. 자동차를 움직이는 것은 마술이 아니다. 연소의 법칙에 의해 엔진이 돌아가도록 우리는 단순히 자연법칙에 협력하고 있을 뿐이다. 이는 우리 자신의 에너지는 요구하지 않는다. 우리와 자연법칙이 충돌하는 법도 없다. 그러나 마술의 경우는 다르다. 신비사술 혹은 은밀한 원리를 사용하여 억지로 사건이 일어나도록 하는 마술사는 의지적으로 간섭한다.

이런 관점에서 볼 때, 최근 신앙 운동을 이끈다는 자들이 부지불식간에 수많은 신실한 크리스천들을 마술의 세계로 인도해온 것도 사실이다. 그리스도의 몸 된 교회에게 간곡히 부탁한다. 교회여, 회개하라! 이런 식으로 마술에 빠져든 모든 이를 위해 기도하라! 무엇보다도 이런 자들을 거절함으로써 성도들을 정죄하거나 몸의 연합을 깨뜨리지 않게 되기를 간절히 바란다. 우리는 모두 개척자로서 신앙의 최전방에 서있다. 불완전하나마 시행착오를 거치며 성숙으로 나아가고 있다. 우리 서로 사랑하자. 화해와 치유를 이루어 나가자.

접신론(theosophy)에서는 자연적 요소들과 영계 사이에 이루어지는 상호작용에 관한 비밀스런 지식을 주장한다(이 때 영의 세계란 단지 개인의 영계뿐 아니라 만물을 아우르는 영계를 의미한다). 접신론자들은 자신들의 철학을 기존의 종교교리에 비해 훨씬 더 깊고 심오한 것으로 여긴다. 이들에게 있어 정통 교리란 한낱 평범한 포장지, 혹은 오직 계몽된 자신들만이 비밀히 관여하는 심오한 진리에 대한 표식에 불과하다. 접신론의 죄 역시 영지주의이다. 이들은 자신들의 비밀스런 지식으로 인해 구원받는다고 믿는다. 따라서 '거장(masters)' 혹은 '광명파' (illuminati: 자신이 터득한 예지를 자랑하는 사람-역자주)는 '덜 광명한 사람들'을 깨우치는 것을 자신들의 마땅한 임무로 여겼다. 이들은 다만 미혹의 정사와 권세에 조종당하고 있을 뿐이다. 이들의 가르침은 '사람의 교리'에 지나지 않는다.

> 외식하는 자들아 이사야가 너희에게 대하여 잘 예언하였도다 일렀으되 이 백성이 입술로는 나를 존경하되 마음은 내게서 멀도다 사람의 계명으로 교훈을 삼아 가르치니 나를 헛되이 경배하는도다 하였느니라 하시고 (마 15:7-9)

이보다 심각한 사실이 있다. 접신론자들은 무의식중에 귀신(demons)의 교리를 가르친다. "그러나 성령이 밝히 말씀하시기를 후일에 어떤 사람들이 믿음에서 떠나 미혹케 하는 영과 귀신의 가르침을 좇으리라 하셨으니"(딤전 4:1).

접신론자들은 자신들을 유신론자이자 상당히 종교적인 자들로 여기고 싶어 한다. 그러나 연금술의 경우와 마찬가지로 접신론 역시 펠라기안이요 인본주의이다. 접신론(theosophy)의 예로는 장미 십자회(Rosicrucia-nism), 마담 블라바츠키(Madame Blavatsky)의 활동 등을 들 수 있다. 접신론에서는 경험을 통해 진리를 발견하려고 한다. 그러나 안타깝게도 이들이 말하는 경험은 하나님이 허락하신 것이 아니다. 하나님이 허락하신 경험은 성령의 보호 안에서 크리스천들에게 축복이 되며, 하나님의 말씀과 믿음의 형제자매들에 의해 입증된다. 접신론자들은 은밀한 '만다미(mandami)'와 심리적인 경험을 통해 거짓 교리를 경험적으로 이해하고자 한다. 이들은 '입회원들(initiates)'을 점점 더 깊은 '신비(mysteries)' 속으로 이끌어 가려고 한다.

접신론이 지향하는 목적은 연금술과 크게 다르지 않다. 단지 방법론적인 차이만 존재한다. 접신론자들에게는 흰 돌에 이르기 위한 연금술사들의 엄격한 자기 훈련이나 내면의 탐색은 허용되지 않는다. 물론 접신론자들도 통합과 온전함을 추구한다. 최초의 아담이 가졌던 완벽함을 회복하기 위해서 말이다. 그러나 주님은 말씀하셨다. "나로 말미암지 않고는 아버지께로 올 자가 없느니라"(요 14:6). 거듭남 및 하나님 나라의 회복을 위해, 이제까지 인간과 사단(Satan)은 십자가상에서의 죽음을 제외한 온갖 수단들을 끊임없이 추구해왔다. 보다 정확하게 말하자면, 사단은 인간을 좁고 힘한 십자가의 길이 아닌 넓고 부드러운 패망의 길로 유혹하려고 갖은 책략과 수단과 가르침들을 지속적으로 동원해왔다. 모든 인간에게는 궁극적인 모습이 되고 싶은 욕구가 있다. 사단은 바로 이 점을 노린다. 호기심 많고 판단력도 아직 미숙했던 하와에게 사단이 제안한 것도 바로 이 유혹이었다! 스스로의 힘으로 온전함을 이루려는 사람은 어김없이 이런 유혹에 빠져든다. 물론 다른 누군가의 도움을 받을 때도 있다.

그러나 하나님의 도움을 필요로 하지 않는다는 점에서 궁극적으로는 혼자의 힘으로 온전함을 이루려는 것이다.

모든 신비사술의 죄의 뿌리는 교만이다! 가장 중요한 십자가의 도는 바로 우리를 겸손케 하는 데 있다. 매순간 십자가를 적용함으로써 우리의 교만을 철저하게 제거하는 것이야말로 하나님의 뜻이다. "그런즉 자랑할 데가 어디뇨 있을 수가 없느니라 무슨 법으로냐 행위로냐 아니라 오직 믿음의 법으로니라"(롬 3:27). 모든 신비사술의 목적은 본질적으로 어떤 중요한 것이 되려는 데 있다. 이로써 자신을 높일 수 있는 힘을 마음껏 사용하고 소유할 수 있다고 생각하기 때문이다. 마술사 시몬도 스스로 위대한 인물로 여겨지기를 원하지 않았던가. 인간이 가진 이러한 죄성에 관해 사도 바울은 다음과 같이 말한다.

> 만일 누가 아무것도 되지 못하고 된줄로 생각하면 스스로 속임이니라 (갈 6:3)

> 만일 누구든지 무엇을 아는 줄로 생각하면 아직도 마땅히 알 것을 알지 못하는 것이요 (고전 8:2)

> 아무도 자기를 속이지 말라 너희 중에 누구든지 이 세상에서 지혜 있는 줄로 생각하거든 미련한 자가 되어라 그리하여야 지혜로운 자가 되리라 이 세상 지혜는 하나님께 미련한 것이니(고전 3:18-19)

신명기 18장 10-11절에 나타난 신비사술의 목록 가운데 이제 '귀신을 불러 물어보는 자(midiumism)'와 '주문을 외는 자'에 대한 설명이 남아 있다. '귀신을 불러 물어보는 자'에 대한 논의는 다음 장으로 미루도록 하겠다. 현대판 최면술의 재발견자로서 프리드리히 안톤 메스머(Friedrich Anton Mesmer)가 있다. 그는 1733년 5월 23일에 태어나 1815년 3월 5일에 세상을 떴다. 프리드리히는 점성학에서 유래된 것으로 추정되는 '자성(magnetism)'의 힘을 믿었다. 그는 자성의 힘을 이용한 치료를 시도하였다. 자성을 적용한다는 생각 자체가 이미 근본적으로는 최면술이었다. 프리드리히 이후 최면술을 가리켜 '메스머리즘(mesmerism)'이라고도 부른다. 오늘날 그의 이름은 일상적인 단어가 되었다. 어떤 행위나 사람에게 매혹되는 것을 '최면에 걸리다(mesmerized)'라고 표현한다. 성서 시대에는 최면술을 가리켜 '주문을 외는 것(casting a spell)'이라고 했고, 최면술사를 가리켜 '매혹하는 사람(charmer)'이라고 했다.

최면술(hypnotism)은 엄격히 금지되었다. 이유를 불문하고 크리스천은 최면술을 사용하지 말아야 한다. 하나님의 말씀에 단순히 순종하는 것만으로 족하다. 굳이 이유를 들자면 다음과 같다. 첫째, 주 예수 그리스도 이외에 다른 무엇에라도 우리의 의지(will)를 굴복시켜서는 안 된다. 둘째, 의지를 내어줌으로써 그 대상에게 우리의 마음의 문을 열어주게 된다. 우리 내면의 마음의 문은 오직 주님께만 열려있어야 한다. 셋째, 우리가 믿고 의지를 내어줄 수 있는 분은 오직 예수 그리스도 밖에 없다. 최면술은 결코 의지에 반하는 행동을 하게 할 수 없으므로 안전하다는 생각은 옳지 않다. 만일 최면술사가 상대방 안에서 강력한 내적 동인이 될 만한 잠재적인 증오와 원한, 분노나 두려움을 발견하고 이를 좌지우지 할 수 있을 정도가 되었다고 해보자. 최면술사는 이를 통해 상대방으로 하여금 온전한 정신(mind) 상태에서는 결코 상상조차 할 수 없는 악하고 심술궂고 난처한 행동을 하도록 부추길 수 있다.

언젠가 세미나에서 어떤 주제에 대해 강의하던 중 최면술에 관한 질문을 받았다. 나는 다음과 같이 대답했다. 우선 하나님의 말씀이 최면술을 금하고 있다. 최면을 실내 게임용으로 사용하는 것은 전적으로 어리석고 비난받아 마땅하다. 크리스천 상담자나 정신과 의사는 결코 최면술을 사용하지 말아야 한다. 혹시 내담자에게서 뭔가를 알아낼 필요가 있을 때는, 직접 질문을 하거나 지식과 분별의 은사를 통해 성령께서 직접 밝혀 주시도록 해야 한다. 성령께서는 치유 받을 준비가 되어있는 영역만을 드러내 주신다. 최면술은 주님이 지금 당장 치유하실 계획이 없는 부분을 드러나게 할 수 있다. 치열교정 수술을 받는 환자가 마취를 견디지 못할 때 사용하는 최면에 대해서 어떻게 생각하느냐는 질문에, 나는 하나님의 말씀이 최면술을 금지하고 있다는 것 외에는 답변할 말이 없었다.

강의를 마치자마자 점심 식사를 했다. 테이블 바로 맞은편에는 한 구강 외과 의사가 앉아있었다. 그 당시 그는 미국연합회(National Association)의 회장으로서 의사들을 대상으로 임상 최면의 사용법을 가르치고 있었다! 그는 내가 제시한 최면에 관한 여러 가지 경고들이 매우 타당하고도 필요한 것이라는 데 전적으로 동의한다고 했다. 다만 자신은 마취가 불가능한 환자에 대해서만 최면을 사용한다고도 했다. 그 후 10년이 지나서 그 구강 외과의사가 다시 나를 찾아왔다. 그는 슬픈 표정을 지으며 이렇게 말했다. "존, 저는 너무나도 어렵게 주님의 방법을 터득하였답니다. 이유여하를 불문하고 두 번 다시 최면을 사용하지 않을 겁니다!" 주위에 많은 사람들이 있었기에 우리는 대화를 미처 마치기도 전에 헤어져야 했다. 결국 나는 그에게 무슨 일이 일어났는지 물어보지는 못했다. 그가 그토록 슬픈 표정을 지은 이유는 과연 무엇이었을까. 무슨 일 때문에 그가 그런 결심을 한 것일까. 언제가 한 컨퍼런스에 참석한 일이 있었다. 그곳에서도 최면술에 관한 주제가 논의되었다. 한 정신과 의사가 자신은 지난날 최면술을 사용하였으나 앞으로는 결코 사용하지 않겠노라고 고백했다. 그 때에도 나는 그와 충분히 이야기할 시간을 얻지 못했다. 그러나 굳이 이유를 알아야 할 필요는 없다. 하나님의 말씀에 복종하는 것만으로 충분하기 때문이다. 하나님은 전문적인 훈련을 받은 하나님의 종들에게 주님의 말씀을 밝히 드러내 보이신다.

크리스천 심리학자인 몰튼 켈시(Morton Kelsey) 박사가 한 목회적 돌봄 학교(School of Pastoral Care)에서 최면술에 대한 질문을 받았다. 그는 우선 최면술에 대한 자신의 반대 입장을 표명한 뒤, 한 상담자가 내담자에게 걸었던 최면의 사례에 관해 이야기해 주었다. 그 상담자는 내담자에게 이제 두 번 다시 담배를 피우지 않겠다는 후최면암시(post-hypnotic suggestion)를 걸었다. 이는 실제로 효력이 있었다. 그녀는 담배를 끊었다. 그러나 2주 후 그 내담자는 2층 창문에서 뛰어내렸다! 그 상담자는 자신이 내담자의 심리적 압박은 치유하지 않고 단지 스팀 밸브만 제거했을 뿐임을 인정했다. 몰튼 켈시 박사는 다음과 같이 덧붙였다. 이 사례에서 비극적인 상황을 초래한 것은 단지 최면술을 잘못 사용했기 때문이 아니라, 최면술을 사용한 것 자체부터 이미 잘못이었다고.

그밖에도 무수히 많은 형태의 신비사술이 존재한다. 그러나 이들 대부분은 이제까지 우리가 거론해온 목록의 범주에 포함되리라고 본다. 온갖 형태의 신비사술을 주욱 나열하고 이들을 모두 말씀의 빛에 드러내는 것이 우리의 목적은 아니다. 다만 우리는 그리스도의 몸 된 교회가 신비사술에 대해 알고 이를 치유하는 방법을 배우게 되기만을 바란다.

누구든 신비사술에 관여하면 상처를 입는다. 우리가 신비사술에 관여하는 것은 결코 하나님의 뜻이 아니다. 알게 모르게 신비사술을 직접 행하거나 혹은 남이 우리에게 신비사술을 행하도록 허용함으로써 삶이 무질서해진다. 신비사술에 관여하는 것은 마치 사랑스런 소프라노 목소리를 가진 사람에게 강제로 베이스 음역을 노래하게 하는 것과 같다. 이는 성대를 상하게 하는 일이다. 우리의 몸(body)과 영(spirit)은 신비사술과는 본래 조화를 이룰 수 없도록 만들어졌다. 셰익스피어는 인간은 어떠한 죄와도 조화를 이룰 수 없다는 사실을 이미 잘 알고 있었다. 그는 맥베스 부인의 입을 통해 다음과 같이 분명하게 말한다.

> 자 오너라 악령들이여,
> 너희들도 사람을 죽이는 일에 한 몫 끼지 않겠느냐?
> 이 순간 나는 여자가 아니게 해다오.
> 머리끝부터 발끝까지 온몸에 잔인함이 넘치도록 해다오.
> 내 피를 엉기게 하여 동정심으로 통하는 길목을 막아버려라.
> 연민의 정이 이 흉측한 계획을 동요시키지 않게 해다오.
> 실행과 계획 사이에 타협이 이루어져
> 이 일을 방해하지 않도록 해다오!
> 자 오너라, 살인마들이여,
> 내 품 안으로 와서 내 젖을 담즙으로 바꾸어다오.

너희들은 보이지 않는 형체로

인간의 재앙을 돕고 있지 않느냐.

오너라 캄캄한 밤이여

그리하여 지옥의 검은 연기로 몸을 감싸라.

나의 날카로운 칼에 찔린 상처가 보이지 않도록.

또 하늘은 검은 장막을 헤치고

고개를 내밀며 '멈춰라! 기다려라!' 하고 외치지 않도록.

(맥베스막5장, 진한색은 저자의 표시)

죄 중에서도 특히 신비사술은 몸(body)에서 이루어지는 작용을 통해 건강한 영(spirit)의 흐름을 파괴한다. 우리에게 잘 알려진 맥베스 2막 2장에서 셰익스피어는 다음과 같이 말하였다.

어디선가 이런 절규를 들은 것 같소.

"이젠 잠을 자지 못한다.

맥베스의 잠은 죽었다."

아 천진난만한 잠,

근심으로 엉킨 것을 풀어주는 잠,

나날의 생명의 죽음인 잠.

노고를 씻어주는 잠,

마음(minds)의 상처를 치유하는 향유,

대자연의 가장 좋은 요리인 잠.

생명의 첫째가는 영양분인 잠을…!

셰익스피어의 희곡 '맥베스'는 맥베스가 세 마녀로부터 거짓 예언을 듣는 이야기로 시작된다. 마녀들은 맥베스가 영광을 얻게 될 것이라는 거짓 예언으로 그를 더럽힌다. 이 드라마는 하나님이 주신 양심과 사고 작용에 요술이 미치는 영향에 대해 분명한 교훈을 전해준다. 우리는 신비사술이 끼치는 영향력을 치유하고 상담하려는 사람들에게 '맥베스'를 연구해보라고 권한다. 신비사술이 어떤 식으로 자연과 사람을 정도에서 벗어나 타락하게 만드는지 유심히 살피면서 읽으면 도움이 된다.

신비사술에 관여했을 때 나타나는 가장 일반적인 증상은 수면장애이다. 불면증, 깊이 잠들지 못하고 뒤척이는 것, 악몽 등의 원인에는 여러 가지가 있을 수 있다. '엘리야의 집' 상담자들이 흔히 발견하고 있는 한 가지 원인은 과거나 현재 관여한 신비사술 혹은 신비사술로부터의 공격이었다. 몇 가지 질문만으로도 내담자가 신비사술에 관여한 여부를 쉽게 알 수 있다. 많은 이들이 착각하는 것이 있다. 자신들은 정기적으로 신비사술을 행한 적이 없으므로, 현재 겪는 문제의 원인이 결코 신비사술에 있을 리 만무하다는 생각이다. 그러나 이들은 아마 어린 시절 친구들과 함께 딱 한 번 장난삼아 '패니 아줌마(Aunt Fanny)'를 찾아간 기억을 깡그리 잊고 있는지도 모른다. 그 아줌마는 아이들의 손을 잡고 그들의 과거와 미래의 일들을 알아맞힘으로써 아이들의 마음을 사로잡았다. 위자보드(Ouija board)로 게임을 즐겼을지도 모른다. 최근 '던전스 앤 드래곤'이라는 게임을 즐기고 있을지도 모른다. 이 게임은 마귀(devil)의 작품으로서, 게임을 하는 사람은 곧장 신비사술에 관여하게 된다. 드물게나마 서로서로 최면을 걸거나 장난삼아 강신술 모임을 열었을지도 모른다. 그러나 외관상 아무리 순수해 보여도 죄는 죄이다. 죄의 영향력은 언젠가는 반드시 다루어지기 마련이다. 하나님은 아이들의 장난스런 놀이에 대해 불쾌해 하시거나 화를 내시는 분은 아니다. 주님은 모두 이해해 주신다. 그러나 우주의 법칙은 한 치의 오차도 없고 냉혹하다. 우리가 아주 기쁜 마음을 가지고 높은 빌딩 위에서 뛰어내렸다고 해서 참혹한 결과마저 피할 수는 없다. 단 한번 행했다 하더라도 말이다. 하나님은 긍휼이 많으시다(시 103). 하나님은 우리가 저지른 유치한 행동들에 대해 분노하신 것이 아니다. 중력의 법칙은 거스를 수 없다. 마찬가지로 하나님은 어리석은 아이들이 이해하지 못한다고 하여 법을 무효화시키는 분이 아니다. 예를 들어 스쿠버 다이빙 장비를 갖추지도 않은 채 해저 동굴을 5분 동안이나 수영할 수 있다고 생각하는 꼬마가 있다고 가정해보자. 이 아이의 생각은 분명 어리석다. 아이는 당연히 익사하고 만다. 이런 상황에서 하나님을 원망할 사람은 없다. 신비사술에 관한 법칙을 이해하는 사람이라면, 신비사술을 행한 뒤 수년 후 갑자기 무시무시한 결과가 나타났다고 해도 결코 놀라거나 상처받지 않는다. 베트남 참전용사들이 수년 전에 접촉한 고엽제(Agent Orange)의 가공할만한 영향력이 최근에야 비로소 드러나고 있음을 목격하지 않는가. 어릴 때 잠깐 행한 신비사술의 행위가 성인기에 고통스럽고 끔찍한 결과로 나타날 수 있다. 모든 상담자들은 우리가 지금 합법적인 원인과 결과를 다루고 있다는 사실을 잘 알아야 한다. 장난삼아 신비사술에 관여한 행위의 결과는 대개 즉각적으로 나타나지 않는다. 그러나 일단 뿌려진 씨앗은 언젠가는 반드시 열매를 맺는다.

신비사술로 인한 수면 장애를 치유하는 방법은 다음과 같다. 첫째, 용서(forgiveness)요, 둘째, 닫음(closure)이다. 이는 신비사술에 관여한 정도 여하를 무론하고 적용된다. 아무리 사소해 보인다 하더라도 일단 장난삼아 신비사술을 행했다면, 신비사술의 세력(forces)에 대해 문을 열어 놓은 셈이 된다. 장난삼아 모험한 일만 없었더라도 어둠의 세력(powers)은 그 사람에게 들어올 문을 찾지 못했을지 모른다. "만군의 여호와가 이르노라 너희가 내 단 위에 헛되이 불사르지 못하게 하기 위하여 너희 중에 성전 문을 닫을 자가 있었으면 좋겠도다"(말 1:10). 이 구절에 대한 정확한 주석이 무엇이든 상관없이, 우리는 성령께서 신비사술의 영향을 치유하시는 데 이 말씀을 사용하신다고 생각한다. 크리스천 상담자는 내담자에게 열려있는 모든 심령의 문을 닫아주시도록 주님께 기도해야 한다. 이런 기도는 특히 기도의 불이 붙었을 때 드리면 좋다.

수면 장애의 세 번째 치유책은 '감춤(hiding)'이다. "이는 너희가 죽었고 너희 생명이 그리스도와 함께 하나님 안에 감취었음이니라"(골 3:3). 크리스천은 하나님의 천사들의 보호를 받고 있기 때문에 정상적으로는 사단(Satan)의 눈에 잘 띄지 않는다. 귀신(demon)들은 어떻게 크리스천을 괴롭히며 어떻게 크리스천의 계획을 가로막을지 전혀 알지 못한다. 그러나 신비사술은 사람을 사단에게 노출시킨다. 톨킨의 판타지 소설인 『반지의 제왕』에서, 주인공 프로도가 마법의 반지(magic ring)를 손가락에 끼면 아무도 그를 볼 수 없게 된다. 오직 어둠의 세력들만 그의 모습을 볼 수 있다. 프로도는 마법(magic)을 통해 어둠의 세계로 들어갔고, 이제 어둠의 세력들은 자연 상태에 있는 모습보다 훨씬 더 선명하게 그를 보게 된다. 우리는 신비사술을 통해 사단(Satan)의 세계에 들어가서 사단의 부하들에게 우리의 모습을 노출시킨다. 따라서 우리는 주님께 내담자를 다시 감춰달라고 기도함으로써 치유를 행한다.

때로는 다음과 같이 기도하기도 한다. "주님! 천사들이 손을 내밀어 롯을 안으로 끌어들인 후, 소돔 사람들의 눈을 멀게 하여 밤새도록 문을 찾지 못하게 만드셨던 것처럼, 저도 이 사람을 그리스도의 몸 안으로 끌어당기고 모든 어둠의 세력들의 눈을 멀게 합니다. 그들은 더 이상 나의 형제(자매)를 볼 수 없습니다. 이제부터 나의 형제는 어둠의 세력들로부터 감추어졌습니다. 어둠의 세력들이 이 형제를 좇아오던 모든 통로를 차단합니다. '저희 길을 어둡고 미끄럽게 하시고 여호와의 사자로 저희를 따르게 하소서' (시 35:6)."

넷째, 신체의 치유를 위해 기도한다. 우리는 내담자의 온 몸(body)과 영(spirit)에 주님의 치유의 향유를 부어주셔서 마귀가 심어놓은 어떠한 책략도 다 제거해 주시고 치유해 주시도록 간구한다.

수면장애에 이어, 신비사술에 관여한 자들은 성가신 내면의 목소리로 인한 고통을 경험한다. 이는 실제로 심리적인 요인 때문에 일어나는 현상일 수도 있다. 그러나 신비사술이 하나의 원인이 되는 경우가 많으며, 종종 신비사술이 유일한 원인이기도 하다. 확실한 원인 규명을 위해 질문과 분별이 요구된다. 그래도 원인이 불확실한 경우에 한하여 신비사술의 영향력을 몰아내 달라는 기도를 드리는 것도 좋다. 설사 신비사술로 인해 나타난 현상이 아니라 할지라도, 최소한 그 가능성만은 제거할 수 있다. 이 경우에도 위에서 언급한 네 단계를 밟아 기도하면 된다(용서, 닫음, 감춤, 신체의 치유). 여기에 우리가 다섯 번째로 추가하는 단계가 있다. 어둠의 영들과 목소리들을 향해 꾸짖고 축사하고 예수님의 이름으로 잠잠하라고 명령하는 일이다. 이는 종종 매우 강력한 축사(exorcism)기도가 되기도 한다. 여기에 관해서는 다음 장에서 보다 깊이 다루겠다.

반복되는 사고나 참사도 신비사술로 인해 흔히 나타나는 결과이다. 이유를 알 수 없는 실패나 비극을 지속적으로 만나는 내담자의 경우, 확인 절차를 거친 뒤 쓴 뿌리 판단이나 기대를 제거하는 기도사역을 한다(『속사람의 변화2』제 14장을 참조하라). 그런데 기도를 받은 후 이제는 안전한 삶을 살아가야 할 내담자 안에 여전히 마치 나쁜 일을 잡아끄는 것 같은 섬뜩한 능력이 남아있는 경우가 있다. 이때 성령께서는 내담자의 일생 중에 신비사술에 관여한 사실이 있음을 알려 주시는 경우가 있다. 이제 어둠의 세력들은 이미 사상누각(沙上樓閣)이 된 내담자를 무너뜨릴 수 있는 가장 적절한 시기와 방법을 알게 된 셈이다. 우리는 모두 한번쯤은 우연히 발생한 일로 인해 피해를 본 경험이 있다. 예를 들어, 중요한 인터뷰를 하기 위해 막 집을 나서려는데 갑자기 전화벨이 울린다. 전화를 받느라 약속시간을 놓치고 만다! 혹은 어떤 일을 열심히 했는데 결국 그 일로 인해 손해를 볼 때도 있다. 조금만 더 빨리 정보를 알았더라면 이 모든 고통과 문제는 피할 수도 있었다. 일을 그르치고 난후에야 비로소 마땅히 나에게 제 시간에 도착했어야 할 정보가 이유모를 상황의 꼬임으로 계속 지연되고 있었음을 알게 된다. 한편 어떠한 일이 적절한 타이밍에 일어나지 않음으로써 모든 계획이 무산되는 경우도 있다. 예를 들어 내가 어떤 특별한 일을 하기 위해서는, 돈을 꾸어간 동료가 이를 반드시 기억하고 있다가 되돌려 주어야만 한다. 또는 누군가가 우리를 잘 기억해 두었다가 이런 저런 이유로 추천을 해주어야 한다. 크리스천들은 주님의 섭리와 절묘한 타이밍에 늘 놀라며 살아간다. 기막힐 정도로 제때에 일어나주는 일들로 인해 만사가 장밋빛으로 변한다. 그러나 신비사술에 관여한 사람은 만사가 자꾸 꼬여간다. 어떤 허점 혹은 일을 그르칠만한 어떤 요인이 존재할 때에는, 어김없이 정확한 시각에 그 허점이 현실화된다! 그들에게는 운 좋게 성공하는 법이란 없다. 이제 그들은 이렇게 말하기 시작한다. "음, 불운이 있으니까 행운도 있는 법이지."

우리는 앞서 언급한 네 단계를 통해 사단의 장난에 종지부를 찍는다. 그리고 사단에게 더 이상 그 사람의 삶속에 침략해 들어가지 말라고 직접적으로 명령하는 기도를 한다. 우리는 사단에게 이제 그들의 삶에서 손을 떼라고 명령한다. 여러 가지 사고나 끔찍한 사건들은 대체로 '저주'에서 비롯된 경우가 매우 많다. 내담자의 삶에 저주가 초래된 것은 어떤 어둠의 세력 혹은 요술에 관여한 어떤 사람 때문일 수 있다. 우리는 예수님의 이름과 권세로 간단하게 그 저주를 파쇄한다. 둘째로, 아버지나 어머니에 대해 품었던 쓴 마음과 판단이 무의식적인 저주가 되어 자신에게 돌아올 수도 있다. 예수님이 제자들에게 늘 상기시켜 주셨던 말씀이 있다. "모세는 네 부모를 공경하라 하고 또 아비나 어미를 훼방하는 자는 반드시 죽으리라 하였거늘"(막 7:10). 여기서 말하는 죽음은 더 이상 풍성한 삶을 누리지 못하게 되는 것을 의미한다. 아버지나 어머니를 저주하는 것은 우리의 삶에 저주를 불러온다. 그때부터 만사가 꼬이기 시작한다. 여기서 이 이야기를 하는 이유가 있다. 상담자가 내담자에게서 신비사술로 인한 파괴력의 원인을 잘 발견하여 제거해낼 수 있었다 치자. 만일 내담자와 그의 부모 사이에 존재하는 문제는 그대로 방치한 채 용서로 이끌지 못했다면, 내담자의 삶에서 재난은 여전히 계속될 것이다. 용서치 못하는 마음을 가진 사람의 삶에는 늘 저주가 머무른다. 이는 끊임없는 사단의 공격 통로가 된다.

네 번째로 꼽을 수 있는 신비사술의 결과는 고통과 신체적 질병이다. 귀찮고 고통스런 느낌에 시달리는 사람이 있다. 의사들도 치료법을 알 수 없는 사소한 질병 혹은 피부발진의 지속적인 재발을 호소하는 사람도 있다. 이는 물론 심인성 혹은 단순한 의학적 소인에 의한 현상일 수도 있다. 그러나 이 경우 역시 신비사술의 가능성을 간과하기 어렵다. 우리의 기도 모임에 참석하는 한 여성이 바로 최근까지만 해도 자신이 온전한 치유와 건강을 누리지 못하고 있음에 불만을 토로해 왔다. 그녀는 끊임없는 고통에 시달렸다. 나는 그녀의 가계력에 신비사술이 있음을 발견하고는 이를 끊는 기도를 했다. 어젯밤(1984년 5월 1일) 그녀가 나에게 편지 한 통을 건네주었다. 우리 모임에서 기도를 받고 난 후 온전한 자유를 경험하게 되었다는 기쁨의 편지였다.

신체적 고통의 원인이 과거에 관여한 일 때문이 아니라, 현재 진행 중인 영적 전쟁의 영향 때문인 경우도 있다. 아그네스 샌드포드가 외국에 있는 동안 일단의 마녀들의 집회와 충돌한 적이 있었다. 이는 마치 그녀가 벌집을 쑤셔놓은 격이었다. 이로 인해 그녀는 두통, 피로, 강의 도중 멍해짐, 갑작스런 의기소침, 허무감 등에 시달려야 했다. 그녀는 내게 도움을 요청했다. 그녀가 이미 온갖 노력을 다 시도해 보았음을 성령께서 내게 알려주셨다. 나는 이렇게 조언했다. "잠시 자연 속으로 떠나보는 건 어때요? 숲속을 걸어보세요. 잔디 위를 뒹굴어보는 것도 좋고요." 그녀는 내가 말한 그대로 했다. 실제로 효과가 있었다. 특히 잔디밭을 뒹구는 일은 효과 만점이었다. 마치 모든 부정적인 영향력들이 몸 밖으로 빠져나와 땅속으로 스며들어가는 느낌이었다. 그녀는 나에게 다음과 같은 답장을 보내왔다. "어떤 사람들은 나를 이상한 여자로 보았어요. 하지만 기분이 한결 나아졌어요!"

여기서 잠시 나의 조상인 오세이지(Osage) 인디언에 대해 언급할 필요가 있을 것 같다. 그들이 자주 하던 말이 있다. 백인들이 존재감을 상실하고 그릇된 일을 범하게 되는 한 가지 이유는, 땅(earth)과 너무나 떨어져서 살고 있기 때문이다. 집과 도로를 볼 때 백인들은 양질의 흙으로부터 고립되어 있다. 인디언들은 일부러 땅(earth)에 앉고 가능하면 땅에서 잠을 잤다. 이렇게 하는 것이 자신들에게 유익함을 알고 있었기 때문이었다. 건강한 자연환경의 결핍이 인간에게 끼치는 영향에 대한 사회학적 연구결과가 나온 이래, 도시 아이들을 위한 자연 캠프가 마련되기 시작했다. 치유를 위한 모든 종류의 기도와 더불어, 신비사술의 영향력을 치유하는 방법으로서 우리가 권하는 것이 있다. 야외로 나가 좋은 땅을 밟으며 자연을 만끽하라는 것이다. 잇달아 찾아오는 수많은 내담자들을 대할 때면, 나는 더럽혀진 듯한 느낌이 된다. 이때 나는 약 10분 정도 짬을 내어 정원을 거닌다. 흙속에 손가락을 넣어보기도 한다. 그렇게 하고 있노라면 아무리 기도해도 떨쳐버릴 수 없었던 더러움이 모조리 빠져나가 버린다.

 신비사술의 공격으로 인해 나타나는 다섯 번째 증상은, 기억상실, 생각이 멍해지는 현상, 물건을 어디에 두었으며 자기가 지금 무엇을 하고 있는지 잊어버리는 것, 이야기 도중 생각의 흐름을 놓치는 것 등이다. 한때 저혈당증도 앓아보았고 누군가에 대한 극심한 스트레스로 시달리기도 한 나로서는, 이런 증상들이 신체적이고 심리적인 원인 때문에 나타나기도 한다는 것을 잘 안다. 그러나 영적 분별을 통해 증상이 신비사술로 말미암았다는 것이 밝혀질 때도 있다. 한 가지 원인을 찾았다고 해서 다른 원인을 배제해서는 안 된다. 신비사술의 영향력만 아니었다면, 신체적인 원인은 충분히 극복해냈을 수도 있다. 혹은 그 역으로, 탈진과 스트레스가 그토록 극심하지만 않았더라면, 신비사술의 공격을 충분히 이겨냈을 수도 있다. 아무런 신체적 요인이 없이 단지 신비사술의 영향력 때문에 이런 증세가 나타나는 경우도 많다.

처음 아그네스 샌드포드와 내가 팀을 이루어 순회여행을 시작한 것도 바로 이런 이유 때문이었다. 그 때까지 그녀는 방해하는 영에 의해 생각이 봉쇄당하기도 했고, 목이 옭죄기도 했고, 목소리를 내지 못할 정도로 심하게 억압당하기도 했다. 나는 거의 강연을 맡지 않았다. 강연을 해도 대체로 아침에만 했다. 나의 목적은 강연에 있지 않았다. 우리는 낮 동안은 함께 기도했다. 집회에서 나는 성경봉독과 기도를 맡았고, 아그네스는 말씀을 전했다. 마무리 기도도 내 몫이었다. 그녀가 강연을 하는 동안 나는 청중석 가운데 그녀가 잘 보이는 곳에 앉아 내내 중보기도를 했다. 그녀가 하는 말에 열중하는 대신 적어도 나의 임무에 충실하고 있는 동안, 그녀를 통해 능력이 거침없이 흘러나왔다. 우리가 팀 사역을 하기 전까지만 해도 그녀는 긴장으로 인한 두통에 시달리기도 했다. 수없이 많은 강연에 대한 스트레스, 중보기도에 대한 부담감 때문이기도 했으나, 신비사술의 방해도 한 가지 원인이 되고 있었다. 내가 그녀의 강연장에 함께 있었던 것은 그녀가 자유롭게 사역에만 몰두할 수 있도록 그녀를 보호할 목적에서였다. 많은 설교자들이 본국에 남아 중보해주는 기도용사들의 지원을 받을 필요성을 터득하고 있다. 어떤 설교자들은 순회여행 시 보호막 역할을 해줄 중보 기도자들을 늘 데리고 다닌다. "주의 대적을 인하여 어린 아이와 젖먹이의 입으로 말미암아 권능을 세우심이여 이는 원수와 보수자로 잠잠케 하려 하심이니이다"(시 8:2).

신비사술의 결과로 나타나는 여섯 번째 증상은 끊임없이 발생하는 가정의 우환질고이다. 사단은 하나님의 종을 공격할 목적으로 주로 그의 가족들을 괴롭힌다. 성도들은 목사의 가정을 위해 정기적으로 기도해야 한다. 순회 설교자, 예언자, 복음전도자들에게는 헌신된 중보 기도자 그룹이 반드시 필요하다. 특히 이들의 가족을 보살펴줄 사람들이 필요한데, 이는 잦은 출타로 인해 남은 가족들 안에 그의 부재에 대한 강한 분노가 쉽게 형성될 수 있기 때문이다.

굳이 하나님의 종이 아니라 하더라도, 살아오면서 한번이라도 신비사술에 관여한 적이 있다면, 이로 인해 닫혀 있어야 할 가정의 문이 열려진다. 강신술 모임(seances)에 참석한 사람에 대해 주님은 다음과 같이 말씀하신다. "내가…그를 그 백성 중에서 끊으리니"(레 20:6). 심고 거두는 법칙이 작동하기 시작한다. 신비사술을 의지하는 자는 실제로 스스로뿐 아니라 그의 권위 아래 있는 모든 사람들을 하나님으로부터 차단시킨다. 뿌린 대로 거두기 마련이다. 어둠의 세력들이 심고 거두는 법의 원리를 이용할 때 사용하는 수단은 우환질고이다. 십자가에 못 박지 않은 죄(guilt)는 귀신의 세력이 언제라도 마음껏 역사하는 통로가 된다. 귀신의 침입을 중단시키기 위해 우리는 그 가정에 대하여 용서, 치유, 감춤의 기도를 사용한다. 그러나 여기서 우리는 제 1장에서 언급한 교훈을 다시 한 번 되새길 필요가 있다. 나의 아버지가 나와 형을 때린 뒤에는 어김없이 우리를 감싸 안고 치유해 주신 것처럼, 상한 영은 반드시 치유되어야 한다. 감싸 안고 치유하는 일은 남겨놓은 채, 적절한 조치를 모두 취했다고 말할 수는 없다. 산산이 찢긴 감정과 관계를 바로잡아 주어야 한다. 치유되지 않은 상처와 기억으로 인해 열린 문이 남아있는 한, 사단은 여전히 그 사람 안에 빌미를 쥐고 있다.

일곱 번째로 들 수 있는 신비사술로 인한 증상은, 이제까지 언급한 여섯 가지 항목에 포함되기도 하지만 단독으로 설명할 필요가 있을 것 같다. 가정의 재정이 한없이 빠져나가는 듯 여겨질 때가 있다. 부모님은 이제 겨우 한 숨을 좀 돌리는가 싶은데 갑자기 전혀 뜻밖의 지출로 인해 다시금 바닥으로 곤두박질친다. 터널 끝에 보이던 불빛은 어쩐지 꺼진 듯 싶다. 혹은 이제까지 가짜 희망을 믿고 있었던 것인지도 모른다. 무엇보다 중요한 것은 이러한 지출이 전혀 엉뚱한 데서, 너무도 불공평하고 이해할 수 없는 방법으로 찾아온다는 사실이다! 인생이 순탄하게 흘러가는 법이 없다. 예산은 엉망진창이 되어 세울 수조차 없다. 마치 가정의 재물에 저주가 임한 것 같다. 십일조를 하지 않는 가정은 무엇보다 먼저 십일조 문제를 해결해야 한다.

> 사람이 어찌 하나님의 것을 도적질하겠느냐 그러나 너희는 나의 것을 도적질하고도 말하기를 우리가 어떻게 주의 것을 도적질하였나이까 하도다 이는 곧 십일조와 헌물이라 너희 곧 온 나라가 나의 것을 도적질하였으므로 너희가 저주를 받았느니라 만군의 여호와가 이르노라 너희의 온전한 십일조를 창고에 들여 나의 집에 양식이 있게 하고 그것으로 나를 시험하여 내가 하늘 문을 열고 너희에게 복을 쌓을 곳이 없도록 붓지 아니하나 보라 만군의 여호와가 이르노라 내가 너희를 위하여 황충을 금하여 너희 토지 소산을 멸하지 않게 하며 너희 밭에 포도나무의 과실로 기한 전에 떨어지지 않게 하리니 너희 땅이 아름다와지므로 열방이 너희를 복되다 하리라 만군의 여호와의 말이니라 (말 3:8-12)

십일조를 신실하게 드리는 가정임에도 불구하고, 곤궁해지다 못해 이제는 마치 하나님의 약속이 거짓인 듯 여겨질 때가 있다. "나는 내 임무를 다하는데 왜 하나님은 일하시지 않는 걸까? 이건 불공평해. 물론 하나님도 이유가 있으시겠지. 하지만 일이 이렇게 꼬여 가는데 도대체 왜 하나님은 늘 핑계거리만 찾으시는지…. 나는 한 번도 핑계를 댄 적이 없었다고!" 이것이야말로 신비사술로 인해 초래된 재정 손실보다 훨씬 더 중요하다. 사단의 최후의 목표는 하나님에 대한 우리의 신뢰를 깨뜨리는 것이다.

나는 가끔 기도 중 거대한 호수의 환상을 본다. 하나님의 축복으로 가득 찬 호수였다. 하나님은 그 호수를 우리에게 쏟아 부으시려고 하시는데, 축복을 받을 깔때기는 저주로 인해 엎어져 있다. 마치 우산위로 떨어지는 물방울처럼 축복은 표면에 떨어지다가 튕겨나가고, 소량의 축복만 작은 구멍 안으로 흘러들어갈 뿐이다. 믿음으로 우리는 공급선을 가로막고 있는 마귀(devil)의 세력을 제거하고 깔때기가 똑바로 세워지는 것을 본다. 이제 축복의 물줄기는 제대로 흘러들어와 하나님의 자녀와 하나님의 가정에게 전달된다.

이 가정에게 필요한 것은 단지 재정 손실로 인한 상처의 치유만이 아니다. 하나님과의 관계도 치유되어야 한다. 이들은 하나님을 용서한다는 고백을 할 수 있어야 한다. 사도 바울은 이렇게 말한다. "그리스도를 대신하여 간구하노니 너희는 하나님과 화목하라"(고후 5:20). 하나님과의 화목은 모든 상처의 치유에 필수적으로 적용되어야 할 항목이다. 이 경우와 같이 하나님의 특별한 약속이 깨어진 듯 보이는 상황에서는 반드시 적용해야만 한다.

여덟 번째로 들 수 있는 신비사술로 인한 결과는, 단순한 가능성에 지난 것이 아니라 법에 의해 어김없이 발생한다. 세대적인 죄가 고통과 고난의 형태로 오고 오는 세대에게 계속 대물림된다(신 5:9). 이에 대해서는 제 13장에서 보다 상세히 다루도록 하겠다.

이상으로 언급한 여덟 가지는 신비사술로 인해 초래되는 가장 일반적인 증상들이다. 물론 그밖에 다른 증상들도 있을 수 있다.

그리스도의 몸은 교회에게 주어진 권세(authority)와 능력(power)에 대해 잘 알고 있어야 한다. 주님의 절박한 부르심에 귀 기울이라.

> 하나님이 하나님의 회 가운데 서시며 재판장들 중에서 판단하시되 너희가 불공평한 판단을 하며 악인의 낯 보기를 언제까지 하려느냐 가난한 자와 고아를 위하여 판단하며 곤란한 자와 빈궁한 자에게 공의를 베풀찌며 가난한 자와 궁핍한 자를 구원하여 악인들의 손에서 건질찌니라 하시는도다 (시 82:1-4)

주님은 우리에게 능력(power)을 주셨다.

> 예수께서 나아와 일러 가라사대 하늘과 땅의 모든 권세를 내게 주셨으니(마 28:18)

> 믿는 자들에게는 이런 표적이 따르리니 곧 저희가 내 이름으로 귀신을 쫓아내며 새 방언을 말하며 (막 16:17)

크리스천이라면 누구나 하나님이 주신 능력을 충분히 사용하여 승전의 기쁨을 누릴 수 있다. 우리가 가장 먼저 하나님의 원수를 갚아야 할 왕들과 나라들은 바로 귀신의 세력들이다.

> 성도들은 영광중에 즐거워하며 저희 침상에서 기쁨으로 노래할찌어다 그 입에는 하나님의 존영이요 그 수중에는 두 날 가진 칼이로다 이것으로 열방에 보수하며 민족들을 벌하며 저희 왕들은 사슬로, 저희 귀인은 철고랑으로 결박하고 기록한 판단대로 저희에게 시행할찌로다 이런 영광은 그 모든 성도에게 있도다 할렐루야 (시 149:5-9)

Chapter 11. 강신술과 축사

Spiritualism and Exorcism

음란하듯 신접한 자와 박수를 추종하는 자에게는 내가 진노하여 그를 그 백성 중에서 끊으리니 (레 20:6)

남자나 여자가 신접하거나 박수가 되거든 반드시 죽일지니 곧 돌로 그를 치라 그 피가 자기에게로 돌아가리라 (레 20:27)

믿음이 적거나 성경 지식이 부족한 사람일수록 강신술(spiritualism)에 대해 강한 매력을 느낀다. 사랑하는 사람을 먼저 떠나보내고 외로워하는 사람이 있다고 해보자. 그는 이 짧은 생애를 마감하면 곧 영원한 세계에서 다시 만나게 된다는 사실을 단순히 받아들이지 못하고 있을 수 있다. 이들의 눈에 강신술은 죽은 자와의 접촉을 통해 안도감을 얻어낼 좋은 수단이 된다. 이들은 아마도 하나님께서 강신술을 엄격히 금하셨음을 거의 혹은 아예 모르고 있을지도 모른다. 이들에게 있어 강신술은 죽은 사람과 접촉하여 자신의 애달픈 마음을 위로받는 좋은 방법이기만 하다. 그밖에도 강신술을 찾는 이유는 다양하다. 잃어버린 은행 금고 열쇠나 유언장을 다급히 찾아야만 하는 상황에 닥쳤을 수도 있다. "우리가 윌 삼촌과 접촉할 수만 있다면 삼촌이 우리에게 다 말해줄 텐데. 나쁠 게 없잖아?" 어떤 이들은 죽음에 대한 심한 두려움을 가지고 있다. 보다 정확히 말해, 죽음 후 무(無)로 사라져버릴 것만 같은 두려움을 느끼는 사람들이 있다. 이들은 입술로는 믿는다고 고백하지만 마음 깊은 곳에는 부활하신 주님에 대한 온전한 믿음이 없다. 이들은 사후 세계를 입증할만한 확실한 증거를 경험해 보고 싶어 한다. 강신술 모임은 이들의 바람을 충족시켜 줄 적당한 곳으로 보일 수 있다. 하나님은 사후 세계에 대한 궁금증을 훨씬 탁월한 방법으로 해결해 주신다. 어떠한 경우에도 강신술은 정당화될 수 없다.

　강신술은 죽은 사람과 접촉하여 대화를 시도하는 행위이다. 죽은 사람과의 접촉을 시도하여 스스로 접촉의 매개자가 되는 사람을 영매(medium)라고 한다.

　서두에 언급한 성경구절을 통해 알 수 있듯, 하나님은 강신술을 엄격히 금하셨다. 강신술을 왜 금하셨는지에 대한 언급은 찾아볼 수 없다. 다만 다음과 같이 말씀하고 있다. "너는 나 외에 다른 신들을 네게 있게 말찌니라"(출 20:3). 이 구절은 죽은 자의 영(spirit)과 접촉하는 사람은 어떤 형태로든 반드시 우상숭배에 관여하게 된다는 사실을 암시한다. 하나님은 스스로를 변명할 필요가 없으신 분이다. 단지 강신술을 금하시는 것만으로 충분하다.

하나님이 강신술을 금하신 이유는 쉽게 추측해볼 수 있다. 우선, 강신술은 우상숭배이다. 오직 하나님께 드려야 할 충성과 순종을 다른 영들에게 주게 된다. 우리는 강신술에 깊이 빠져든 사람들을 알고 있다. 그들은 무슨 결정을 내릴 때면 언제나 죽은 자의 영들과 먼저 상의했다. 이들은 오직 하나님과의 관계 가운데 이루어져야 할 일을 죽은 자의 영들과 더불어 행하였다. 대체로 귀신들(demons)은 모습을 '빌 삼촌' 혹은 '벳시 이모'로 위장하고 나타난다. "너의 길을 여호와께 맡기라 저를 의지하면 저가 이루시고"(시 37:5). "너의 행사를 여호와께 맡기라 그리하면 너의 경영하는 것이 이루리라"(잠 16:3).

둘째, 강신술은 우리를 더럽힌다. 일부 성경학자들은 죽은 사람의 영(spirit)이 즉시 천상의 방으로 들어간다고 주장한다. 이 학자들에 의하면 강신술사들은 결코 죽은 사람의 혼(soul)과는 접촉할 수 없다. 단지 사단의 '사자(angel)'와 접촉할 뿐이다. 죽은 사람의 전 생애를 내내 지켜본 사단의 사자는 죽은 이의 행동이나 목소리를 완벽하게 위조해낼 수 있다. 죽은 이만 알고 있을법한 내용도 분명하게 말해낸다. 이 성경학자들은 죽은 친척들과의 접촉을 시도하는 사람은 결국 귀신들에 의해 더럽혀지게 될 뿐이라고 말한다. 이후에 다시 설명하겠으나, 이러한 성경학자들의 견해가 강신술에 대한 완벽한 해답이 될 수 있을지는 아직 미지수다. 죽은 사람의 영과 실제로 접촉한 사례도 있을 수 있다. 어찌됐든, 강신술에 관여한 사람은 더럽혀진다. 이로 인해 반드시 닫혀 있어야 할 그의 영(spirit)의 문들이 열려진다.

우리는 이 땅에 살아있는 사람에 의해서도 더러워질 수 있다. 이에 관해서는 제 8장에서 자세히 설명하였다. 함께 있는 누군가로 인해, 혹은 공간적으로 멀리 떨어진 사람의 영에서 발산되는 것들이 우리를 더럽힌다. 사람은 몸(body)을 가진 존재이다. 영(spirit)은 반드시 몸(body)안에 거해야 한다. 죽은 자의 영 혹은 죽은 자를 가장한 귀신(demons)은 그렇지 못하다. 이들에게는 몸이 없다. 다시 말해, 죽은 자의 영이나 귀신은 살아있는 사람에게 달라붙거나, 살아있는 사람 안에 들어가 거주하다가 완전히 그를 사로잡을 수 있다. 강신술 집회에 참석하는 사람은 더럽혀질 뿐 아니라 귀신(demons)에 사로잡힐 수도 있다.

영들과의 접촉을 시도하는 사람은 흔히 스스로 속는 사람이다. 영매들(mediums)은 고객의 돈 혹은 기타 잇속을 노리는 협잡꾼일 가능성이 많다. 아이들은 자주 강신술 집회를 흉내 내는 실내게임을 즐긴다. 참으로 어리석은 일이다. 이런 말을 듣는 어떤 이들은 강신술은 허구에 불과하다며 코웃음을 친다. 실제로 눈앞에 드러나는 현상이 없기 때문이다.

강신술이 금지되어야 할 더 중대한 이유가 있다. 우상숭배, 더럽힘, 귀신에 의한 더럽혀짐 등은 모두 죽은 이의 영과의 접촉이 실패한 경우에도 초래될 수 있다. 하나님이 강신술을 그토록 엄격히 금하신 것은, 우리가 자칫 유령(ghosts)이나 귀신들(demons)에 연루되어 타락에 빠질 수도 있기 때문이다. 단지 상상 속의 어리석음에 불과하다면 왜 그토록 주님이 염려하시겠는가. 많은 사람들이 스스로를 속인다. 강신술을 시도했다는 것 자체가 이미 가장 실제적인 범죄 행위이다. 실패한 시도라 하더라도 이미 닫혀있어야 할 문은 열려졌다. 뿌려진 씨앗은 반드시 심판으로 되돌아온다. 위자보드와 같이 유치한 게임도 심각한 해악을 끼칠 수 있다. 간혹 영매들과 강신술 집회에 참가한 사람들은 영들을 불러내어 실제로 접촉하기도 한다. 이는 우리 주님의 분노를 촉발하기에 합당한 행위들이다.

접촉한 영이 실제로 죽은 자의 영이든 혹은 귀신의 모조품이든 간에, 이를 결코 믿어서는 안 된다. 처음에 귀신들(demons)은 영매의 성대를 통하여 확실한 근거를 가진 몇 가지 사실들을 말해준다. 예를 들어 잃어버린 가보가 숨겨져 있는 장소 따위를 말이다. 이렇게 함으로써 귀신들은 사람들의 믿음과 신뢰를 확보한다. 일단 관계가 형성되면, 귀신들은 귀신의 말을 곧이곧대로 믿는 사람들을 점점 망상과 비열한 속임수와 교리로 이끌어간다. 지속적으로 귀신과 접촉하는 사람의 영(spirit)과 혼(soul)에는 귀신의 근거지가 점점 확장된다. 귀신의 덫에 완전히 걸려든 사람은 결국엔 지옥으로 치닫고 만다. 이 세상에는 '강신술사들의 교회(spiritualist churches)'가 많이 있다. 이들 역시 예수님을 주님이라 부르며 스스로 온전한 크리스천으로 자처한다. 그러나 이들의 최종 종착점은 고통스런 영원이다. 이들의 눈을 멀게 하여(고후 4:4) 하나님의 말씀(레 20:6, 27)을 보지 못하게 만든 것은 바로 사단(Satan)이다. 사단은 이들로 하여금 하나님께 기도는 드리되 그들의 '교회'는 떠나지 말라고 부추긴다. 선량한 크리스천을 가장하는 포장지가 한 꺼풀만 벗겨져도 사단의 속임수가 적나라하게 탄로 날 것임을 사단이 가장 잘 안다. 따라서 사단은 이들에게 기독교 신앙을 입증할 온갖 치장물들은 그대로 허용하면서도 사단의 올가미는 여전히 이들의 삶에 유효하도록 만든다. 이런 식으로 사단은 자신의 정체를 감춘다.

앞에서 언급한 바 있으나, 일부 성경학자들은 죽은 자들이 곧바로 천국 혹은 지옥으로 간다고 주장한다. 영매들이 접촉하는 것은 단지 죽은 사람을 가장한 영들이며, 이 영들이 가지고 있는 죽은 자에 대한 친밀한 정보로 인해 영매들이 속고 있을 뿐이라고 말한다. 나 역시 기본적으로는 이들의 견해에 동의한다. 그러나 영매들 혹은 강신술 모임에 참가한 자들이 접촉한 영은 단지 죽은 자를 가장한 영일뿐이라는 결론은 독단적일 수 있다. 사울은 블레셋과의 큰 전쟁을 하루 앞두고 몹시 겁에 질렸다. 당시 그를 위해 대신 하나님께 물어볼 선지자가 한 명도 없었다. 결국 그는 적진을 뒤로 하고 밤새도록 말을 달려 엔돌에 있는 신접한 여인(witch)을 찾아간다. 사울은 영매를 찾는 것이 금지 사항임을 잘 알고 있었다. 그러나 사울의 심정은 절박했고 두려움에 사로잡혀 있었다. 한때 그는 '신접한 자와 박수를 이 땅에서 멸절시킨' 자였다(삼상 28:9). 그러나 불안해진 사울은 어찌됐든 영매를 한번 만나 보아야겠다고 생각했다. 이런 심리는 아마도 현대인들이 훨씬 더 잘 알 것이다. 사울은 신접한 여인에게 사무엘을 불러달라고 요청했다. 이 이야기가 꾸며낸 것이라거나, 혹은 사울이 실제로 사무엘과 대화한 것은 아니라는 암시는 성경의 어디에서도 찾아볼 수 없다. 오히려 성경은 사실에 근거하여 가감 없는 이야기를 전해준다.

> 여인이 사무엘을 보고 큰 소리로 외치며 사울에게 말하여 가로되 당신이 어찌하여 나를 속이셨나이까 당신이 사울이시니이다 왕이 그에게 이르되 두려워 말라 네가 무엇을 보았느냐 여인이 사울에게 이르되 내가 신이 땅에서 올라오는 것을 보았나이다 사울이 그에게 이르되 그 모양이 어떠하냐 그가 가로되 한 노인이 올라 오는데 그가 겉옷을 입었나이다 사울이 그가 사무엘인줄 알고 그 얼굴을 땅에 대고 절하니라

> 사무엘이 사울에게 이르되 네가 어찌하여 나를 불러 올려서 나로 분요케 하느냐 사울이 대답하되 나는 심히 군급하니이다 블레셋 사람은 나를 향하여 군대를 일으켰고 하나님은 나를 떠나서 다시는 선지자로도, 꿈으로도 내게 대답지 아니하시기로 나의 행할 일을 배우려고 당신을 불러 올렸나이다 사무엘이 가로되 여호와께서 너를 떠나 네 대적이 되셨거늘 네가 어찌하여 내게 묻느냐 여호와께서 나로 말씀하신대로 네게 행하사 나라를 네 손에서 떼어 네 이웃 다윗에게 주셨느니라 네가 여호와의 목소리를 순종치 아니하고 그의 진노를 아말렉에게 쏟지 아니하였으므로 여호와께서 오늘날 이 일을 네게 행하셨고 여호와께서 이스라엘을 너와 함께 블레셋 사람의 손에 붙이시리니 내일 너와 네 아들들이 나와 함께 있으리라 여호와께서 또 이스라엘 군대를 블레셋 사람의 손에 붙이시리라 (삼상 28:12-19)

설사 사울이 신접한 여인을 찾아가지 않았다 하더라도 그가 다음 날 전쟁에서 패하여 죽음을 당했을지 여부는 알 수 없다. 그러나 영매를 찾아간 사람은 누구나 죽임을 당해야 했으므로 사무엘은 사울에게 죽음을 선포했다.

이 말씀은 영매가 실제로 죽은 자들과 접촉하는 것은 적어도 사실임을 분명히 말해준다. 사무엘은 구약 시대의 인물이다. 현대를 살아가는 크리스천들이라면 사무엘처럼 귀찮아할 리 없다. 한편 성경이 말하고 있지 않은 사실에 대해 우리의 주장을 지나치리만치 강하게 내세워서도 안 된다. 사무엘이 사울을 찾아온 것은 틀림없는 사실이었다. 죽은 영과의 접촉은 경우에 따라 가능한 것인지도 모른다. 그럼에도 불구하고 영매와의 접촉은 결코 용납될 수 없다. 하나님이 금하신 죄이기 때문이다. 모든 신자는 하나님이 금하신 강신술을 행함으로 범죄해서는 안 된다.

엔돌의 무당이 떠나려는 사울을 붙잡고 식사를 하고 가라고 설득하는 부분은 무척 흥미롭다. 이는 손님을 환대하여 언제라도 식사를 제공하는 당시의 풍습이기도 했으나, 다른 한편으로 사울에 대한 두려움 때문이기도 했다. 한때 사울은 모든 영매들을 멸절시킨 바 있었다. 이제 사울의 마음이 다시 진정되면 그녀에게도 동일한 일을 행할지도 모르는 일이었다. 사울은 엔돌의 무당이 제공한 음식을 먹으면서 그녀의 소금을 함께 먹었다. 누군가의 소금을 먹은 자는 소금의 주인을 결코 해할 수 없다는 것이 당시의 강력한 풍습이었다. 그녀는 친절한 행위로써 사울 왕의 손에서 자신의 생명을 구하고자 했다. 그녀의 예상은 적중했다. 소금을 먹었기 때문인지는 확실치 않으나 적어도 사울은 엔돌의 무당을 죽이지 않았다. 강신술의 죄에 연루된 이들이 따뜻하고 친절한 행위로 스스로를 구원할 수 있다고 생각하는 경우는 많다. "우리의 선하고 친절한 모든 행위들을 보세요. 하나님이 우리를 거절하실 리 없어요. 우리는 사악한 자들이 아니에요." 그러나 최후의 심판 때에는 엔돌의 무당을 포함하여 모든 강신술사들은 하나님의 심판을 피할 수 없다. 이들의 행위가 아무리 선하고 사랑이 넘친다 하더라도, 목표 자체가 처음부터 잘못되어 있다. 아무리 고귀한 인격과 선한 의도를 가졌다 할지라도 죄는 여전히 죄이다.

언젠가 정기적인 병원 심방을 하고 있을 때였다. 병실에 들어가자마자 나(존)의 눈에 그동안 사역을 하고 있던 한 여성이 들어왔다. 침대에 누워 임종을 준비하고 있던 그녀는 오랫동안 강신술을 행해오고 있었다. 그녀는 나의 앞에서 주 예수 그리스도의 은혜로 구원을 받았다. 그녀는 예수님을 주님과 구세주로서 영접하기를 몹시 원했다. 그렇다면 과연 그녀가 다니던 강신술사들의 교회에서는 예수님을 모르고 있었을까? 나는 그녀가 예수님에 대해 들어본 적은 있었으리라 생각한다. 나는 그녀에게 주님을 영접하고 용서와 거듭남을 받아들이라고 권면했다. 그녀는 나의 권면을 받아들여 예수님을 주님이요 구세주로 영접하는 기도를 드렸다. 내가 그녀에게 말했다. "벳시, 이제 당신은 예수님을 주님과 구세주로 영접하셨습니다. 이제 당신이 해야 할 일이 있습니다. 일꾼들과의 관계를 끊고 그들을 모두 쫓아내십시오." 어떤 강신술사들은 그들과 접촉하는 상대편 영들을 '일꾼들(workers)'이라 부른다. 이들은 선한 일꾼들도 있고 사악하며 신뢰할 수 없는 일꾼들도 있다고 생각한다. (내가 벳시의 병실에 들어갔을 때, 그녀는 눈이 휘둥그레져서 이렇게 외쳤다. "어머나! 당신의 주변을 최고의 일꾼들이 둘러싸고 있어요!" 나는 그녀가 강신술사임을 곧 알아채고 이렇게 말했다. "맞아요, 벳시. 주 예수 그리스도와 그분의 친구들입니다." 이것이 바로 우리가 나눈 첫 번째 대화였다.)

나의 말에 벳시는 난색을 표하며 말했다. "어머, 안돼요. 저에게 없어서는 안 될 일꾼들이에요."

"그렇지 않아요. 벳시. 당신에게 필요한 분은 오직 예수님뿐이세요."

"안돼요, 안돼! 저에게는 그 일꾼들이 반드시 필요해요!"

바로 그 순간 주님의 영광이 우리 위에 임하셨다. 주님이 직접 벳시에게 다가가셨다. 주님의 임재 앞에 벳시는 고통으로 몸부림쳤고, 절망적인 두려움으로 뒷걸음질 쳤다. 나는 주님이 행하시는 바를 목도하며 다시 벳시에게 말했다. "잘 보셨다시피 당신의 일꾼들이 주님을 두려워하고 있어요. 이제 당신은 아무것도 두려워할 필요가 없어요. 벳시는 주님께 속했고, 주님은 당신을 사랑하니까요. 다만 일꾼들을 쫓아내기만 하면 된다고요."

"오, 이런, 전 못하겠어요."

다시금 주님의 영광이 임했다. 이전보다 더 강한 임재였다. 공포에 질린 벳시의 얼굴은 마치 백짓장 같았다. "벳시, 일꾼들을 쫓아내세요. 예수님이 당신을 사랑하세요. 괜찮을 거예요."

"안돼요, 안돼! 전 못해요."

"아녜요. 당신은 할 수 있어요."

우리는 계속 제자리걸음만 하고 있었다. 마침내 하나님의 은혜가 임한 것이 분명했다. 주님은 강력한 사랑으로 그녀를 만지셨다. 그녀가 말했다. "좋아요. 일꾼들을 내보내겠어요." 나는 유령(ghost)이든 귀신(demons)이든 성령님을 제외한 모든 영들은 그녀에게서 떠나라고 명령했다. 그리고 강신술의 죄를 범한 그녀에게 용서를 선포했다. 벳시는 편안해졌고, 주님의 영광이 다시 임하여 그녀에게 계속 머물러 계셨다! 벳시는 더 이상 두려워하지 않았다. 벳시가 느낀 두려움은 원래 벳시의 것이 아니었다. 그녀를 지배하고 있던 귀신(demons)이 준 공포였다. 이제 그녀는 평온했다. 나는 병실을 나오면서 뒤돌아서서 그녀를 보았다. 얼굴 가득 기쁨과 평안이 넘쳐나고 있었다. 그 후 오래지 않아 고요하고 평온하게 세상을 떴다는 소식을 그녀의 가족들이 내게 전해주었다.

안타까운 사실이지만, 모든 강신술의 죄가 벳시의 경우처럼 명료하고 단순하게 처리되지만은 않는다. 심령술(spiritism)을 다루는 데에는 확실치 않은 영역(gray areas)이 존재한다. 용어 사용에 있어서는 사람마다 다를 수 있으나, 우리는 '강신술(spiritualism)'을 특히 죽은 자의 영과 의식적으로 접촉을 시도하는 것을 말할 때 사용하기로 한다. 이러한 접촉은 대개 영매를 통한 강신술 집회에서 이루어진다. 우리가 '심령술(spiritism)'이라고 할 때 이는 강신술보다 훨씬 넓은 의미를 가진 말이다. 정령(nature spirit)과의 접촉을 시도하는 일, 혹은 영의 접촉에 스스로를 개방시키는 일 등을 예로 들 수 있다. 피터 캐디(Peter Caddy)가 이끈 스코틀랜드의 핀드혼(Findhorn) 공동체가 후자의 경우에 해당한다.

이쯤에서 우리 집안에서 일어난 몇 가지 일들을 나누려고 한다. 사실 썩 내키지 않으나 주님께 순종하는 마음으로 이야기한다. 아마 대부분의 집안들도 나와 유사한 경험들을 가지고 있을 줄 안다. 내가 이 이야기를 나누는 데에는 몇 가지 목적이 있다. 이는 결코 개인적인 간증은 아니다. 주님께 영광을 돌려야 할 만큼 자랑스러운 이야기도 못된다. 다른 이에게 우리와 같은 체험을 해보시라고 권면하고자 함도, 혹은 칭찬을 받고자 함도 아니다. 오히려 성령 충만한 크리스천으로서 우리는 이러한 일들을 용납지 말아야 하며 가능한 한 피해야 한다. 이 경험들이 명백히 나쁘다거나 금지된 것이라서가 아니다. 다만 우리가 잘 알지 못하는 일들이기 때문이다. 이 일들은 바로 회색지대(gray areas)에 놓여 있다. 우리는 우리의 옷이 육체로 더럽혀지지 않도록 주의해야 한다(유 23).

나(존)는 신비주의적인 집안에서 태어났다. 이상한 일들이 우리 집안에서 많이 일어났다. 한번은 나의 어머니가 심한 고통으로 입원해 있을 때의 일이다. 어머니는 어린 시절 아플 때마다 외할머니가 어떻게 자신을 위로해 주셨는지를 떠올렸다. 그리고 외할머니가 지금 병실에 오셔서 자신을 위로해 주셨으면 좋겠다고 생각했다. 그 순간 어머니는 이미 오래 전에 돌아가신 포터 외할머니가 침대 곁에 서계신 것이 느껴졌다. 바로 다음 순간, 이번에는 어머니가 침대 곁에 서 있고, 외할머니가 어머니의 몸속에 들어가 어머니의 고통을 모두 제거하고 계시는 것처럼 느껴졌다. 외할머니는 잠시 동안 그렇게 고통을 제거해내신 뒤 떠나가셨고, 어머니는 다시 침대에 누우셨다.[4]

물론 우리를 위해 고통을 대신 지시는 분은 오직 예수님뿐이다. 어떤 이들은 아마 주님이 외할머니를 딸을 도우라고 보내신 것이라고 생각할지도 모른다. 또 어떤 이들은 어머니가 스스로 속아 넘어갔거나, 혹은 외할머니를 가장하는 어떤 영에게 미혹당한 것이라고 생각할 수도 있다. 나는 후자의 견해에 해당한다. 그러나 무엇이 진실인지는 아무도 모른다.

내가 말하려는 요지는 한가지이다. 바로 회색지대이다. 어느 쪽이든 완전히 확신할 수는 없다. 현재 고통을 겪고 있거나 혹은 이런 일을 한 번도 경험해보지 못한 사람은 이렇게 생각할 수도 있다. "나에게도 이런 일이 한번 일어나면 얼마나 좋을까." 이는 정말 위험한 생각이다. 이런 생각을 통해 문이 열리고, 해서는 안 될 시도를 행하게 된다. 성령 충만한 크리스천으로서 나는 이런 종류의 체험을 추구할 마음이 전혀 없다. 나는 주님께서 내 안에 있는 온갖 신비주의적인 기질이 죽음에 처해지게 해 주시고, 나와 신비주의적인 우리 가문의 전통 사이에 십자가를 설치해 주시도록 기도했다. 그러나 만일 내가 실제로 방문하여 이와 같은 이야기를 나눈다면 연약한 형제들이 시험에 빠지게 되지는 않을까 염려스럽다. 우리의 행위를 보고 약한 형제들이 시험에 빠지지 않도록 고기 먹는

---

[4] 내가 나누는 집안 이야기 중에 포터 외할머니가 여러 번 등장하기에 미리 밝혀둔다. 나의 외할머니는 성경을 읽으시던 독실한 신자셨다. 강신술과 연루된 적도 없고, 결코 그렇게 신비주의적인 분도 아니셨다. 그녀는 현실에 충실한 분이셨다. 극보수신앙을 고집하면서 술은 입에도 대지 않으셨다. 만약 감기나 기침약으로 애용하던 약이 알코올 표준강도 90도인 것을 아셨다면 아마도 기겁을 하셨을지 모른다.

일을 삼가라고 했던 사도 바울의 충고도 바로 회색지대의 관점에서 언급된 것으로 여겨진다(롬 14:13-22).

말씀이신 예수님은 하나님과 함께 계셨고, 예수님 자신이 모세에게 율법을 주신 창조주셨다(요일 1:1-14, 골 1:15이하, 히 1:1-3). 주님은 변화산상에서 모세와 엘리야와 말씀을 나눈 분이기도 하시다(마 17:1-8). 엘리야는 죽음을 보지 않고 변화되었다. 모세는 죽었다. 전혀 죄가 없으신 주님이(고후 5:21) 죽은 자와 대화하는 장면을 놓고 볼 때, 하늘과 땅의 접촉이 전적으로 금지된 사항이 아닌 것만은 분명하다! 사람이 천상의 거주자와 접촉을 시도하는 것이 바로 강신술이다. 이는 철저히 금지된 일이다. 강신술은 어떤 경우라도 합리화될 수 없다. 오히려 혹시라도 불청객처럼 찾아온 죽은 자로 인해 고통을 겪어왔을 사람들의 마음을 위로해주고 싶을 따름이다. 사실 우리 주님이 이런 경험을 받아들이셨다는 것 자체가 나로서는 아직도 잘 이해되지 않는다. 경계선이 항상 명확한 것만은 아니다.

우리 집안 이야기를 또 하나 소개하겠다. 언젠가 나의 어머니가 중고 안락의자 하나를 구입하셨다. 사용에 앞서 어머니는 의자를 깨끗이 닦으셨다. 쿠션과 옆면 사이의 안쪽 깊은 곳을 닦으시던 중 갑자기 어머니의 귀에 몇 년 전에 돌아가신 외할머니의 목소리가 들렸다. "젤마야! 더 깊은 곳에 손을 넣어보아라." 어머니가 할머니의 목소리대로 손을 뻗쳐보니 그곳에는 매우 값나가는 다이아몬드 반지가 있었다. 나중에 어머니는 보석상에서 반지를 어머니의 손가락 사이즈에 맞게 조정하셨다. 어머니는 그 반지를 외할머니께서 주신 선물로 확신하며 아직까지 끼고 계신다.

나의 어머니는 결코 그 누구와의 접촉도 시도한 적이 없으셨다. 이는 다만 우연히 일어난 일이었다. 어머니가 들은 목소리의 정체는 과연 무엇이었을까? 하나님이 실제로 외할머니의 영을 보내주시기라도 한 것일까? 혹은 어머니의 참된 신앙을 약화시켜 타락의 길로 이끌고자 한 귀신(demons)이었을까? 어떤 이는 이 둘 중에 하나를 확고부동한 진실로 믿고 있을지도 모른다. 그러나 이 경우 역시 쉽게 단정 지을 수 없는 회색지대이다.

성령 충만한 크리스천들을 고려할 때, 더욱 우려되는 것은 강신술 자체라기보다는 오히려 회색지대이다. 강신술은 겉으로 드러난 죄악이기에 주님 말씀에 순종하기로 결심만 하면 쉽게 인지하고 피할 수 있다. 그러나 회색지대는 사람의 호기심을 한없이 자극하는 부분이다. 성경을 보아도 분명한 지침을 찾아보기 힘들다. 처음에는 괜찮겠지 생각하며 한 걸음을 내딛었다가 결국 점점 더 심각한 상태로 빠져 들어간 내담자들의 경우를 종종 보았다. 아마 이들도 자신이 행하는 것이 명백한 속임수요 죄임을 알았다면 달리 행했을지도 모른다. 신비적인 체험을 하는 사람들 대다수가 부지불식간에 우상 숭배로 빠져든다. 이들은 성령이 아닌 다른 원천으로부터 위안과 조언을 구하는 자들이다. 내가 우리 가정 이야기를 털어놓는 것도 바로 이런 이유 때문이다. 수년간 상담 사역을 해오면서, 나는 대부분의 가정이 나와 비슷한 경험을 가지고 있음을 알게 되었다. 두려움에 몸을 사리라고 충고하는 것이 아니다. 다만 늘 경계심을 가지고 적절한 태도를 취하라고 조언하는 바이다. 하나님의 말씀에 따라 우리의 행실을 깨끗이 하려는 단호함이 필요하다(시 119:9). 확고한 결심을 한 우리에게 혹시라도 위에서 예로 든 것과 유사한 일들이 발생한다면, 이제 우리는 단순히 그 일을 주님께 올려드리라. 무슨 일이 있어도 노출되지 말아야 할 부분에 노출되었을 수 있다는 사실에 대해 주님께 용서를 구하라. 이런 경험들에 대해 하나님을 찬양하고 계속하여 그 분께 나아가라. 또한 이런 이야기는 미성숙한 사람들에게는 이야기하지 않는 것이 현명하다. 혹시라도 유혹에 빠져 잘못된 모험을 시도할 수도 있다.

선지자와 목사의 직책을 맡고 있는 나는 회중 가운데 임박한 죽음 앞에 처해 있는 자를 미리 알게 될 때가 많다. 일종의 지식의 은사의 기능으로 이해하시기 바란다. "주 여호와께서는 자기의 비밀을 그 종 선지자들에게 보이지 아니하시고는 결코 행하심이 없으시리라"(암 3:7). 이런 사실을 미리 알게 된 나는 중보기도를 한다. 내가 누군가의 죽음을 알게 될 때는 그를 위해 기도하고 있는 동안일 경우가 많다. 이는 목사이자 선지자로서의 나의 직무이다. 그러나 때로는 쉽게 이해되지 않는 일도 발생한다. 한번은 장례식에서 무슨 말을 전해야 할지 고민하며 갈등하고 있었다. 나는 고인이 가진 좋고 나쁜 점들을 너무 많이 알고 있었다. 이는 다른 교인들도 이미 잘 알고 있는 것들이었다. 그때 나는 사무실에 혼자 앉아 책상 위에 왼손을 올려둔 채 이 부분에 관해 기도하고 있었다. 마침내 나는 주님이 오직 주님의 은혜에 초점을 맞추기를 원하신다는 결론에 도달했다. 그렇다고 해서 고인의 삶에 대해 전혀 언급하지 않고 지나갈 수는 없었기에, 다만 동정심을 가지고 짤막한 사항만 언급해야겠다고 생각하고 있었다. 교인들도 내가 고인에 대한 이야기를 해주기를 원하고 있었다. 여전히 나는 눈을 감은 채 고개를 숙이고 기도하는 중이었다. 갑자기 한 손이 나타나 나의 왼손을 꽉 쥐고 흔들었다. 마치 상대방의 의견에 동조한다는 뜻으로 손을 잡고 흔드는 행위처럼 느껴졌다. 나는 그 존재가 고인임을 '알아차렸다.' 과연 무슨 일이 일어난 걸까? 내가 현명한 선택을 했다는 것을 말해주려고 실제로 고인의 유령(ghost)이 나타난 것인가? 혹은 내 생각이 옳다는 것을 확신시키시려는 주님이셨는가? 혹은 나를 속여 타락으로 이끌려는 어떤 존재였는가? 나는 그 누구와도 접촉을 시도하지도, 어떤 경험을 원하지도 않았다. 마치 불청객이 찾아오듯 나에게 우연히 일어난 일이었다. 아마도 많은 목사님들도 나와 유사한 경험으로 인해 곤혹스러움을 느껴왔을 것이라 확신한다. 이 경우 역시 회색지대이다. 우리는 이런 현상을 어떻게 해석해야 하며, 어떻게 대처해 나가야 할까?

이 이야기를 나누는 목적은 실제로 내게 일어난 일을 고백하기 위함이다. 나는 주님께 온갖 거짓된 체험으로부터 나를 지켜주시고, 온갖 육신에 속한 신비주의를 죽음에 처하게 해주시고, 반드시 닫혀 있어야 할 문인데 열려있는 문이 있다면 닫아 주시기를 간구했다. 또한 혹시라도 주님께서 이 같은 경험들을 나에게 허락하기 원하신다면, 나를 보호해 주셔서 '시험에 들지 않게 해 달라고' 기도했다. 상담하는 가운데 나는 많은 목사님들이 명확하게 규정하기 어려운 경험들로 인해 골치를 앓고 있다는 사실을 알게 되었다. 사람들의 반응이 염려스러워 어디 가서 누구에게 털어놓기도 쉽지 않았다.

한번은 어머니를 방문한 적이 있었다. 그 때 어머니는 감정적으로 몹시 흥분된 상태였고 자칫 그릇된 결정을 내릴 소지도 다분했다. 수천 마일을 날아와 상담을 요청하는 내담자들이 있을 만큼 국제적으로 이름난 상담 전문가였던 나로서도, 그 순간 어머니를 위해서 무슨 일을 해드려야 할지 알 수가 없었다(마 13:57). 분노와 슬픔을 동시에 느끼며 나는 다른 방으로 들어가 버렸다. 그 방은 창문이며 문이 모두 닫혀 있었다. 그때 그 집에는 아무도 물을 사용하지 않는 중이었다. 갑자기 내 위에서 포터 외할머니의 존재가 감지되었다. 나는 외할머니가 어머니 때문에 눈물을 흘리고 있다는 것을 '알았다.' 내 이마 위에 물방울이 떨어져 눈 안으로 흘러들었다. 물기가 너무 많아 안경을 벗어들고 렌즈와 눈을 닦아야만 할 정도로 너무나 실제적인 경험이었다! 천장에 습기가 차 있었던 것도 아니었다. 물리적으로는 도무지 이유를 찾을 수가 없었다. 과연 무슨 일이 일어났던 것일까. 그 물방울은 실제로 눈물이었을까. 도대체 왜 주님은 나에게 이런 일을 허락하신 것일까. 그것도 심령술과 강신술을 반대할 뿐 아니라 주님 앞에서 늘 삼가며 살아가기로 결단한 나 같은 사람에게 말이다. 이런 이야기가 어쩌면 나의 명성(또한 사랑하는 나의 가족의 명성)에 누가 될 수도 있음을 잘 안다. 이런 위험을 감수하고서라도 이야기를 나누는 데에는 충분한 명분이 있다. 그리스도의 몸 된 교회 안에 이와 같은 경험을 가진 목사님과 평신도가 너무나도 많다. 이들은 자신의 경험을 아무에게도 말하지 못하고 있다. 잘못 말했다가 '미치광이' 혹은 마녀라는 딱지가 붙을까봐 두렵기 때문이다. 혹은 심령술사나 강신술사로 몰려 교회에서 쫓겨날지도 모르는 일이다. 15년 전 나는 모든 신비주의를 거절하며 다음과 같은 기도를 드렸다. '성령님이 행하시는 일을 제외한 어떤 종류의 체험도 저는 원치 않습니다.' 그 이후로 위에서 언급한 바와 같은 일은 더 이상 내게서 일어나지 않았다. 결국 이런 일들은 그리스도 안에서의 나의 미성숙으로 인해 일어난 것으로 볼 수 있다. 이것이 바로 내가 말하려는 요지이다. 크리스천, 특히 갓 거듭난 신자들 중 이러한 체험을 하는 자들이 이제까지 얼마나 많았던가. 또한 이들의 말을 비난하지 않고 그대로 들어줄 만큼 지식 있는 자는 과연 누구였던가. 이들을 위해 어떻게 사역하며, 이들이 요구하는 바가 무엇인지를 제대로 깨닫고 있는 자는 누구였던가.

은폐와 고립은 좋지 않다. 적당한 곳에서 털어놓을 때 치유가 일어난다. 이를 위해 교회 내 소그룹은 적당한 곳이 될 수 있다. 동료들의 분별과 기도를 얻을 수 있는 곳이기 때문이다. 판단과 정죄의 태도를 버리고 적절한 나눔을 가져야 한다. 바로 이런 교회를 통해 우리는 형제자매들로부터 기도와 보호를 제공받을 수 있다. 체험이 명백하게 사악한 것이든 선한 것이든, 신비주의적인 체험 후 혼자 고립되는 것은 당사자의 영을 상하게 한다.

나의 개인적인 이야기를 털어놓기로 결심하기까지 오랜 검토와 기도의 시간을 거쳐야만 했다. 결국 나는 수많은 형제자매들이 혼동과 당황스러움이라는 부담감 속에 허덕이고 있음을 알게 되었다. 이들이 치유될 수만 있다면 나의 명예손상쯤은 기꺼이 감수할 만한 가치가 있다고 보았다. 나는 교회가 이들이 나누는 경험에 대해 모든 것을 답변할 수 있으리라고는 기대하지 않는다. 나 역시 나의 경험에 대해서마저 분명한 대답을 할 수 없다. 사실 답변 가능 여부를 논하는 것은 부차적인 것이다. 여기에만 신경 쓰다가 자칫 주의가 분산될 수도 있다. 우리는 보다 적절하고 건설적인 면에 초점을 맞추어야 한다. 이런 점에서 볼 때 햄릿의 말은 아주 적절하다. "호레이쇼! 이 세상에는 우리의 철학으로는 도저히 상상도 못할 일이 허다하게 있다네."(햄릿1막5장) 신비 체험을 한 사람들은 더 이상 외로워하거나 당황스러워하지 않아도 된다. 이들이 괴짜든 마녀이든 우리가 기꺼이 이들을 용납하고 이들의 말에 귀 기울여 주고 이들을 위해 기도해줄 수 있기만 하다면 말이다. 극도의 신비주의적 전통을 물려받은 나로서는 낯선 체험들로 인해 생긴 외로움이 얼마나 큰 상처가 될 수 있는지를 뼈저리게 경험했다. 나 역시 주님의 몸 된 교회라는 안전한 장소에서 나의 경험을 털어놓을 수 있기를 몹시 갈망했다. 우리는 교회 안에서 신비주의적인 경험을 하는 지체들을 더 이상 외롭게 방치해 두어서는 안 된다. 신비체험이 없는 성도들은 오히려 적절한 기도와 사랑을 통한 관심으로 이들을 포용해 주어야 한다.

우리 주변에 있는 신비주의자들은 주로 회색지대(gray-area) 경험을 하는 경우가 많다. 이들에게는 가까이서 도와주고 말을 들어줄 현실적인 사람들이 필요하다. 현실적인 사람들 또한 보이지 않는 세계에 관한 경험에 귀 기울일 줄 아는 용기를 가져야 한다. 너무나 오랫동안 신비주의적인 사람들에 대해 두려움과 조롱, 멸시와 판단의 태도로 일관해 온 것이 사실이다. 신비주의적인 사람들은 아무 말도 못한 채 고립되어 왔다. 인간은 이해를 넘어서는 것에 대해 쉽게 두려움을 느낀다. 자신의 신비주의적인 체험을 다른 사람과 나누었다가 오히려 심각한 상처만 받은 무수한 형제자매들이 우리를 찾아왔었다. 누군가에게 털어놓지 않으면 안 될 만큼 다급한 심정에 이야기를 한 것이 결국 더 큰 비난과 따돌림과 외로움을 불러들였다. 차라리 말하지 않느니만 못했다. 주님의 몸 된 교회여! 제발 부탁이니 특히 형제자매를 교훈하는 일에 있어서 교만하고 무신경한 태도를 좀 버려주기 바란다.

나는 신비적 체험 자체, 혹은 신비적 체험을 하는 사람들을 단순히 묵과하거나 미화하고 싶은 마음은 없다. 나의 목적은 오직 치유에 있다. 실용주의적 가치관이 지배하는 세대인 만큼 고립된 신비주의자들은 오히려 더 많은 위험에 노출될 수 있다. 교회는 이러한 신비주의자들을 교회 안으로 불러 모아 보호해 주어야 한다. 그렇지 않으면 이들은 망상에 빠져들거나 아예 모험 자체를 거부하는 사람이 될 수도 있다. 혹은 명백한 성령의 은사가 헛되이 방치될 수도 있다. 설사 자발적으로 고립을 선택한 경우에도, 고립은 심한 상처와 외로움으로 사람을 폐인이 되게 할 수도 있다. 예수님이 보내주신 사람들을 향해 판단이라는 날카로운 칼을 들이대기 보다는, 오히려 우선 치유해 주려는 마음을 갖자. 물론 상대방을 치유해주고 싶은 사랑의 마음을 품고 있는 한, 예리한 칼 역시 치유의 도구가 될 수 있다.

강신술(spiritualism)이나 심령술(spiritism)에 관여한 사람은 반드시 깊은 치유를 받아야 한다. 이 죄의 영향력과 치유의 방법에 관해서는 이미 10장에 소개된 내용을 그대로 적용하면 된다. 다만 여기에서는 몇 가지 추가 사항과 강조점을 말씀드리고자 한다.

첫째, 모든 신비사술 가운데 강신술에 관여한 사람들이 가장 심하게 어둠의 세력에 노출되어 있으므로 공격도 가장 쉽게 받는다. 자발적인 참여든 혹은 타인에 의한 비자발적인 참여든, 일단 강신술에 참여한 사람은 누구든 마귀(devils)의 시야에서 속히 벗어나야만 한다. 또한 혼의 중심부를 차단함으로써 더 이상의 마귀(devils)의 접근을 방지해야 한다.

강신술에 의한 더럽힘은 다른 어떤 신비사술의 경우보다 심각하다. 더러운 영이 달라붙을 수도 있고 침입했을 수도 있다. 대체로 이런 경우에는 축사(exorcism)가 필요하다.

강신술에 참여한 사람의 생각(mind) 속에 퇴적물(deposits)이 남아있을 수 있다. 마치 그리워하던 사람을 다시 만나 이야기를 나눈 것 같은 생각과 감정과 기억으로 인해 그 경험을 쉽게 떨쳐버리지 못한다. 다시 한

번 경험해보고 싶은 마음에 심히 괴로울 수도 있다. 때로는 죽은 자에게서 부탁이나 명령을 받았다고 확신하는 사람들도 있다. 이들은 부탁이나 명령을 실천함으로써 죽은 자에 대한 자신의 사랑과 신실함을 입증하고 싶어 한다. 소설 '햄릿' 의 줄거리는 죽은 아버지의 망령에 대한 햄릿의 믿음을 기본 축으로 하여 전개되어 나간다. 선왕이었던 아버지가 햄릿에게 나타나 왕권을 찬탈한 동생을 죽이고 왕좌와 아내를 빼앗아 복수해 달라고 명령한다. 이는 마치 명예가 걸린 문제인 듯하다. 그러나 잘못된 열정은 이를 행하는 사람을 오히려 힘들게 한다. 대체로 원인이 잘못되면 수단도 잘못된다. 복수는 하나님께 속한 것이지 결코 햄릿의 영역은 아니었다.

우리는 이러한 퇴적물을 권위 있는 목소리로 파쇄하고 영들의 속삭임을 예수의 이름으로 떨쳐내야 한다. 귀신들(demons)은 대개 사람들로 하여금 무언가 대단히 그릇된 일을 하게 하기를 좋아한다. 크게 잘못된 어떤 일이 일어나지 못하게 미리 바로잡으라고 부추기면서 말이다. 귀신들의 말을 듣고 나쁜 일을 미연에 방지하려는 사람들의 행동은 외관상 옳은 일처럼 보이기도 한다. 많은 경우 크리스천들은 이 세상에서 저 세상으로 용서를 전달해 줄 수만 있다면 죽은 자가 죄책감에서 해방되어 편히 쉴 수 있을 것이라고 확신해 왔다. 혹은 살아생전 고인에게 미처 표현하지 못했던 사랑을 전달해줄 수만 있다면, 고인을 향한 애타는 그리움을 잠재울 수 있을 것이라고 믿어 왔다. 그러나 강신술로는 도무지 죽은 자에 대한 그리움을 해소할 수 없다. 성령께서는 훨씬 탁월한 방법으로 이러한 욕구를 채워주신다. 만일 강신술을 통해 이 같은 욕구를 해결할 수 있었다고 굳게 믿고 있는 내담자가 있다면, 상담가는 치유를 위해 심지어 내담자의 마음의 상하게 하는 방법까지라도 쓸 수 있어야 한다. "메리, 그 메시지는 강신술에서 온 거예요. 이제껏 당신이 그것으로 위로를 삼아온 것을 잘 알아요. 하지만 그건 거짓된 위로예요. 여전히 당신은 해결책을 찾지 못하고 있어요. 생각(mind)으로는 이해한다고 하지만, 여전히 당신의 영(spirit)은 불안해하고 있지 않나요? 더 이상 그 메시지를 붙잡지 마세요. 당신에게 찾아와 말을 건 존재가 정말로 당신이 그리워하던 사람이었는지 여부는 사실상 알 필요도 없어요. 참된 위로자는 오직 우리 주님이세요. 오직 주님의 음성에만 귀 기울이기로 해요. 그리고 우리의 모든 더러움을 씻어버려요. 괜찮죠? 이 문제를 놓고 저와 함께 기도해요."

과거에 받은 메시지와 경험은 기억을 통해 끊임없는 괴로움을 주어 마치 이를 반드시 받아들여야 할 것만 같은 생각과 마음을 갖도록 만든다. 강신술 모임에 참석한 형제나 자매가 강신술과는 전혀 상관도 없는 사람에게 다음과 같은 이야기를 할 수 있다. "어젯밤 아빠가 우리에게 오셨어. 아빠가 우리 가족 모두를 사랑한다는 걸 우리가 알았으면 하신대. 그리고 조지! 아빠는 맏형인 네가 남은 가족들을 잘 보살피길 바라셔. 특히 데이비드를 말이야. 데이비드는 곧 어려움에 처할 거래." 이런 식의 말은 전혀 악의가 없을 뿐 아니라 오히려 도움이 되는 것처럼 들린다. 그러나 이 말을 들은 조지는 어찌됐든 책임감을 느끼게 될 수 있다. 이런 말은 듣는 사람을 혼란스럽게 만든다. 만일 실제로 데이비드가 어려움에 처하게 되었다고 해보자. 조지를 비롯한 나머지 모든 가족들이 강신술에 대해 긍정적인 생각을 품게 될 수도 있다. 또한 조지가 정말로 데이비드를 특별하게 돌보기라도 한다면, 그는 자신이 어쩌면 강신술사의 분부대로 해야 할 것 같은 생각에 시달리게 된다. 이렇게 되면 가족 간에 이루어지는 마땅한 의무조차 석연치 않은 궁금증으로 인해 더러워지고 만다. 만일 조지가 이와 동일한 조언을 선지자에게서 받았다면, 데이비드는 곤경에서 벗어나 하나님께 영광을 돌려드릴 수도 있었을 것이다. 그러나 이와는 정반대의 상황에서는 과연 누가 영광을 받겠는가?

축사와 치유를 위해 기도하는 사람은 내담자의 생각(mind)과 마음(heart)의 정결을 위해 간구해야 한다. 이로써 내담자의 기억에 남아있는 어떤 암시와 유혹도 깨끗이 씻어내야 한다. 상담자는 정결케 하시는 하나님의 말씀의 능력을 사용할 줄 알아야 한다.

> 여호와의 율법은 완전하여 영혼을 소성케 하고 여호와의 증거는 확실하여 우둔한 자로 지혜롭게 하며 여호와의 교훈은 정직하여 마음을 기쁘게 하고 여호와의 계명은 순결하여 눈을 밝게 하도다 여호와를 경외하는 도는 정결하여 영원까지 이르고 여호와의 규례는 확실하여 다 의로우니 금 곧 많은 정금보다 더 사모할 것이며 꿀과 송이꿀보다 더 달도다 또 주의 종이 이로 경계를 받고 이를 지킴으로 상이 크니이다 (시 19:7-11)

상담자가 내담자에게 몇 가지 성경구절을 읽어 주어도 좋고, 시 119편, 요 12-20장, 로마서 등을 매일매일 읽도록 내담자에게 과제를 내주어도 좋다. "너희는 내가 일러준 말로 이미 깨끗하였으니"(요 15:3). 예수님의 말씀은 결코 비유적인 표현이 아니다. 주님의 말씀은 구원에 이르게 하는 능력이시다(롬 1:16).

귀신들(demons)은 강신술 모임을 통해 앞으로 일어날법한 메시지를 던져주어 가족 문제를 불러일으키는 것을 좋아한다. 죽은 여동생을 가장한 한 귀신이 이렇게 말할 수도 있다. "마사를 조심해! 그녀가 너에 대한 험담을 하고 있어." 또는 "주의해! 댄의 부인이 네 남편에게 추파를 보내고 있어." 귀신의 본래의 의도는 의심을 조장하고 불안과 분리의 씨앗을 심는 데 있다. 그러나 이를 은폐하기 위해 "불쌍히 여겨라" 혹은 "용서해 주라" 따위의 긍정적인 충고를 덧붙이기도 한다. 이렇게 말하면 사람들이 아무 의심 없이 귀신의 말을 받아들인다는 것을 잘 알기 때문이다. 의심과 분열의 씨앗이 사람의 마음속에서 언젠가는 실제로 나쁜 열매를 맺게 된다는 것을 귀신(demons)은 잘 안다. 물론 메시지를 들은 사람이 이를 애써 떨쳐버릴 수도 있다. 그러나 그의 마음 한구석은 끝없는 의심과 분노로 괴로워하게 될지 모른다.

우리는 하나님의 말씀과 육신의 말, 귀신의 말을 분명히 구분해야 한다. 하나님의 선지자도 우리에게 경고의 말씀을 줄 수 있다. 그의 메시지도 불쌍히 여기고 용서하라는 훈계와 조언일 수 있다. 선지자가 말할 때는 성령께서 그를 통해 말씀하신다. 따라서 선지자의 말에는 하나님의 기름 부으심이 있다. 기름 부으심이 있는 메시지는 하나님의 목적에 맞게 마음(heart)을 변화시킨다. 이는 결국 좋은 열매를 맺는다. "너희 안에서 행하시는 이는 하나님이시니 자기의 기쁘신 뜻을 위하여 너희로 소원을 두고 행하게 하시나니"(빌 2:13). 반면에 수다쟁이들이 남의 말을 할 때 역사하는 것은 육신(flesh)이다. "불량한 자는 악을 꾀하나니 그 입술에는 맹렬한 불 같은 것이 있느니라 패려한 자는 다툼을 일으키고 말장이는 친한 벗을 이간하느니라"(잠 16:27-28). 육신의 말에는 마귀(devils)

의 강요나 도움이 개입될 수도 있고 아닐 수도 있다. 그러나 남을 비방하는 말은 전적으로 육신에 속한 것이다. 중상모략이 강신술의 하수인에게서 말미암았을 경우에는, 반드시 그 이면에 귀신(demons)과 귀신에 의한 더럽힘(defilement)이 자리하고 있다. 이런 말에는 사단(Satan)의 '기름부음'이 있으므로, 사람들 속에 교묘히 침투해 들어가 가장 비열한 육신적 동기를 자극한다. 이 사람은 결국 남의 약점을 이용해먹게 된다. 하나님의 말씀은 우리 안에 숨어있는 하나님의 의로움이 활성화되도록 격려한다. 사단(Satan)의 말은 인간이 가진 가장 추악한 육체성(flesh)을 부추긴다.

우리는 반드시 말의 차이점을 알아두어야 한다. 많은 사람들이 하는 이야기가 있다. "도대체 강신술사들의 말이 왜 그렇게 잘못되었다는 건지 이해할 수 없어요. 우리 목사님도 제게 똑같은 표현의 말을 해주었거든요. 두 사람이 같은 말을 하니까 제게는 오히려 더 확신이 생기던걸요." 결코 그렇지 않다. 비록 단어나 표현이나 어조가 같다고 하더라도, 강신술사들의 말과 목사의 말은 결코 동일하지 않다. 양자를 구분 짓는 결정적인 요인은 능력(power)과 근원(source)이다. 하나님은 마귀(devil)의 동의를 받을 필요가 없으신 분이다. 사악한 근원에서 말미암은 영향력이 추가됨으로 하나님의 말씀이 더럽혀질 뿐이다. 우리는 마음(heart)과 생각(mind)과 혼(soul)과 영(spirit)을 근원이신 하나님께만 고정시켜야 한다. 하나님만이 영생의 말씀을 가진 분이시다(요 6:68).

어떤 형태로든 신비사술에 연루된 적이 있는 사람들은 공개적으로 큰 소리로 기도함으로써 이를 완전히 끊어버려야 한다. 강신술에 가담한 사람들에 대해서는 단순히 신중하게 권면하고 말 것이 아니라 단호한 명령을 내려야 한다. 말(spoken word)에는 힘이 있다. 고백은 특별한 능력을 가진다. 성경은 우리에게 죄를 서로 고백하라고 말씀하셨다(약 5:13-19).

신비사술에 관련하여 기도할 때 무엇보다 중요한 것은 그리스도의 보혈을 적용하는 일이다. 특히 심령술이나 강신술의 경우에는 특히 더 그러하다. 신비사술 특히 강신술에 연루된 사람을 치유함에 있어서 가장 강력한 전쟁의 무기는 바로 보혈과 말씀과 십자가이다.

레위기 20장 6절은 다음과 같이 말씀한다. "음란하듯 신접한 자와 박수를 추종하는 자에게는 내가 진노하여 그를 그 백성 중에서 끊으리니." 따라서 치유 기도에는 강신술로 말미암은 두 가지 치명적인 결과를 반드시 포함시켜야 한다. 강신술의 죄를 범한 내담자는 반드시 하나님의 은혜를 회복해야 한다. 내담자가 다시금 하나님의 선한 은총 가운데 거하게 되었음을 깨닫게 될 때까지 소리 내어 화해의 기도를 드려야 하다. 나아가 축복도 회복해야 한다. 내담자는 자신이 겨우 3등급 시민으로만 회복된 것처럼 느낄 수 있다. 하나님께 다시 나아갈 수 있게 되기는 하였으나, 두 번 다시 자신의 삶에는 어떤 좋은 것도 일어나지 않을 것이라고 여길 수 있다. 우리는 이들을 위해 축복을 선포해 주어야 한다. 하나님의 천사들과 성인들(saints)이 그들보다 앞서 가서 그들이 잘 되기를 구하고 있다는 것과, 하나님이 그를 믿고 다시금 중요한 직무를 맡겨주실 것이라는 믿음을 회복하게 될 때까지 말이다. 이런 자에게 필요한 것은 온갖 것을 공급해 주시는 왕의 자녀로서의 자신감을 되찾는 일이다.

둘째로, 한 때 심령술과 강신술에 연루되었다가 회개한 자들은 다시 그들의 육신적인 가족 안에, 또한 하나님의 가족 안에 복귀되어야 한다. 신비사술의 죄를 범한 순간, 심고 거두는 법칙에 의해 이들은 어쩔 수 없이 관계로부터 차단되었다. 그리스도의 십자가는 율법의 저주가 중단되는 곳이다. 하나님은 율법의 모든 요구를 십자가 위에 못 박으셨고, 온갖 법적인 조건들을 취소시키셨다(골 2:14). 다른 모든 죄의 경우와 마찬가지로, 강신술도 심판받을 죄에 해당한다. 용서란 하나님이 죄를 너그럽게 봐주시는 것이 아니다. 용서란 우리를 죄에서 구속하시고자 하나님 자신이 고통을 받으심으로써 대가를 치르시는 것을 의미한다. 그러나 하나님이 이미 치르신 어마어마할 정도로 완전하고 영광스러운 대가가 우리 몫이 되기 위해서는 기도가 필요하다. 강신술의 영향력을 온전히 끊어버리기 위하여 상담자나 치료자는 반드시 기도에 성공해야만 한다. 참으로 원통하게도 그리스도의 몸 된 교회가 계속해서 상처를 입고 있다. 우리는 자신들의 직무유기를 고백하며 회개하는 사람들을 너무나 자주 접한다. 이들로 인해 내담자들은 결국 기도도, 적절한 조치도 취하지 못하고 마는 경우가 얼마나 많은지 모른다. 이는 범죄한 당사자의 죄만큼이나 중죄이다. 인간이 하나님의 은총을 끌어들일 수 있는 첫 번째 수단이 바로 기도이다. 이해와 수용만으로는 결코 충분치 않다. 기도만이 보혈과 십자가의 효력을 발생시킨다. 일의 마침은 오직 기도를 통해서만 가능하다.

모든 신비사술로 인한 저주는 가계를 통해 대대로 흘러내려간다. 여기에는 강신술의 죄도 해당된다. 세대를 타고 내려온 저주를 끊기 위한 기도는 반드시 드려져야 한다. 여기에 관해서는 제 13장에서 다시 언급하겠다.

신비사술의 죄로 인해 귀신 들림 혹은 귀신에 의한 눌림이 발생할 수 있다. 그러나 악마화(demonization)가 나타난다면 이는 십중팔구 강신술에 가담한 경우이다. 강신술은 단순히 영들과의 접촉을 시도하는 데 그치지 않는다. 특히 영매의 입장에서 볼 때 더욱 그러하다. 요술이 귀신(demons)과 함께 혹은 귀신을 통해 무언가를 행하려는 시도라면, 강신술에서 영매는 자신의 몸 안에 귀신을 직접 초대한다. 따라서 다른 어떤 신비사술보다 강신술로 인해 귀신들림(demonic possession)이 발생할 가능성은 매우 높다.

어떤 사람들은 성령 충만한 크리스천은 귀신들릴 수 없다고 믿는다. 그러나 이를 입증할 역사적 근거는 아직까지 나타나지 않았다. 물론 신학적 이론으로 볼 때 성령과 귀신은 함께 머물 수 없다. 그러나 실제로 성령 충만한 사람들도 귀신에 들린다. 수백 명의 성령 충만한 크리스천들이 우리에게 축사를 받았다. 이들 가운데는 수년 동안 성령 충만한 자뿐 아니라 유명한 능력 있는 하나님의 종들도 포함되어 있었다! 어떻게 이런 일이 가능할까. 나로서는 설명하기 어렵다. 그러나 수년간의 힘겨운 경험을 통해 입증된 사실마저 부인할 수는 없다. 또 하나의 분명한 사실은 우리로 감사하지 않을 수 없게 한다. 일단 성령께서 들어가시기만 하면 다른 모든 영들은 반드시 쫓겨나간다.

어떤 이들의 신념을 존중하는 차원에서 우리는 단순히 신자가 '악마화되었다(demonized)'는 표현을 이따금씩 사용해왔다. 이 표현만으로는 귀신(demons)이 사람의 안쪽에 있는지 바깥쪽에 있는지 구분이 명확치 않다. 성령을 통해 그리스도께서 내주하시는 심층부에는 어떤 귀신(demons)도 들어갈 수 없다. 크리스천은 귀신들릴 수 없다고 보는 사람들의 주장이 이런 면에서는 타당하다. 축사대상이 되는 귀신(demons)의 거주지는 아마도 사람의 인격이나 성격과 같이 훨씬 바깥쪽에 속한 영역인지도 모른다.

그러므로 우리는 몇 가지 용어를 사용하여 악마화의 단계를 구분 지으려고 한다. 첫째, '침입(infestation)'의 단계이다. 이는 아직 귀신들린 상태는 아니다. 다만 마치 벌집을 쑤셔놓듯 사단의 무리가 떼를 지어 사람에게 달려든 상태이다. 사단은 아직 십자가에 못 박히지 않은 육체의 영역을 활동 무대로 삼으며, 이따금씩 잘못된 행동을 하도록 사람에게 동기부여 한다. 사단은 그의 몸 밖에 있다가, 그가 방심할 때를 기다려 확 낚아챈다.

다음으로, '단순한 거주(simple habitation)'의 단계이다. 귀신이 들어오기는 했으나 아직 영향력을 행사하지 못한다. 비유를 들어 설명하자면, 백혈구가 포낭에 싸여있는 상태이다. 이는 마치 결핵에 감염된 것과도 흡사하다. 이 단계에서는 인격의 힘으로 최소한 일시적으로나마 귀신과 싸워 이길 수는 있다. 그러나 귀신을 내쫓을 수는 없으며, 다만 귀신이 힘을 쓰지 못하게는 할 수 있다. 이후에 그가 성령을 받으면, 성령의 능력으로 인해 귀신은 겉으로 정체를 드러내고 결국 쫓겨나간다.

이것은 사실 나(존)의 경우였다. 나는 극단적인 자유주의 교회에서 자라났다. 도덕적으로는 제대로 교육을 받았으나, 성경말씀 또는 예수 그리스도와의 인격적인 교제에 관한 기초는 배우지 못하며 성장했다. 진리를 찾아 이곳저곳을 헤매며 재미삼아 연구한 것 중에는 신비사술도 있었다. 주님이 나를 찾아주시기 전까지 수년 동안 나는 이것이 신비사술이라는 사실조차 알지 못했다. 이로 인해 귀신(demon)이 내 안에 들어왔다. 나는 피로하다는 것 외에 다른 어떤 증상도 감지하지 못했다. 분명 귀신의 세력은 나의 예민함을 무디게 만들었고 신학과 설교마저 왜곡시켰다. 그만큼 주님이 나의 마음을 사로잡으실 수 있는 타이밍도 계속 지연되었다. 그러나 당시 아직 거듭나지 않은 옛사람이었던 나를 주께서 붙들어 주지 않으셨더라면, 아마도 나는 귀신의 세력이 활동하지 못하도록 제어하지도 못했을 것이다. 나는 1958년 10월에 성령을 받았다. 처음에는 엄청난 영광과 기쁨으로 충만했다. 11월이 되자 내 안의 귀신의 세력은 더 이상 견디지 못하고 정체를 드러내기 시작했다.

내가 경험을 통해 깨달은 바가 있다. 귀신들은 참 하나님의 빛과 보혈과 십자가의 능력 앞에서는 무시무시한 고통과 공포를 느낀다. 귀신의 정체가 드러나자 나는 강력한 하나님의 종 앞에서 더 이상 마냥 편안해하고 기뻐할 수만은 없게 되었다. 당시 나는 일리노이 주 스트리터(Streator)에 있는 '열린 성경 교회(Open Bible Church)' 의 에드 벤더(Ed Bender) 목사님을 즐겨 찾아가곤 했다. 그런데 어느새 목사님을 만나는 일은 두려움으로 변했다. 나의 친구 중 월버 포그(Wilbur Fogg)라는 감독 목사가 있다. 어느 날 감독교회의 성전에서 그와 담소를 나누던 중 그가 장난스럽게 나에게 성수를 뿌렸다. 그동안 내 감정에 인격화되어 붙어있던 귀신에게 있어 이는 완벽한 공포의 순간이었다! 나를 향해 날아오는 작은 물방울들이 마치 맹렬하고 거대한 불덩이처럼 보였다! 월버와 그의 아내 앨리스(Alice)가 나를 위해 축사를 해주었다. 예수님의 보혈을 언급했을 때 나는 실제로 물리적인 고통을 느꼈고, 십자가를 언급할 때는 공포 그 자체였다. 나는 귀신이 더 이상 견디지 못하고 떠나가는 것을 느꼈다.

이제까지 나는 나와 유사한 이력을 가진 수백 명의 사람들을 상대로 사역을 해왔다. 어떤 이들은 성령 충만한 사람들이 절대로 귀신들릴 수 없다고 주장한다. 성령세례를 받은 사람이 계속해서 성령의 온전함 가운데 나아감에 따라 귀신이 그 사람 속에 계속 머물러 있을 수 없다는 점에서 그들의 견해는 옳다. 그러나 분명한 것은 성령을 받은 후에도 얼마동안은 여전히 귀신들린 상태가 지속될 수 있다는 점이다. 이는 나의 경우뿐 아니라 나에게 축사사역을 받은 수많은 사람들에 의해 입증되고 있다.

많은 이들이 의아스럽게 생각해온 것이 있다. 강한 기름부음을 받은 직후 혹은 매우 은혜로운 예배를 드리는 도중에, 불경건한 욕구로 괴로운 감정을 느끼거나, 머릿속에서 야비한 생각 심지어 저주의 말이 떠오르는 것은 과연 무슨 이유 때문일까. 때때로 어마어마한 부흥의 물결 도중에 혹은 직후에, 가정과 교회에서 폭발적인 증오와 불화가 일어나기도 한다. 하나님을 믿지 않는 한 정신과 의사가 폴라와 내게 해준 이야기가 있다. 대 부흥이 한 지역 전체를 휩쓸고 지나간 후에는, 평소보다 훨씬 더 많은 수의 고객들이 절망에 빠져 자신의 상담실을 찾아온다고 한다. 이는 우리가 인간의 본성과 성령의 기능을 이해하지 못하기 때문에 하는 말이다.

여기 한 말라빠진 폐 우물이 있다고 상상해보자. 우물 바닥은 나뭇가지, 나뭇잎, 거미, 곤충들로 너저분해져 있다. 이제 큰 비가 내려 우물을 가득 채운다. 살아있는 곤충들과 함께 모든 쓰레기들이 수면 위로 떠오른다. 마찬가지로 성령의 물도 우리의 본성 속에 가라앉아 있던 온갖 부패한 옛 것들을 모두 표면으로 떠오르게 한다. 다시 채움을 받고 기름부음을 받아 새롭게 되었기에 우리는 분명 거룩한 사람이라고 여기고 싶었을지 모른다. 그렇지 않고서야 왜 성령께서 우리 안에, 우리와 함께 거하시겠는가라고 생각하면서 말이다. 그러나 이러한 태도는 착각이고 거짓 교만이다. 거룩 그 자체이신 성령의 첫 번째 직무는 바로 죄를 깨닫게 하는 일이다. 성령님은 우리 안에 있는 옛사람에 속한 모든 것들을 떠오르게 하시고 처리해 주신다. 성령님은 이런 것들이 떠오른다고 하여 놀라시거나 화를 내시지 않는다. 성령님은 처음부터 알고 계신 바였다. 새롭게 정체를 드러낸 것으로 인해 놀라는 것은 인간뿐이다. 다음 〈도표-Ⅰ〉을 참조하시기 바란다.

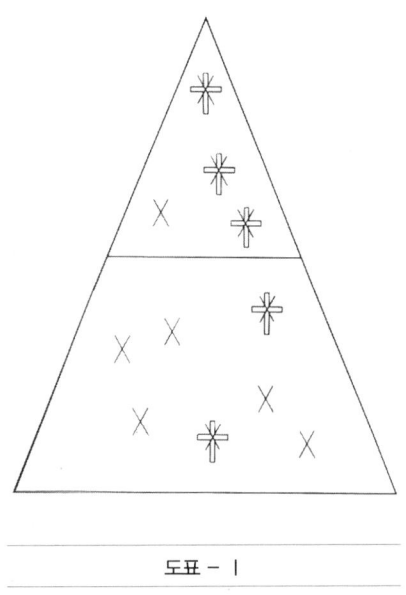

도표 - Ⅰ

삼각형 상부는 의식적인 생각(mind)에 해당한다. ×표는 인간의 본성 안에 있는 죄성 혹은 상처이다. ×표와 십자가를 포개놓은 것은 문제의 영역 중 이미 우리가 인식하고 십자가상에서 효과적으로 처리해낸 부분이다(롬 6:11). 삼각형 하부는 숨겨진 마음(heart) 혹은 잠재의식의 영역이다. 상부와 하부를 구분하는 선은 실제로 마음속에 들어있는 것을 드러내지 않으려는 일반적인 인간의 속성을 의미한다.

하나님이 우리에게 불어넣으신 호흡, 곧 우리의 영은 어떠한 문제의 영역이라도 의식의 표면으로 모두 드러내 보이고 싶어 한다. "그러나 책망을 받는 모든 것이 빛으로 나타나나니 나타나지는 것마다 빛이니라"(엡 5:13). 그러나 일반적으로 우리는 내면에 있는 정체불명의 것을 인정하거나 직면하기를 원치 않는다. 이것들이 올라오지 못하도록 내리누르고 벽을 쌓는다. 〈도표-Ⅱ〉를 참조하시기 바란다.

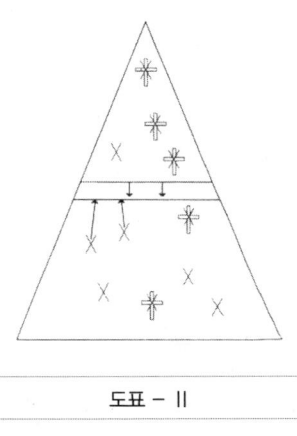

도표 - II

우리의 영(spirit)이 충분한 힘을 갖고 있지 못할 때, 의식적인 생각(mind)이 전쟁에서 승리를 거둔다. 그러면 우리는 거짓 평화를 얻는다. 여전히 내면은 마치 화산처럼 부글부글 끓고 있다. 우리는 내면의 음성을 차단하고 꿈과 영감 혹은 정신 신체적 질병을 통해 보내오는 영(spirit)의 경고음을 애써 무시한다.

사람을 성령 충만하게 되게 해보라. 그의 영은 더할 나위 없는 활동력을 얻는다. 혹은 아내, 남편, 친척, 친구의 마음을 진실한 사랑으로 감동시켜 보라. 이는 그 사람의 영에 능력을 불어넣는 방법이다. 이제 그의 영은 내면의 소리를 들을 만큼 충분한 힘을 소유하게 되었다. 성령은 지혜로운 분이시다. 결코 우리를 신경쇠약에 걸리도록 내몰지 않으신다. 그러나 이때 우리의 영은 마치 광포한 아이처럼 행동할 수도 있다. 악몽을

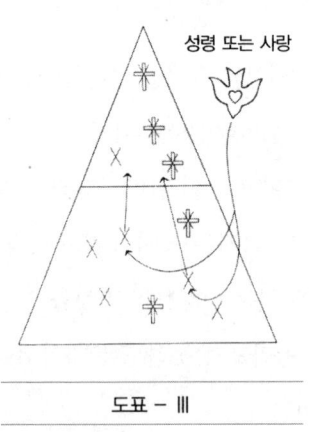

도표 - III

꾸거나 특정한 감정이 폭발적으로 터져 나온다. 이를 통해 우리는 특정 죄를 인식하게 되거나 우리 삶에 뭔가 문제가 있음을 인정하게 된다. 이에 관해서는 〈도표-III〉를 참조하시기 바란다.

〈도표-III〉를 통해 우리는 대 부흥과 기름부음이 있은 직후에 왜 교회와 가정에서 전투가 그토록 빈번해지는지를 알

수 있다. 사도 바울도 말했다. 우리의 속사람은 하나님의 법을 즐거워하고 있으나, 우리 지체 안에서 일어나는 전쟁으로 인해 계속 방해를 받아왔다고 말이다. 그러나 우리 주 예수 그리스도로 말미암아 하나님께 감사한다(롬 7:22-25). 주님은 이미 우리에게 돌파(break through)의 능력을 주셨다. 만일 교회나 배우자, 친구 혹은 우리 자신이 이 과정을 이해하지 못한다면, 최근의 승리에 대해 화가 난 사단에게 공격받고 있는 것으로 생각해도 좋다. 우리는 큰소리로 사단에게 떠나가라고 외치며 자신을 다시 제어하려고 애쓸 수도 있다. 그러나 이렇게 함으로써 단순한 고백, 용서, 내적치유를 위한 기도를 통해서도 충분히 얻을 수 있는 축복을 놓쳐버리게 될 수 있다. 동기가 사단(Satan)이 아니라 육신(flesh)에 있었기 때문이다. 이런 경우에는 긍휼한 마음으로 서로에게 귀 기울이는 태도가 필요하다. 뭔가 잘못된 일이라도 생긴 양 야단법석을 떨어서는 안 된다. 기름 부으심이 떠났기 때문에 문제가 발생하는 것이 아니다. 오히려 그 반대이다. 주님이 우리에게 기름 부으심을 허락하신 목적이 정상적으로 진행되고 있다는 증거이다.

우리는 하나님의 지혜로써 만사를 미리 주의하고 대비해야 한다. 주님의 임재가 있는 집회를 마친 후, 주님의 몸 된 교회는 방해받지 않는 평화와 축복의 시간이 언제까지라도 지속되기만을 기대해서는 안 된다. 그런 일은 좀처럼 일어나지 않는다. 오히려 새롭게 임한 능력의 파도로 인해, 육체의 견고한 진이 제거될 뿐 아니라, 때로는 우리 안에 거주하며 극성을 부리던 귀신들의 정체가 드러나기 시작한다. 만일 교회가 이 과정을 잘 이해했더라면, 아마도 즐거움 가운데 치유를 행해왔을 수도 있다. 또한 주님의 몸 된 교회의 생명 안에서 더욱 심오하고 확장된 주님의 역사를 경험하게 되었을 수도 있다. 안타깝게도 하나님의 백성들이 지식이 없음으로 망한다. 이런 과정을 이해하지 못하는 사람은 자신의 본성 안에서 일어나는 일 또한 깨닫지 못한다. 이들은 자신들 속에서 정체를 드러낸 죄악들을 지식의 빛 가운데 온전히 가져가지도 못한다. 이따금씩 크리스천들은 깜짝 놀라면서 이렇게 생각한다. "오, 이런, 말도 안 돼! 내가 어떻게 이런 생각을 할 수 있담?(내가 어떻게 이런 감정을 느낄 수 있담?) 우리 모두에게는 기름부음이 임한 상태잖아?! 정말 끔찍해!" 그들은 이런 생각이나 감정을 억누르며 마귀(devils)만 꾸짖는다. 그러나 이런 경우에는 간단한 고백만으로도 훌륭한 치유가 이루어질 수 있다. "네, 주님! 제 안에 이런 것들이 있네요. 그 뿌리는 무엇인가요? 저를 자유케 해 줄 친구에게로 인도해 주세요." 원칙은 다음과 같다. 내면에서 강한 충동이 일어날 때 이를 적절한 행동으로 안내해 주지 못하면, 그 충동은 언젠가 어떤 방식으로든 반드시 올라오기 마련이다. 그러나 이때는 왜곡되고 파괴적인 모습일 수밖에 없다. 결국 회중 가운데 임했던 주님의 운행하심은 증오와 불화로 인해 점차 사라진다. 상담과 고백과 기도를 통해 충분히 성화와 변화로 나아갈 수 있었음에도 불구하고 말이다.

성령의 능력은 죄로 물든 본성 안에 숨어있는 죄악들 및 이와 연관되어 붙어있을 모든 귀신들을 제거해 내신다. 단순히 귀신의 세력만 쫓아내는 것은 아니다. 귀신(demons)과 벌이는 외부적인 전쟁만을 전부라고 여기지 않는다. 귀신은 자신이 숨어있을 만한 인격의 집이 마련된 사람 속에만 들어온다. 인격의 집이란 죄로 물든 영역으로서, 다음과 같은 것들이 있다. 용서치 못함, '공평한 복수'를 시도하는 것, 육신의 힘으로 다른 사람을 지배 혹은 위협하는 거만한 태도, 옛사람의 본성에 속한 모든 습관들 등. 하나님은 성령을 통해 이 모든 영역들을 지금 당장 십자가에 못 박아 죽음에 처하라고 권면하신다. 만일 귀신만 쫓아내고 만다면, 더 악한 귀신 일곱을 데리고 와서 그 사람의 나중 형편이 처음보다 악화될 수도 있다(눅 11:24-26). 중요한 것은 귀신(demons)이 거주하던 집을 십자가 앞으로 끌고 오는 일이다. 십자가는 예수님이 마귀(devils)의 일을 멸하시겠다고 약속하신 곳이다(요일 3:8). 거듭나고 성령 충만함으로 그리스도의 사역은 모두 끝났다고 생각한다면, 이는 스스로 속이는 것이며 그리스도의 사역에 방해가 될 뿐이다. 거듭남과 성령 충만함은 시작에 불과하다. 하나님이 교회를 방문하실 때에는 언제나 표면화시켜 다루어야 할 문제가 있는 영역 속으로 그분의 백성들을 던져 넣으실 것이다!

이미 오래전의 일이다. 금세기에 일어난 '은사주의 운동'의 초창기에, 새롭게 성령세례를 받은 이들 대다수가 사단(Satan)과 귀신(demons)의 실재를 깨닫게 되었다. 이들 중에는 특히 옛 주류교단인 자유주의 회중교회에 속한 사람들이 많았다. 동시대(주로 1960년대)를 살아갔던 우리도 이러한 새로운 발견에 대해 얼마나 흥분했었는지 모른다. 한동안은 모든 것에 귀신(demons)이 들어있다고 믿었다! 귀신이 어디에나 있었다! 하나님의 나라에 속한 사람이라면 누구든 축사를 해야만 했다. 기도실에는 침과 구토용 양동이가 등장했고 티슈와 냅킨이 비치되었다. 인간이란 존재가 원래 그렇듯이, 우리는 균형을 잃고 극단으로 치우쳐 신비주의로 돌진하기도 했다. 독자 여러분은 '엘리야의 집'에서 나온 '분별 있는 축사관(A Sensible View of Exorcism)'이라는 테이프를 들어보시기 바란다. 다행히도, 교회는 이런 시간을 거치는 가운데 점차 성숙해왔다. 우리가 배운 교훈들(혹은 지금까지 배웠어야할 교훈들) 중 몇 가지를 소개하겠다.

축사에 반드시 고함이나 비명, 경련을 일으키며 바닥을 뒹구는 일이나 구토가 동반되는 것은 아니다. 이따금씩 이런 현상이 나타나기도 한다. 예수님으로부터 축사를 받은 한 소년도 쓰러져 경련을 일으켰다(눅 9:37-43). 축사 시 현상적인 것을 기대하는 심리로 인해 이런 현상이 나타나기도 하며, 감정적인 고조가 원인이 되기도 한다. 초창기 은사주의 운동에 일어났던 현상들이 계속 일어나 주기를 바라는 마음이 이런 현상을 가능케 했다. 이는 결국 사단에게 활동의 장을 제공한 셈이다. 축사는 과장된 감정이나 육체적 현상이 없어도 권능과 믿음으로 소리 없이 행해질 수 있다. 요지는 다음과 같다. 성숙한 축사 사역자는 불필요한 감정현상 혹은 육체현상을 일으키라는 메시지를 축사를 받는 자에게 결코 암시해서는 안 된다. 물론 이런 현상이 일어날 때도 없지는 않다. 치유자로서 우리는 직무수행에 있어서의 성숙함을 갖추어야 한다. 내담자로 하여금 그러한 반응을 일으키도록 불필요하게 허용하지도 말아야 하며, 무의식적으로 그런 행동을 하도록 내담자를 부추겨서도 안 된다.

우리의 사역 초창기에도 축사를 받는 사람이 온갖 기이한 행동을 하며 몸부림치는 바람에 축사사역이 자꾸만 지체되곤 했다. 그때 주님이 다음과 같은 사실을 가르쳐 주셨다. 온갖 이상한 행동들은 사단이 그런 종류의 능력을 가졌다고 믿는 사람에게서 나타날 수 있다! 이러한 신념 구조는 사단에게 한바탕 쇼를 펼치는 서커스 무대가 된다. 자신의 패배가 명백한 싸움에서조차 사단은 즐거움을 만끽할 수 있다. 사단도 자신의 패배를 이미 잘 알고 있다. 그럼에도 불구하고 그는 물러가기 전에 우리와 더불어 즐거운 한때를 보낼 수가 있다. 이는 우리가 의지적으로 사단에게 온 관심을 쏟고 상상속의 능력을 그에게 부여하여 그를 영화롭게 함으로써 가능해진다. "어린 양의 피와 자기의 증거하는 말을 인하여 저를 이 기었으므로"(계 12:11) 더 이상 사단은 아무 능력도 없으며, 우리 주 예수 그리스도가 사단을 완전히 물리치고 제거하였다는 사실을 깨달았을 때, 우리는 더 이상 마귀(devils)에게 공연무대를 제공하지 않게 되었다. 이제 축사는 짧고 간단하고 쉽게 끝난다.

그러나 예외는 있다. 어느 날 밤 캘리포니아의 한 집회에서 친구들이 축사에 대해 강의하고 있었다. 그들은 나에게 강단으로 올라와 몇 가지 조언을 해줄 것을 요청했다. 방금 우리가 나눈 이야기를 그 때 그들에게 해주었다. 기이한 행동이나 과장된 감정 표출은 불필요한 것이며, 축사는 권능과 위엄 가운데 이루어질 수 있다고 이야기했다. 주님은 정말 재미있는 분이셨다. 최초의 권능의 말씀이 선포되자마자 첫 번째 남자가 의자에서 미끄러져 내려와 바닥에서 경련을 일으키기 시작했다. 우리는 극적인 전투에 돌입해야했다!

우리는 귀신(demons)에게 이름을 대라고 명령할 필요가 없다. 이는 지혜롭지 못한 처사이다. 마귀(devils)가 진실을 말할 것이라고 누가 장담하겠는가? 마귀는 처음부터 거짓말쟁이요 거짓의 아비라고 예수님은 말씀하셨다(요 8:44). 축사를 하느라 밤을 꼬박 새우는 크리스천들도 있다. 한 사람에게서 200마리 이상의 귀신을 쫓아내려면 그럴 수밖에 없다고 그들은 설명한다. 이는 실제로 가능한 일이다. 대부분의 경우 축사사역자가 가진 기대와 방법이 마귀를 불러들인다. 그리고 그들의 축사사역은 밤새 마귀(Devils)와 한바탕 놀이를 한 것에 지나지 않은 경우가 많다. 너무나 안타까운 사실이다. 귀신(demons)의 이름을 알고 싶다면(이름을 안다는 것은 실제로 지혜롭고 효과적이다) 성령께 여쭤보라. 마귀(Devils)

에게서 무언가를 들어야 할 필요가 없다. 마귀(Devils)에게 사람의 입과 몸을 사용하게 내어줄 하등의 이유가 없다. 폴라와 나는 마귀(Devils)에게 잠잠하라고 명령한다. 축사를 받는 사람의 육체(flesh)를 써서 마귀가 공연을 하도록 내버려두지 않는다. 성령님은 충분히 능력이 있으시고 진실하시고 우리의 질문에 대해 기꺼이 대답해 주신다. 우리는 굳이 마귀에게 무언가를 물어볼 필요가 없다.

크리스천들이 사용하는 이런 그릇된 습관은 사실 성경의 한 예를 근거로 하고 있다. 마가복음 5장 9절에서 예수님은 귀신들린 자에게 묻는다. "너의 이름이 무엇이냐?" 그는 '군대'라고 대답한다. 자, 이 부분을 놓고 한번 생각해보자. 과연 만유의 주님이신 예수님이 그의 이름을 모르셨을까?! 물론 주님은 이미 알고 계셨다. 몰라서 물어보신 것이 결코 아니셨다. 그러나 오늘날 많은 크리스천 축사사역자들은 예수님의 모범을 따른다면서 귀신에게 이름을 묻는다. 본문에 사용된 단수형과 복수형의 표현에 주목해 보시라. "이에 물으시되 네 이름이 무엇이냐 가로되 내 이름은 군대니 우리가 많음이니이다(Then Jesus asked him, "What is your name?" "My name is Legion," he replied, "for we are many.") "예수님이 말을 거신 대상은 귀신들이 아니라 그 사람 자신이었다. 예수님은 '그'에게 물으셨지, 결코 '그들'에게 묻지 않으셨다. 정신과 의사가 정신질환을 앓고 있는 환자의 방에 들어가면(그가 무덤 사이에서 살아가는 광인이었음을 기억하라) 종종 이렇게 묻는다. "이름이 무엇이죠?" 의사의 말에 환자가 올바르게 대답한다면 적어도 그 순간만큼은 환자가 자신을 잘 제어하고 있음을 의미한다. 건강한 답변은 환자의 자연치유력을 강화시킨다. 예수님의 질문에는 의도가 있었다. 예수님은 그가 자신의 진짜 이름을 말함으로써 믿음 안에 설 수 있게 되기를 바라셨다. 그러나 이 때 대답한 것은 귀신(demons)이었다. "우리(we)가 많음이니이다." 성경이 '그(he)'가 대답했다고 기록한 것은, 귀신들이 그의 성대를 사용하였기 때문이다. '우리(we)'라는 복수표현을 통해 볼 때 그를 통해 귀신들이 말하고 있었음을 알 수 있다. 우리 주 예수 그리스도께서 귀신을 제압하기 위해 귀신에게서 정보를 얻으셨다는 생각만큼 어리석은 것이 또 어디 있겠는가?! 만유의 주이신 예수님은 결코 마귀(Devils)의 도움이 필요치 않다! 우리도 마찬가지다! 귀신(demons)에게 이름을 묻는 것은 귀신에게 환자의 성대를 내어주는 것과도 마찬가지이다. 이는 환자에 대한 귀신의 장악력을 약화시키기는커녕 오히려 강화시킬 뿐이다.

대부분의 경우 굳이 귀신의 이름은 알 필요가 없다. 축사사역자가 귀신에게 간단히 떠나라고 명령하면 된다. 그러면 귀신은 어쩔 수 없이 떠나간다. 정욕, 교만, 두려움 등은 귀신의 이름이 아니다. 이는 육체(flesh)의 속성들이다. 실제로 자백할 때 이러한 죄로 물든 태도에서 놓임 받는다. 마귀(Devils)가 우리 안에 머물기 위해서는 반드시 근거지가 필요하다. 예수님의 보혈로 죄로 물든 태도들을 깨끗이 씻어내면, 그 영역을 쥐고 있던 사단(Satan)의 권세는 파쇄 된다. 결국 보혈로 씻어낸 영역을 차지한 사단의 힘과 존재는 추방당한다. 우리가 해야 할 일은 오직 한가지이다. 성령님의 인도하심을 따라 내담자로 하여금 명확하고 구체적인 자백을 하도록 안내하는 일이다. 사단(Satan)은 자신의 거점이 파괴되면 어쩔 수 없이 떠나게 되어있다. 사람들이 자신에 있는 수없이 많은 (마치 귀신인양 여기고 있었던) 죄로 물든 속성들을 일일이 고백하고 난 후 해방감을 느끼는 이유도 바로 여기에 있다. 축사를 가능케 하는 기본적인 힘은 바로 자백과 용서이다.

　귀신의 존재를 분별했다고 해서 당장 축사를 행해서는 결코 안 된다. 지혜 없는 열정이 이제까지 그리스도의 몸 된 교회에 오히려 해를 끼쳤다. 죄의 길을 기꺼이 떠날 준비가 되어있지 않은 사람, 그리스도를 온전히 좇고자 몸부림치지 않는 사람, 고의적으로 불의를 선택하는 사람의 경우, "이에 가서 저보다 더 악한 귀신 일곱을 데리고 들어가서 거하니 그 사람의 나중 형편이 전보다 더 심하게" 된다(눅 11:26).

　'엘리야의 집'에서 추구하는 바는 악마화(demonization)의 원인이 된 뿌리를 찾는 일이다. 뿌리를 알면 용서와 십자가를 통해 귀신(demons)의 거처를 헐물 수 있다. 내담자가 새롭고 거룩한 삶을 살고자 스스로를 단련하겠다는 확고부동한 의지를 가지고 있는지도 점검해본다. 또한 내담자가 가족과 교회 공동체의 계속적인 지원을 받을 수 있는지도 확인한다. 진실한 회개의 표지가 있는지, 귀신의 침입통로가 된 죄에 대해 진정으로 미워하는 마음이 있는지도 확인한다. 이상으로 언급한 내용들이 충족되었을 때 비로소 우리는 축사를 하기로 결정한다. 성령께서 특별한 목적을 이루시고자 주권적으로 축사를 시작하시는 경우, 혹은 우리에게 축사를 명령하시는 경우는 예외이다.

　가장 좋은 축사의 방법은 팀을 이루는 것이다. 축사로 전쟁을 치른 후, 축사사역자 및 그의 팀원들은 기도로써 자신을 씻어내는 것이 필요하다. 뭔가 악한 것이 달라붙어 있지 못하도록 말이다. 폴라와 나는 축사에 참여했던 사람들 중 꽤 오랫동안 귀신들린 상태 혹은 악마화 된 채 지낸 경우도 있다는 것을 알고 있다.

　그리스도의 몸 된 교회에게 무엇보다 간절히 부탁하고 싶은 것이 있다. 마치 인간의 모든 죄성과 질병 배후에 귀신(demons)이 있는 양 성급히 달려드는 일을 삼가라. 이는 혼적이고(soulish) 육적인(carnal) 태도로서, 마귀(Devil)를 영화롭게 하는 일이다. 이로써 아무 능력도 없는 사단(Satan)만 칭송하는 꼴이 된다. 결국 두려움과 혼란만 확산될 뿐 그 누구도 변화시킬 수 없다. 영속적인 해방은 거의 기대하기 힘들다. 우리의 시선은 오직 예수님께 고정되어야 한다. 폴라와 나는 성령 충만한 가운데 25년간 상담 사역을 행해왔다. 우리는 현재 주님의 몸 된 교회 안에 생존해 있는 그 어떤 하나님의 종들보다 훨씬 더 효과적인 축사사역을 해왔노라고 말할 수 있다. 그들을 불신해서 혹은 경솔하게 무시해서 하는 말이 아니다. 우리 주 예수 그리스도 안에서 여러 해에 걸쳐 경험을 통해 배운 것을 이야기하고 있을 따름이다. "단단한 식물은 장성한 자의 것이니 저희는 지각을 사용하므로 연단을 받아 선악을 분변하는 자들이니라"(히 5:14).

증오와 두려움 등을 빌미로 귀신이 공격해올 수 있다. 그러나 이것들 자체는 육체의 속성들에 불과하다. 증오나 두려움 등을 쫓아내려고 하는 것은 마치 심리적인 수술을 감행하는 것과 같다. 이는 주님의 사역을 무효화시키는 행위이다. 주님은 우리 마음에 있는 이러한 죄로 물든 구조들을 십자가에 못 박고 새롭게 하심으로 변화시키셔서 사역의 능력으로 사용하시기를 원하신다.

우리가 귀신(demons)과 축사에 관해 쓰는 것은 잘못된 것을 바로잡기 위해서가 아니다. 우리의 목적은 오직 치유에 있다. 사람의 영에 귀신이 달라붙으면 더러워지고 난폭해진다. 따라서 축사 시에는 반드시 정결과 치유를 위한 기도를 드려야 한다. 축사 후에는 따뜻한 애정과 인간적인 교제가 수반되어야 한다. 축사를 받자마자 혼자 있도록 내버려 두어서는 안 된다. 아무리 성공적으로 이루어진 축사라 하더라도 마귀(Devils)는 되돌아올 기회만 노린다. 축사 받은 자에게는 보호막이 될 만한 친구들이 필요하다. 이때 건전한 일상적인 일을 하는 것도 도움이 된다. 이를테면, 영양적으로 균형 잡힌 식사를 하는 일, 영적인 것과 무관하게 가족이나 친구와 이야기를 나누는 일, 사람들과 더불어 허드렛일 같이 간단한 육체노동을 하는 것 따위이다.

가장 중요한 것이 있다. 이들에게는 오랜 기간을 아무 말 없이 따뜻하게 품어줄 수 있는 배우자가 필요하나. 삿 축사를 받고 놀아온 아내가 남편의 무릎 위에 어린아이처럼 웅크리고 앉아 남편의 존재를 한껏 빨아들인다고 해도 전혀 잘못된 것이 아니다. 남편에게 있는 조화와 균형, 분별과 침착이 아내의 영(spirit)을 평온케 하고 치유해 준다. 반면에, 남편이 아내의 가슴을 꼭 끌어안은 채, 아내가 곁에 있음을 기뻐하고, 건강한 육체의 생명을 노래하는 아내의 달콤한 자장가가 자신의 피부에 젖어드는 것을 즐긴다고 해도 전혀 이상하지 않다.

막 축사를 받은 사람이 긴장된 상황이나 복잡한 가정 속으로 곧장 들어가면 힘들어질 수도 있다. 축사는 마치 자동차의 엔진을 분해하여 정비하는 것과 같다. 새로 갈아 끼운 피스톤링이 자리를 잡아 고정될 때까지 자동차는 전속력으로 몰지 않는 것이 좋다. 마찬가지로, 새로워진 우리 자신에게도 익숙해질 시간이 필요하다. 지혜로운 상담자라면 이 같은 조언을 해줄 것이다.

잠도 중요하다. 많은 사람들이 잠자는 동안 마귀에게 굴복당하는 것은 일차적으로는 건전한 수면 습관을 무시하기 때문이다. 피로와 신경성 스트레스는 신체적 질병에 대한 저항력뿐 아니라 귀신의 침입에 대한 면역력도 약화시킨다. 축사 후 다시 귀신들리는 가장 큰 이유는 같은 죄를 반복해서 지은 경우이고, 둘째는 불충분한 수면 때문이다. 축사 받은 이를 위해 친척이나 친구들은 충분한 휴식을 강권해야 한다.

간단한 청결 행위를 통해 치유가 일어나며 귀신(demons)의 재 침입이 방지된다. 막 사단(Satan)의 왕국을 빠져나온 사람들에게는 욕조에 몸을 푹 담고 있는 일도 좋다. 깔끔한 몸단장은 행복감 회복에 도움이 된다. 거라사의 한 광인이 예수님께 축사를 받은 후, 사람들은 그 "귀신 나간 사람이 옷을 입고 정신이 온전하여 예수의 발 아래 앉은 것을"(눅 8:35) 보았다.

어떤 친구들과 이웃들은 갓 축사 받고 돌아온 사람에게 이것저것 꼬치꼬치 캐물을 수도 있다. "귀신(demons)이 몸 안에 있을 때 기분이 어땠어?" 혹은 "귀신이 나간 것을 어떻게 알 수 있어?" 등. 비록 악의 없는 질문이라 하더라도 내담자의 친척들과 친구들은 이렇게 묻는 사람들로부터 내담자를 잘 보호해 주는 것이 좋다. 예수님도 사람들에게 "아무에게도 말하지 말라"고 말씀하셨다(눅 5:14, 8:56, 9:21). 때로는 "집으로 돌아가 하나님이 네게 어떻게 큰 일 행하신 것을 일일이 고하라"고도 하셨다(눅 8:39). 축사를 받은 이는 축사에 관한 이야기를 나눌 시기, 여부, 분량, 빈도에 관하여, 성숙한 크리스천 상담가로부터의 조언을 얻는 것이 현명한 일이다.

여성은 축사를 하면 안 된다고 말하는 사람이 있다. 이들의 견해는 성경적 근거도 없고 지혜롭지도 못하다. 여성들도 여느 남성들과 동일하게 권고에 따라 축사를 하되, 단 반드시 적절한 권위 하에서 행해야 한다. 되도록 팀의 보호를 받으면서 속한 단체의 사정에 맞게 시기적절한 축사를 행해야 한다. "모략을 베풀고 전쟁할찌니라"(잠 20:18). 우리는 여성이 축사를 행하는 것을 금하는 성경 본문을 찾아보지 못했다. 아그네스 샌드포드는 훌륭한 축사사역자였다. 앞에서 언급한 감독목사의 아내인 앨리스 포그(Alice Fogg)도 마찬가지이다. 그녀는 축사가 필요한 나를 위해 축사 팀 리더가 되어준 적도 있었다. 하나님이 실제로 말씀하시지도 않은 내용을 공공연히 떠들고 다니는 사람들이 많다. 여성들은 축사사역을 하기에 부적절한 존재들이라고 말하는 남성들은 과연 주님 안에서 무엇을 근거로 그러한 주장을 펴고 있는지 매우 의심스럽다. 사실 권위를 행사하는 일에는 여성들보다 남성들이 훨씬 더 익숙하다. 그러나 여성을 통해 동일하게 권위를 행하시려는 성령님을 감히 누가 저지하겠는가. 아그네스 샌드포드가 성령의 기름 부으심 가운데 하나님의 사자로서 인상까지 쓰며 단호하게 메시지를 전할 때에는, 아무리 강한 남자들이라도 제대로 기가 꺾이곤 했다.

끝으로, 축사를 받은 이는 축사사역을 받은 후 수 주 동안은 친척들과 친구들로부터의 지속적인 돌봄이 필요하다. 원래의 상태로 되돌아가는 경우가 흔하기 때문이다. 강진 후 여진이 따르기 마련이듯, 부차적인 축사를 연이어 행해야 할 때가 종종 있다. 내담자의 인격 안에 있는 여러 가지 요소들이 축사로 인해 동요되어 느슨해진 상태가 되었을 수도 있기 때문이다.

예배의식에 관심 있는 사람에게 있어서, 모든 축사사역에 관한 궁극적인 최고의 치유는, 바로 공동체 모임 혹은 매일 미사 시 빈번하게 성찬식(Lord's table)을 행하는 일이다.

내가 곧 생명의 떡이로라 너희 조상들은 광야에서 만나를 먹었어도 죽었거니와 이는 하늘로서 내려오는 떡이니 사람으로 하여금 먹고 죽지 아니하게 하는 것이니라 나는 하늘로서 내려온 산 떡이니 사람이 이 떡을 먹으면 영생하리라 나의 줄 떡은 곧 세상의 생명을 위한 내 살이로라 하시니라 내 살을 먹고 내 피를 마시는 자는 영생을 가졌고 마지막 날에 내가 그를 다시 살리리니 내 살은 참된 양식이요 내 피는 참된 음료로다 내 살을 먹고 내 피를 마시는 자는 내 안에 거하고 나도 그 안에 거하나니 살아계신 아버지께서 나를 보내시매 내가 아버지로 인하여 사는것 같이 나를 먹는 그 사람도 나로 인하여 살리라 이것은 하늘로서 내려온 떡이니 조상들이 먹고도 죽은 그것과 같지 아니하여 이 떡을 먹는 자는 영원히 살리라(요 6:48-51, 54-58)

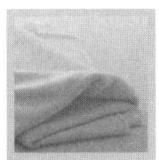

Chapter 12. 영적 간음과 우상숭배

Spiritual Adultery and Idolatry

너는 자기를 위하여 새긴 우상을 만들지 말고 위로 하늘에 있는 것이나 아래로 땅에 있는 것이나 땅 밑 물 속에 있는 것의 아무 형상이든지 만들지 말며 그것들에게 절하지 말며 그것들을 섬기지 말라 나 여호와 너의 하나님은 질투하는 하나님인즉 나를 미워하는 자의 죄를 갚되 아비로부터 아들에게로 삼 사대까지 이르게 하거니와 (신 5:8-9)

네가 어찌 말하기를 나는 더럽히지 아니하였다 바알들을 좇지 아니하였다 하겠느냐 골짜기 속에 있는 네 길을 보라 네 행한 바를 알것이니라 너는 발이 빠른 젊은 암약대가 그 길에 어지러이 달림 같았으며 너는 광야에 익숙한 들 암나귀가 그 성욕이 동하므로 헐떡거림 같았도다 그 성욕의 때에 누가 그것을 막으리요 (렘 2:23-24)

본장에서는 우상숭배의 결과를 치유하는 방법에 관하여 이야기 하도록 하겠다. 오늘날 벽장 안에 우상의 형상을 세워 두고 절을 하는 사람은 없다. 따라서 우리는 우상숭배를 다른 시각에서 바라볼 필요가 있다. 이 점에 관해서는 『크리스천 가정의 회복(Restoring the Christian Family)』 제 17장에서 잘 다루었으므로, 여기서는 우선 우리 자신의 이야기부터 시작해 보도록 하겠다.

모든 죄는 우상숭배와 관련이 있다. 도둑질을 하는 것은 하나님보다 훔친 물건에 더 많은 가치를 둔다는 것을 의미한다. 간음을 저지른다면 이는 그 여자나 남자를 하나님보다 더 소중하게 여긴다는 뜻이다. 주일에 교회에 가지 않는다면, 이는 하나님께 대한 순종 보다 다른 것, 이를테면 쾌락, 사업, 집수리, 게으름 등이 우상이 되었기 때문이다. 십일조를 하지 않는 사람의 우상은 재물이다. 여기에는 변명의 여지가 없다. 입으로는 하나님을 사랑한다고 말하며, 자신은 거듭났고 하나님이 베푸시는 놀라운 체험도 수없이 많이 했다고 항변하고 싶을지 모른다. 그러나 고백이 있는 곳에 돈을 맡기지 못하는 자의 믿음과 체험은, 주님의 은총은 드러낼지 모르나 결코 자신의 신앙고백은 될 수 없다. 행함이 없는 믿음은 그 자체가 죽은 것이다(약 2:17). 우리에게 주신 성경 말씀에 분명한 증거가 기록되어 있다. "한 사람이 두 주인을 섬기지 못할 것이니 혹 이를 미워하며 저를 사랑하거나 혹 이를 중히 여기며 저를 경히 여김이라 너희가 하나님과 재물을 겸하여 섬기지 못하느니라"(마 6:24). 인간은 상습적으로 우상을 만든다. 우상을 만드는 것은 인간의 본성이다. 예를 들어 보자. 우리 모두는 기름 부으심이 있는 예배를 간절히 사모한다. 그러나 다음번 모임에서 우리는 지난 번 예배를 흉내 내려고 애쓸지도 모른다. 더 이상 우리는 주님 자신을 구하지 않는다. 우리가 구하는 것은 능력이요 짜릿한 전율이다. 이제 이것들이 우리의 하나님, 곧 우리가 경배하는 우상이 된다.

우리는 목회자나 영적 지도자들을 우상화하기도 한다. 타락한 목회자를 심하게 증오하는 것도 결국 그들을 우상화하고 있음을 반증한다. 그들이 그토록 미운 것은 우리의 우상을 산산조각 낸 사람들이기 때문이다.

무의식적인 방식으로 눈에 띄지 않게 하나님의 법을 무시하며 살아가는 순간이 우리에게 얼마나 많은지 살펴본 일이 있는가? 이 사실을 깨닫는다면, 비록 예배와 기도모임에 열심히 참석하고 십일조도 드린다 할지라도, 여전히 우리 자신이 우상을 만들며 살아가는 자임을 인정하지 않을 수 없다. 아내가 화가 나 있다는 이유로 진실을 모조리 털어놓지 않는 남편의 경우는 어떠한가? '평화를 지키기 위해서'라고는 하지만, 이때 평화는 거짓을 합리화하는 우상이 될 수 있다. 하나님은 사도 바울을 통해 말씀하셨다. "너희 자녀를 노엽게 하지 말고"(엡 6:4). TV 야구중계를 보는데 아이들이 방해가 된다며 저리 가있으라고 밀쳐 버린다면, 이는 TV가 우상이 된 경우이다. 칭찬은커녕 비판만 하는 상사를 향해 벌컥 화를 내는 것은 자기 자신을 우상화한 경우이다. 이러한 예는 일상생활에서 헤아릴 수 없이 많다. 우상숭배는 모든 행위 이면에 자리하고 있는 최고로 심각한 범죄이다.

상담자로서 반드시 다루어야 할 가장 흔한 형태의 우상숭배는 결혼관계에서 발견된다. 성경은 "그리스도를 경외함으로 피차 복종하라"(엡 5:21)고 명령한다. 이 명령에는 매우 단호한 원리가 내포되어 있다. 우리는 그리스도께 복종하는 만큼만 서로에게 복종할 수 있다! 보다 정확히 표현하자면, 우리는 그리스도를 경외하지 않는 만큼 서로를 우상화한다. 인간의 내면 공간의 사이즈는 하나님만하다. 인간은 본질적으로 공허를 몹시 싫어한다. 예수님으로 채워지지 않은 공간은 반드시 다른 무언가로 채워지기 마련이다. 사회적 활동, 친구, 스포츠, 취미 활동 등. 우리는 배우자로부터 한계 이상의 것을 요구할 때가 많다.

한쪽 배우자의 맹목적인 요구로 인해 부담을 느끼는 다른 쪽 배우자의 영(spirit)은 상처를 입는다. 누구든 이런 입장에 처해본 자라면 잘 안다. 자신은 상대방의 요구를 채워줄 수 없다. 그 누구도 하나님만이 채워줄 수 있는 자리를 대신 메워줄 수는 없다. 그런데 맹목적인 요구 및 이를 들어주려는 노력은 모두 무의식적으로 이루어진다. 결국 양 배우자는 불안과 좌절감에 사로잡히고 결혼관계에는 긴장감이 감돈다.

많은 남편들이 우리에게 찾아와 상처와 혼란을 털어놓는다. 그들은 아내를 사랑한다고 말한다. 남편으로서 늘 아내의 필요를 채워주는 사람이 되고 싶어 한다. 그러나 자신들이 왜 단순히 기쁨 가운데 아내의 필요를 채워주지 못하는지 이해하지 못한다. "감시당하는 느낌이랄까요? 뭔가가 잘못된 듯 말예요. 이 느낌의 정체를 모르겠어요." 이때 우리는 그들에게 어떻게 우상숭배가 관계를 차단하는지를 설명해 준다. 비로소 안도의 한숨을 쉬는 그들의 모습을 보며, 그들의 영이 현재의 상황으로 인해 얼마나 큰 상처와 혼란을 받고 있는지 깨닫게 된다. 아내를 향해 사랑을 표현할 수 없는 무능력감과 혼란이 남편으로서의 자신감과 정체성을 심각하게 훼손했다. 그들의 영(spirit)은 우상숭배를 감지하고 이를 당연히 거절하였지만, 머리(mind)로는 전혀 깨닫지 못하고 있었다.

배우자가 어린 시절 무시, 거절, 학대 등 보호를 받지 못하고 자란 경우, 상담자는 이들이 상대편 배우자를 향해 우상숭배에 기초한 상처를 입히고 있다는 표지를 즉시 발견해낼 수 있어야 한다. 어머니로부터 칭찬과 애정을 못 받고 자란 남편은 아내와의 관계를 우상화할 뿐 아니라, 아내를 어머니로 대하는 경우가 많다. 이는 상처만 심화시킬 따름이다. 어려서 거절과 무시를 당한 아내는 남편을 아버지로 대한다. 이런 사람들은 가르침만으로도 치유가 일어난다.

결혼생활 전문 상담자는, 상대편 배우자로부터 부모의 역할을 하도록 투사당하고 있거나 혹은 하나님만이 채워줄 수 있는 것을 요구받고 있는 사람을 위해, 바른 조언을 해줄 수 있어야 한다. 이런 부부들을 가르치는 데는 교류 분석(transactional analysis) 상담이 꽤 효과적이다. "나는 당신의 어머니가 아닙니다!" 또는 "나는 당신의 아버지가 아닙니다!" 하나님의 역할을 강요받는 경우에도 마찬가지이다. "당신의 요구는 하나님만이 들어주실 수 있습니다!" 이런 종류의 상담에는 전제조건이 있다. 서로를 비난하기 보다는 상대의 말에 귀를 기울이고 문제를 함께 의논할 수 있는, 신뢰와 가르침에 기초해 있는 부부이어야 한다는 점이다!

한편, 상담자는 이들 부부에게서 불안감의 뿌리를 탐구하여 치유를 적용하고 복음을 전해야 한다. 이로써 하나님과 멀어져 있는 그들의 마음의 간격을 메워주어야 한다. 내면의 공허가 채워지기 전까지, 문제에 대한 인식만으로는 충분치 않다. 머리(mind)의 인식과는 상관없이, 우리의 영(spirit)은 오로지 충족을 갈망한다. 영의 욕구가 채워지지 않을 때 분노가 자란다. 반복하여 겉으로 드러나는 문제의 이면에는 반드시 치유되지 않은 뿌리가 자리하고 있다. 단순히 분노를 용서하고 자기 방어적이고 공격적인 습성들을 십자가에 못 박는 것만으로는 충분치 않다. 공허감을 해결하고 상처 입은 어린아이의 영을 치유하는 방법은, 하나님 아버지의 사랑으로 흠뻑 채움 받는 길 외에는 없다. "내 부모는 나를 버렸으나 여호와는 나를 영접하시리이다"(시 27:10). 이 말씀은 치유에도 동일하게 적용된다. 우리는 하나님 아버지를 초청하여 내담자들의 마음에 난 공백을 채워주시고 그들을 주님의 사랑으로 품어달라고 기도해야 한다. 상담자도 어느 정도는 하나님의 사랑의 통로가 될 수는 있다. 그러나 결국 내담자들은 상담자들을 통해서가 아니라 자기 스스로의 마음속에 하나님의 충만하심에 대한 믿음과 느낌을 가질 수 있어야 한다.

상담 시 발견되는 두 번째 영적 간음은 권위 인물과의 관계에서 발견된다. 목사, 사장, 스승, 정치 지도자, 부모, 남편과 아내, 상담자가 우리의 우상이 된다. 참으로 비극적인 것은, 우리가 우상들을 몹시 괴롭히고 있다는 사실이다! 우리는 권위 인물들을 희생양으로 삼아 자신의 죄를 투사한다. 누구든 여기에 걸려든 자는 모든 이의 비난의 대상이 된다. 우리는 누군가가 나와 똑같은 죄를 가지고 있으면 그를 무의식적으로 미워하고 괴롭힌다. 목사로서 제 역할을 잘 감당한 자들은 우상화되어 고통 받다가, 결국에는 핍박을 받는다. 이런 고통을 겪어보지 않았다면 어쩌면 하나님의 말씀을 제대로 설교하고 있지 않는 목사일지도 모른다!

학창 시절 나(존)에게 가장 큰 영향을 준 사람은 에른스트 야곱(Ernst Jacob) 박사였다. 그는 나치의 박해를 피해 도망 나온 랍비였다. 나는 미주리 주 스프링필드에 있는 드루어리 대학에서 그를 통해 유럽사, 구약사, 예언서, 독일어를 배웠다. 어느 날의 일을 결코 잊을 수 없다. 그는 하나님이 이스라엘 백성을 위해 베푸신 온갖 기적들에 관하여 출애굽기와 40년간의 광야생활을 중심으로 강의를 했다. 우리가 그에게 질문을 던졌다. "선생님! 유대인들은 수십 년간 온갖 기적을 체험하면서 하나님의 살아계심을 깨달았습니다. 그런데 어떻게 그토록 빨리 변심하여 우상을 섬긴 것일까요? 조금도 의심할 바 없이 실재하시는 하나님을 떠나 한낱 손으로 만든 우상을 섬기게 된 것은 과연 무슨 이유 때문일까요?"

야곱 선생님은 등을 벽에 기댄 채, 치아를 다 드러내고 활짝 웃으며 대답하셨다. "하나님이 하나님이실 때는, 하나님이 하나님이십니다. 하나님은 계속 하나님이시길 원하십니다. 하나님이 지배자이십니다. 그러나 사람이 우상을 갖게 되면, 사람이 하나님입니다. 사람이 지배자입니다!"

그 수업은 이후에도 줄곧 나의 마음(heart)과 생각(mind)을 사로잡았다. 나는 '나의 왕 됨을 원치 아니하던 저 원수들'(눅 19:27)이라고 표현하신 예수님의 말씀이 떠올랐다. 그때나 지금이나 쟁점은 변함없다. '누가 지배하느냐?'

목회자가 하나님의 말씀을 진실하게 선포할 때, 그 메시지는 입에는 달지만 배에서는 쓰다(계 10:9). 주님의 말씀은 마음(heart)으로 들어가 마음을 휘저어 놓는다. 말씀의 진리가 죄를 드러내고 결단을 촉구한다. 입술로는 주를 존경하되 마음은 주에게서 멀리 떨어져 있는 사람들이 있다(마 15:8, 막 7:6). 이들은 목회자의 훌륭한 사역을 두고서는 우상화한다. 그러나 정작 죄를 직면하고 십자가 위에서 죽는 것이 아니라 오히려 목회자를 박해하곤 할 때가 얼마나 많은가! "무리에게서 스스로 나뉘는 자는 자기 소욕을 따르는 자라"(잠 18:1) 이런 자들에게는 어떤 것도 구실이 될 수 있다.

얼 타이슨(Earle Tyson)은 뒤뜰에 자녀들을 위한 텐트를 세운 일로 박해를 받았다. 허가 없는 증축이라는 이유에서였다! 나는 잡초를 뽑기 위해 맨발로 정원에 들어갔다가 비난을 받았다. 체면을 지키지 않았다는 이유로 말이다! 검정색이 아닌 색깔 있는 양말을 신고 강단에 올라간 것 때문에 욕을 얻어먹었다. 목회자는 일거수일투족이 비난거리가 된다! 하나님의 말씀은 결단을 요구한다. 변화하기로 결심하든지, 아니면 메시지 속에서 어떻게든 흠을 찾아내어 자신의 죄를 직면하지 않는 구실로 삼든지, 선택은 우리 몫이다.

우리 안에는 만왕의 왕이요 만주의 주이신 분을 향한 갈망이 있다. 하나님을 향한 진실한 예배가 없는 십대들이 록 스타들에게 그토록 매어달리는 것도 바로 이러한 갈망 때문이다. 인간은 반드시 무언가를 섬기게 되어있다. 호흡만큼이나 중요한 것이 예배이다. 인간은 예배 없이는 살 수 없다. 예배를 향한 갈망은 반드시 대상을 찾아내고 그 대상에 매어 달림으로써 자체적으로 표현된다. 엘비스 프레슬리(Elvis Presley)에 대한 추억을 숭배하기 위해 만들어진 사교집단도 있다! 우리 상담실에 찾아온 한 청년은 엘비스를 재현된 그리스도라고 굳게 믿고 있었다! 최근에는 마이클 잭슨(Michael Jackson)을 메시야로 믿는 조직도 등장하였다!

은사주의 운동 당시 일어난 일을 살펴보자. 우리는 하나님이 세우신 모든 교사들을 우상화해 왔다! 이들을 숭배한 것이 얼마나 위험천만한 일이었는지! 우리를 사랑하시므로 정당하게 질투하시는 하나님은, 교사와 교회 모두를 살리기 위한 조치를 취하셔야만 했다. 하나님은 이미 그들에게 경고와 충고를 해주셨다. 그러나 교사들이 하나님의 말씀을 듣지 않았을 때, 혹은 교사는 순종하려 하였으나 그를 따르는 이들이 불순종했을 때, 하나님은 그 교사를 더 이상 쓰실 수 없으셨다! 하나님은 위대한 다섯 교사를 세우셨다. 밥 멈포드(Bob Mumford), 찰스 심슨(Charles

Simpson), 데렉 프린스(Derek Prince), 돈 바샴(Don Basham), 언 백스터(Ern Baxter). 우리 중 감히 이들의 발치만이라도 따라잡을 자 누구이겠는가! 그러나 이들은 하나님의 경고에 귀를 기울이지 않았다. '목양과 제자화'가 정도에서 이탈되면서 마침내 그들은 추락하고 말았다! 여전히 그들은 교사로서 가르쳤으나, 주님의 몸 전체를 대상으로 한 사역은 종지부를 찍었다.

나는 케네스 헤긴(Ken Hagin) 목사님을 통해 비로소 중요한 진리를 배우기 시작했다. 『엘리야의 임무(The Elijah Task)』에 그의 가르침이 인용되어 있다. 케네스 헤긴과 케네스 코플랜드(Ken Copeland) 목사님은 믿음에 관한 가르침을 이끌었으나, 결국 그들도 균형을 잃고(결코 그들을 비난하려 함이 아니다) 현재 주님의 몸 전체를 위한 사역을 마감하였다. 하나님은 우리의 프랜시스 맥너트(Francis MacNutt) 신부를 들어 로마 가톨릭 및 개신교 모두를 위한 세계적인 사역자로 사용하셨다. 예전에 맥너트 신부와 내가 하와이의 파티스트 아웃(Farthest Out) 캠프장에 공동 강연자로 초청받은 적이 있었다. 그는 치유에 관한 강연을 맡았고 나는 선지자의 자격으로 참석했다. 그때 나는 사물이든 사람이든 과도한 숭배를 받는 것은 무엇이든, 하나님이 반드시 무너뜨리신다는 경고로 시종일관했다. 이로 인해 나는 항의하며 절규하는 어마어마한 분노의 세례를 받아야 했다. 몇 개월 후 프랜시스 신부는 주디스(Judith)와의 결혼으로 인해 교회에서 파문을 당했고, 그의 책은 가톨릭 내 여러 곳에서 금서가 되었다! 프랜시스를 생각하면 마음이 몹시 아프다. 하나님의 경고에 귀를 기울인 자는 아무도 없었다. 프랜시스와 주디스가 즐거운 결혼생활을 만끽하는 바로 그 순간, 나와 폴라는 프랜시스가 더 이상 가톨릭에서 사역을 할 수 없게 된 사실을 생각하며 심한 안타까움을 느꼈다.

이상에서 언급한 모든 이들에 대해 사랑과 존경을 보낸다. 이들 모두는 여전히 위대한 교사들이다. 특히 프랜시스에 대한 나의 사랑은 각별하다. 자비의 하나님은 어떻게 해서든 그들이 발 딛고 서있던 우상의 단을 훼파하셨다. 하나님은 그들이 앞으로 하늘나라에서 주님을 섬길 수 있도록 구원의 은총을 베풀어 주셨다. 하나님은 결코 우상숭배를 그냥 방치하지 않으신다.

이런 경우에도 치유는 필요하다. 많은 이들은 우상이 붕괴될 때 신앙까지 내버린다. 환상이 깨어지면서 마음마저 깨어지는 경우가 허다하다. 주님의 몸 된 교회 안에는 혼동과 이해 결핍이라는 토양 위에 분열의 씨가 뿌려지게 된다. 목양과 제자화는 정말 그릇되기만 한 것이었는지, 우리가 귀 기울여 들어야 마땅한 견해는 없었는지, 과연 믿음에 대한 가르침은 옳았는지 틀렸는지, 로마 가톨릭 신부에게는 결혼을 허용할 것인지 말 것인지 등은 사실 논의할 바가 못 된다. 이것들은 모두 부차적인 문제들이다. 다만 하나님이 세우신 사람들이 일단 우상의 자리에 앉았을 때, 하나님은 결코 가만히 계시지 않으셨다. 이제까지 역사가 쇠락해간 방법과 동일하지 않다 하더라도 반드시 주님은 조치를 취하신다. 이 때 다소 잔혹한 방법이 사용될 수도 있다. 그러나 결과는 언제나 동일하다. 우상숭배는 영원히 자취를 감추게 된다. 주님의 몸 된 교회여! 이제 마음을 가다듬고 주님께 감사하고 회개하자. 하나님의 사람들을 몰락시킨 당사자는 바로 우리였다.

이러한 선례를 통해 우리가 교훈을 얻었으리라고는 별로 기대하지 않는다. 우리는 동일한 죄를 재차 반복할 인간들이다. 에스겔 33장과 같이 모든 상담자와 선지자는 경고의 나팔을 부는 파수꾼이 되어야 한다. '엘리야의 집' 의 위원 중에는 정기적으로 우리 모두를 겸손케 하고자 스스로 충실한 감시원의 역할을 자처한 사람들도 있다. 그러나 대부분의 경우 우리는 누군가의 도움도 받을 수 없는 위험천만한 길에서 자신의 결점으로 인해 계속하여 내리막길로 치닫고 있을 수밖에 없다!

상담자는 전 세계적으로 유명한 우상숭배의 사례만 보아서는 안 된다. 우상숭배는 우리 주변에 만연되어 있다. 다음은 우상숭배를 나타내는 몇 가지 확실한 징후들이다. 이는 교회나 목회자, 교사나 정치적 영웅들과 맺는 관계방식 가운데 드러난다.

- ◆ 지나친 방어(inordinate defensiveness) – "감히 그 분을 비판하다니!" 성경은 우리에게 소망에 관한 이유를 묻는 자에게 항상 대답할 것을 예비하라고 말씀하신다(벧전 3:15). 또한 어떤 친구는 형제보다 친밀하다고 하셨다(잠 18:24). 그러나 대개 증오감에 사로잡혀 방어하느라 마땅히 듣고 주의해야 할 부분을 계속 차단해 버리고 있다면 이는 우상숭배이다.
- ◆ 맹목적인 편견(bias which blinds) – 진정한 관계는 결코 바보가 되는 것을 의미하지 않는다. 친구의 장점과 죄를 모두 보면서도 사랑할 줄 알아야 진실한 관계이다. 상대를 우상화한 사람은 그의 단점을 그럴듯하게 얼버무린다. 눈에 보이는 것은 온통 환상과도 같은 화려함뿐이다. 그들은 사랑으로 잘못된 점을 직면하는 것이 아니라 오히려 이를 변명하기에 급급하다.
- ◆ 피해망상(persecution complexes) – 이는 우리의 우상에 대해 누군

가 반발하기라도 하면, 이를 과오(error)에 대한 경고로 이해하는 것이 아니라 오히려 의로운 자를 핍박한다고 받아들이는 태도이다. 정의를 핍박하는 경우도 실제로 종종 있다. 그러므로 두 가지 가능성이 모두 존재함을 인정하지 않는 태도야말로 우상숭배의 명백한 표지이다. 타인으로부터의 반작용을 반드시 핍박이라고만 생각하는 것이 바로 우상숭배이다. 성령께서 모든 사실을 밝혀주시거나 해명 혹은 확인해 주시기까지 기다리지 못하고 성급하게 결론을 내려버린다. 결국 과오의 가능성은 회개의 가능성과 함께 사라지고 만다.

◈ 순교(martyrdom) −진정한 순교란 애쓴다고 하여 얻어지는 것이 아니다. 단지 조용히 지내고 싶은데도(살전 4:11) 어느새 순교자가 된 것뿐이다. 참된 순교는 하나님을 영화롭게 한다. 누군가를 우상화하는 사람들은 그가 순교자로서의 낌새만 조금만 갖고 있어도 이를 크게 과장하고 떠들썩하게 치켜세워 자신의 영웅을 찬미한다. "그를 순교자로 만들고 있는 자는 바로 당신이다!"

◈ 성적 혼란과 애착(sexual confusions and attachments) −남녀를 불문하고 인간은 누구든 자신이 우상시하는 인물에게 자신을 내어주고 싶은 유혹을 받는다. 사역이 상승궤도를 타던 중 간음에 빠져 일순간 타락해버린 성인(saint)들의 예를 한두 번 들어보았는가?! 성적인 문제는 우상숭배의 자연스런 귀결이다. 물이 아래로 흐르다 보면 언젠가는 반드시 그 안에서 쉬고 있는 사람이 있기 마련이다. 반면에, 진실한 하나님의 종의 주위에는 성적인 애착관계에 있거나 혹은 성적으로 유혹하려는 사람들을 거의 찾아볼 수 없다. 참된 종들은 성적인 신호(signals)를 발산하지 않는다. 육체(flesh)는 육체

를, 영(spirit)은 영을 끌어당긴다. "자기의 육체를 위하여 심는 자는 육체로부터 썩어진 것을 거두고 성령을 위하여 심는 자는 성령으로부터 영생을 거두리라"(갈 6:8).

◆ 왜곡된 교훈(twisted teaching) – 몇 가지 성경 구절만을 지나치게 강조함으로써 전체적인 맥락에서 말씀을 보는 관점을 점점 상실해간다. 이는 가르치는 자 스스로가 자만에 빠져 균형을 잃은 경우이거나, 혹은 그를 우상화하는 사람들에 의해 더럽혀진 경우이다. 어떤 진리이든 극단에 치우치면 약하고 미성숙한 사람들에게 고통이 된다.

◆ 분노(anger) – 흔히 사람들은 자신이 과도하게 투자해온 일에 관해 너무도 성급하게 혹은 지나칠 정도로 분노하는 경향이 있다. 광분한 느부갓네살 왕과 같이(단 3:19), 분노는 현재 우상숭배가 진행되고 있음을 보여주는 명백한 표지이다. 때로 분노는 폭력을 수반한다.

◆ 모든 이가 각자의 텐트를 소유하고 있다. 무장된 캠프 속에서 살아간다. 교회 안에 분열과 고립이 존재한다. 가말리엘은 현명하게도 과연 이 일이 하나님으로부터 말미암은 것인지 가만히 지켜보자고 충고한 바 있다. 현재 우상숭배를 하지 않는 사람에게는 가말리엘의 충고가 귀에 들어온다. 사람으로부터 말미암은 일은 저절로 망하게 되어 있다. 너무 성급하게 반대함으로써 하나님을 대적할 수도 있음을 기억하자(행 5:34-39). 우상숭배를 하는 자들은 인내하며 기다릴 줄 모른다. 이들은 당장 어느 한쪽을 선택하고 싶어 한다.

사단(Satan)은 언제나 차단과 분열만을 일삼아왔다. 목양과 제자화, 믿음에 관한 가르침(faith teachings) 이후에 남은 것이 무엇인가를 살펴보라. 여전히 외로움에 휩싸인 채 다음과 같이 말하는 사람들이 너무나도 많다. "결국 우리가 옳았어요. 왜 당신은 그것을 이해하지 못하고 우리를 받아들이지 못하시죠?" 이들의 마음은 충분히 이해가 간다. 우리는 이러한 운동을 이끈 교사들을 비난하려 함이 결코 아니다. 다만 이해와 통제의 범위를 훨씬 벗어나 있긴 하지만, 이 교사들의 비극적 종말은 바로 우상숭배로 인해 초래되었다는 사실을 말하고자 함이다.

폴라와 나를 비롯한 주님의 몸 된 교회에 속한 모든 교사들이 반드시 해야 할 일이 있다. 우리 자신과 가르침이 교회 안에서 우상숭배로 인해 더럽혀지지 않도록 정기적으로 열심히 기도하는 일이다. 또한 앞서 언급한 운동들로 하여금 선하고 건강한 열매를 맺지 못하도록 한 영향력, 여전히 존재하고 있는 그 사악하고 나쁜 영향력들을 언젠가는 반드시 제거시켜 달라고 기도해야 한다. 모든 지도자는 반드시 각각 자신의 짐을 져야 한다. 그러나 우상숭배는 교회 전체가 저질러온 죄악이다. 주님의 몸 된 교회는 회개하면서 하나님의 자비를 구하는 절규의 기도를 드려야만 한다.

우상숭배의 죄에 관여한 사람은 누구든, 지도자로서든 혹은 지도자의 추종자로서든, 교회나 상담실을 통해 반드시 치유를 받아야 한다. 이들은 율법을 어겼다. 죄에는 반드시 심판이 따른다. 주님은 주님을 "미워하는 자의 죄를 갚되 아비로부터 아들에게로 삼사 대까지 이르게"(신 5:9) 하신다. 우리는 영적 지도자의 자녀와 손자 손녀들이 수없는 비극을 당하는 것을 너무나 자주 목격했다! 상담자의 직무상 비극적인 이야기를 자주 듣곤 한다. 가계력을 조사하는 가운데(이에 관해서는 제 13장 '세대적인 죄'에서 다루었다), 유별나게 비극적인 가족의 조상들 중 목사나 영적 지도자들이 있다는 사실을 발견할 때마다 우리는 충격을 받는다. 목사나 영적 지도자들의 후손은 당연히 큰 축복을 받아야 할 것만 같고, 실제로 대부분의 경우 최고의 축복을 받으며 살아가고 있는 것도 사실이다. "선인은 그 산업을 자자손손에게 끼쳐도"(잠 13:22). 굳이 통계를 내지 않더라도 영적 지도자의 후손들 중 대략 90퍼센트 가량은 큰 복을 받으며 살아가고 있다고 추측할 수 있다. 그러나 하나님을 섬기는 일에는 항상 위험이 따른다. 주님의 종들이 덫과 올가미에 걸려 넘어질 수 있다. "내 형제들아 너희는 선생 된 우리가 더 큰 심판 받을 줄을 알고 많이 선생이 되지 말라"(약 3:1). 무엇보다도 우상숭배의 죄를 범한 자들의 후손은 반드시 심판을 받는다(신 5:9). 교사와 지도자를 타락으로 이끄는 가장 일반적인 과오가 바로 우상숭배이다!

상담자는 내담자에게서 우상숭배의 죄가 발견되면, 예수의 보혈과 십자가를 적용하여 더 이상 저주가 세대를 타고 흘러 내려가지 못하도록 차단하는 기도를 드려야 한다(이에 관해서는 제 13장에 상술하였다). 또한 어떤 우상숭배가 세대적으로 이어져 내려오고 있는지를 알아보기 위해 선조들의 역사를 탐구해 보는 것도 좋다. 부모의 죄로 인해 여러 세대에 걸쳐 벌을 주시는 하나님이 너무 가혹하게 여겨지시는 분이 있다면, 이 책을 내려놓고 우선 『엘리야의 임무』 제 8~10장 및 『속사람의 변화』 제 4~6, 14장을 읽어보시기 바란다. 하나님은 결코 부당하거나 몰인정한 분이 아니시다.

회개와 용서의 기도를 드리는 것은 각 개인의 몫이다. 지도자를 우상화한 당사자는 그 지도자를 직접 찾아가 고백하고 용서를 구하는 것이 좋다. 직접 방문이 가능할 만큼 절친한 관계에 있는 한 말이다. 어떤 식으로든 자신을 우상화하도록 다른 이들을 부추긴 지도자의 경우, 혹 본의 아니게 우상화된 지도자의 경우에도, 상담자는 하나님 자리를 침범한 죄에 대하여 그에게 용서를 선포해야 한다. 상담자는 그가 아브라함-이삭의 기도를 드리도록 안내해 주어야 한다. 이 기도를 통과하면서 내담자는 그리스도 안에서 자신의 사역을 마치 번제단 위의 이삭과 같이 죽음에 내어놓는다. 앞으로 하나님이 회복하실 사역은 더 이상 그 자신의 것도 아니요 자신의 힘으로 보호할 필요도 없을 것이다. 그의 사역은 오직 하나님께만 속한 것이 될 것이기에.

이때가 바로 '풀을 뜯어먹는 시간(grass-eating time)' 이다. 느부갓네살 왕이 자신의 꿈과 다니엘의 해몽을 통한 성령의 경고에 귀 기울이지 않자(단 1-4장,『크리스천 가정의 회복』제 17장 '느부갓네살의 형상(Nebuchadnezzar's Image)'을 보라), 순찰자들은 그가 왕좌에서 쫓겨나 풀을 뜯어먹다가 일곱 때(4:32)가 지난 후 비로소 총명이 회복될 것이라고 선포한다(4:34). 하나님의 종은 회개와 겸손으로 늘 하나님의 은총 가운데 머물러 있어야 한다. 그렇지 않으면 주님은 그에게 힘든 길을 허락하신다. 균형을 잃고, 비웃음거리가 되며, 제정신을 잃고 과대망상으로 빠질 수도 있다. 이제 그에게는 풀을 뜯어먹는 기간이 필요하다. 이를 오늘날의 표현으로 바꾸면 '근신처분'을 받는 것이다. 하나님은 그에게 번득이는 환상이나 상상, 신비적 고양의 체험을 더 이상 허락하지 않으실 것이다. 하나님은 당신의 종을 몇 번이고 거듭하여 낮추시고 심지어 자존심마저 상하게 하신다. 이제는 그를 지켜보던 사람들조차 이렇게 외칠지 모른다. "그만하면 됐어요!" 그러나 우상화되기를 원하는 마음, 또는 누군가를 우상화하고 싶은 마음이 두 번 다시 고개를 들지 않도록 완전히 낮아지기 전까지는, 아직은 아니다. 이 사실이 그의 마음(heart)과 생각(mind)속에 깊이 각인되어야 한다.

　이 모든 과정에서 상담자는 친구로서의 역할을 해주어야 한다. 상담자는 상황을 개선시킬 노력을 하지 말아야 한다. 그저 곁에 있어 주는 것만으로 족하다. 우리가 보이는 동정과 이해의 태도가 내담자로 하여금 자신이 겪는 고통의 실체와 원인에 대한 깨달음으로 인도해줄 수 있다. 그러나 더 이상의 개입은 허용되지 않는다. 우리로 인해 하나님의 심판의 칼이 무뎌지게 해서는 안 된다. 언젠가 때가 되면 그는 욥처럼 고통 가운데 절규하는 일을 마치고 이렇게 고백하게 되리라. "무지한 말로 이치를 가리우는 자가 누구니이까 내가 스스로 깨달을 수 없는 일을 말하였고 스스로 알 수 없고 헤아리기 어려운 일을 말하였나이다 내가 주께 대하여 귀로 듣기만 하였삽더니 이제는 눈으로 주를 뵈옵나이다 그러므로 내가 스스로 한하고 티끌과 재 가운데서 회개하나이다"(욥 42:3, 5-6). 이때가 되기 전까지 하나님의 연삭기 속에 있는 사람에게 필요한 것은 한 사람의 친구이다. 하나님을 신뢰하는 이 친구는 당사자가 비록 불가능하게 여기고 있는 상황일지라도 결국 그가 잘 통과해 내리라는 것을 굳게 믿어준다. 사랑은 "모든 것을 믿는다"(고전13:7). 사랑은 더 이상 손을 쓸 수 없다고 여겨지는 상황에서도 믿을 수 있게 해준다.

　그 밖에도 우상숭배에 연루된 누군가가 있을 수 있다. 어떤 이는 더 나은 판단력을 가지고 있는 가족들을 억지로 끌어들여 자칭 그리스도라 하는 자를 따르게 했을지도 모른다. "거짓 선지자가 많이 일어나 많은 사람을 미혹하게 하겠으며"(마 24:11). "거짓 그리스도들과 거짓 선지자들이 일어나 큰 표적과 기사를 보이어 할 수만 있으면 택하신 자들도 미혹하게 하리라"(마 24:24). "저희를 좇지 말라"(눅 21:8). 이런 형태의 영적 간음에는 몇 가지 종류의 기도가 필요하다. 첫째, 우상숭배에 빠져있는 동안 그들 속에 주입된 말과 생각이 모두 성령의 불로 파쇄 되도록, 지혜와 신중함을 제외한 온갖 그릇된 가르침이 근절되도록 기도해야 한다. 둘째, 하나님의 종의 가족 역시 구원받고 정화되도록 기도해야 한다. 셋째, 그가 우상숭배에 관여한 식구들과 터놓고 죄를 이야기할 수 있을 만큼 수치를 잘 견뎌내도록 기도해야 한다. 넷째, 가족의 울타리를 넘어서는 용서와 화해가 선포되고, 이 선포가 실행에 옮겨지도록 기도해야 한다. 다섯째, 상담자는 가족 내에서 내담자의 위상이 회복되도록 애써야 한다. 내담자가 남편이자 아버지라면, 지도력 가운데 머리됨과 신뢰가 회복되도록 기도해야 한다. 이 때 나머지 가족들에게, 현재의 고난이 그들을 무능하게 만드는 것이 아니라, 오히려 지혜롭고 구비된 자로 만들어 준다는 사실을 가르쳐 주어야 할지도 모른다.

따뜻한 마음에서 우러나오는 농담이나 장난이 회복을 위한 훌륭한 수단이 된다. 남을 깎아내리는 조롱이 아니라, 존경심에 바탕을 둔 농담으로 상대방을 긍정하며 긁혀주는 것도 필요하다. 얼마동안 우상숭배에 빠졌다가 나온 사람들은 지나치게 신중한 태도를 가지고 살아온 것이 사실이다. 이제 이들은 자신의 실수에 대해 배꼽을 잡고 웃어버릴 수도 있어야 한다.

우상숭배에 빠졌다가 회복된 사람들에게 필요한 것은 야외 활동이다. 느부갓네살 왕에게 내려진 치유책이 풀을 뜯어먹는 일이었음은 결코 우연이 아니다! 우리는 잠시 비옥한 대지에 흠뻑 젖어들 필요가 있다. 땅은 결코 속된 것이 아니다. 어린양의 보혈이 속된 것을 이미 깨끗케 해주셨다(행 11:9). 위대한 시인 워즈워스는 마음의 평정을 회복하기 위해 한 그

루의 나무를 꽉 움켜쥐고 있다가 영감을 얻곤 했다. 정원과 뜰에서 하는 많은 활동들은 자존감을 높이는 데 안성맞춤이다.

본장의 목적은 영적 간음을 어떻게 치유할 수 있는가를 가르치는 데 있다. 이제까지 우리는 결코 경배해서는 안 되는 대상이 어떻게 우상화되고 숭배되는가에 관해 살펴보았다. 우상화 과정이 없이도 다양한 방법으로 영적 간음은 이루어진다. 배우자에게 주어야 할 것을 다른 누군가에게 주는 것도 영적인(spiritual) 간음이다. 정도를 벗어나서 몸(body)을 다른 이에게 주는 것이 육체적 간음이다. 주님은 영적 간음에 대하여 다음과 같이 말씀하셨다.

> 또 간음치 말라 하였다는 것을 너희가 들었으나 나는 너희에게 이르노니 여자를 보고 음욕을 품는 자마다 마음에 이미 간음하였느니라 (마 5:27-28)

많은 크리스천들이 음란한 생각으로부터 마음(heart)을 지키기 위해 몹시 애를 쓴다. 그리고는 영적 간음에 빠진 일이 전혀 없다는 사실에 대해 스스로 기뻐한다. 그러나 우리 마음은 그렇게 만만치 않다.

나는 하나님의 은혜로 이제까지 나의 아내 이외에 그 어떤 여자와도 잠자리를 같이 한 적이 없다. 또한 어떤 여성에 대해서도 성적인 공상에 빠져들지 않으려고 스스로 주의하며 살아왔다. "네 마음(heart)에 그 아름다운 색을 탐하지 말며"(잠 6:25) 라는 성구, "남이 가진 아름다움을 너무 오랫동안 쳐다보지 말라"는 지혜로운 속담을 나는 잘 알고 있었다. 그러나 이것들이 나를 영적 간음으로부터 지켜주지는 못했다.

결혼 초기에 폴라와 나는 십자가의 원리를 따라 지혜롭게 의사소통하는 방법에 관해 알지 못했다. 우리는 이따금씩 다투었다. 폴라는 어떻게 해야 나의 화를 부추기지 않은 채 편안케 해줄 수 있는지를 알지 못했다. 나 역시 내가 원하는 바를 모르고 있었다. 사실 내게 필요했던 것은 하나님의 섭리에 맞게 그녀의 전존재가 나를 지탱해 주고 보살펴 주는 일이었다.

결국 우리 부부 사이에는 구멍이 생겼다. 나는 공격받기 쉬운 상태에 놓여 있었다. 별로 중요하지 않은 관계에서는 위협감이 훨씬 적다. 자연히 나는 이러한 관계 속에서 남자건 여자건 일단 나를 편안하게 해주고 칭찬해주고 추켜세워 주는 사람에게 끌리기 시작했다. 최소한 가장 우선적으로 폴라와 상의했어야 했을 일들마저 나는 그들에게 먼저 마음을 열고 털어놓았다. 폴라에게는 아직 한마디도 해주지 않은 이야기를 공식 모임 같은 데서 내가 남들에게 스스럼없이 말하는 것을 보면서 종종 폴라는 심한 상처를 받았다. 바로 이것이 영적 간음이었다. 나는 부부간에 이루어져야 할 마음의 교감과 깊은 교제를 다른 누군가와 행하고 있었다.

폴라가 이에 대해 이의를 제기하였을 때 나는 지나간 기억들을 열심히 반추해 보았다. 아내에게만 말해야 했던 것은 무엇이었으며, 다른 사람과 나누어도 괜찮았던 것들은 무엇이었는지, 논리적으로 구분해 보려고 애를 썼다. 몹시 힘든 작업이었고 성공적이지도 못했다. 결국 문제는 내 마음(heart)이었다. 나는 나의 남성다움은 오직 폴라와의 관계 안에서만 발견할 수 있다는 사실을 이제까지 마음(heart)으로는 깨닫지 못하고 있었다. 나는 폴라 이외의 다른 것을 통해 자신을 규정했고 자기실현을 도모했다. 이것이 근본적으로 볼 때 영적 간음이다. 끊임없이 대상을 찾아다니게 된다. 자연히 이런 일은 반복적으로 일어났다.

폴라가 이에 대해 흥분하고 화를 내는 순간만큼, 나의 머리(mind)는 그녀가 옳다는 걸 알고 있었다. 그러나 여전히 마음(heart)만은 고쳐먹지 않고 있던 나는 폴라 쪽이 옳았다는 기억(mind)을 자꾸만 잊어버렸다. 후회가 반드시 회개로 이어지는 것은 아니다. 그녀가 발끈 화를 낼 때마다 나 역시 놀라 그녀에게 마음 문을 열지 않으리라 다짐하곤 했다. 새 힘을 공급해 주라고 하나님께서 나에게 주신 배우자에 대한 태도가 이러했다니! 결국 취약성(vulnerability)은 점점 심각해져갔다. 인간의 본성은 공허를 몹시도 혐오했다.

문제를 깨닫고 더욱 충실한 남편이 되기로 결심하였음에도 불구하고 내 상태는 점점 더 나빠졌다. 나의 고독한 혼(soul)은 여자들 특히 지혜롭고 이해심 많고 점잖고 남을 잘 위로해주는 여자들로부터 큰 힘을 얻고 있었다. 나는 무의식적으로 그들과의 만남을 점점 합리화시켜 갔다. 미처 처리되지 않은 마음(heart)속의 영역들이 판단력을 둔하게 하고 왜곡시킨다는 사실은 깨닫지 못하고 있었다. 나는 도전적이지도 위협적이지도 않은 상담이라면 모두 현명하고 위로가 되는 것으로 받아들였다. 당시 폴라가 나에게 해주던 조언은 도전적이고 위협적인 소리로만 들렸다. 나는 사람들 속에 숨어있는 보이지 않는 욕구와 동기에 대해서는 순진하리만치 무지했다. 순수한 칭찬과 자아가 만들어낸 교묘한 창작물의 차이를 구분하지 못했다. 나에게 집착하는 사람들 중에는 나와 마찬가지로 고독과 영적 간음에 빠져있는 자들도 있었다. 이제까지 나는 어떤 여성도 불순한 동기로 껴안아본 적도 없고, 키스를 하거나 혹은 성적인 공상을 해본 적도 없다. 그러나 마침내 폴라는 이렇게 울부짖었다. "최소한 침대에서만이라도 우리 둘만 있으면 안 되겠어요?" 폴라는 나에게 다른 여자들의 영(spirit)이 달라붙어 있음을 느끼고 있었다.

　선조들의 철저한 도덕성을 물려받아 나 역시 꽤 도덕적인 성품을 지녔다. 전적인 주님의 은총이다. 주님은 상황이 더욱 심각해지기 전에 나를 붙들어 주셨다. 주님의 은혜로 나는 폴라가 하는 말의 의미를 마음(heart)에서부터 깨닫기 시작했다. 단순한 후회를 넘어 회개할 수밖에 없었다. 폴라와 나는 지나간 일에 대해 하나하나 철저히 회개기도를 드렸다. 결핍된 모성적 돌봄을 향한 욕구, 여성들에게 끌리는 자아(ego)의 욕망, 참된 연약함을 두려워하는 마음(두려움으로 인해 나는 더욱 질 낮은 연약함 가운데 놓이게 되었다), 여성들에 대한 무의식적인 증오(여성들이 내게 다가오기를 바라면서도 결국은 그들의 필요를 채워주지 않은 채 거부함으로 징벌했다), 폴라에 대한 복수심(당연히 폴라에게 주어져야 할 것을 다른 누군가의 몫으로 돌림으로써 복수하려 했다) 등. 질리도록 많은 것들이 생각났다. 나에게는 반드시 십자가로 가져가야 할 한 가지 큰 방해물이 있었다. 불안한 어린 시절을 보내야 했던 나는, 위로와 쉼, 재충전과 부드러운 돌봄 등을 가정에서 누릴 수 있는 것과는 전혀 별개의 요소로 여기며 살아왔다. 나는 폴라가 (물론 낙담을 하면 늘 상냥하지는 않았지만) 진정으로 하고 싶었던 말이 무엇이었는지를 깨달아야 했다. 이를 위해 내 안의 수없이 많은 판단과 두려움이 죽음에 처해져야만 했다. 폴라는 이렇게 말하곤 했다. "내가 당신의 가장 좋은 친구라는 걸 언젠가는 아시게 되겠죠. 당신의 자녀들도 언제까지나 그렇게 부담스런 존재들만은 아닐 거예요. 그 아이들도 당신에게 새 힘을 줄 수 있어요!"

　가장 중요한 사실이 있다. 더 이상 나와 폴라는 서로를 적수로 여기지 않게 되었다. 서로서로의 육성에 속한 방해물들이 더 이상 우리를 갈라놓지 못하도록 우리는 함께 연합하여 싸워나갔다. 그럼에도 불구하고 우리 부부 사이에 아름다운 다리가 세워지기까지는 참으로 오랜 시간이 걸렸다. 마침내 우리는 둘 사이에 건설된 아름다운 다리를 수없이 넘나들며 서로의 공원에서 황홀한 소풍을 즐기는 법을 터득하게 되었다. 나는 여전히 남아있는 도피 성향과 계속해서 투쟁을 벌였다. 나에게는 완전히 연약하게 된다는 것(vulnerability)에 대한 심한 두려움이 있었다. 나는 도피를 정당화시키기 위해 심지어 성경말씀까지 내 맘대로 곡해할 수 있는 사람이었다. "네 힘을 여자들에게 쓰지 말며"(잠 31:3). 내 존재가 완전히 사라져 버릴지도 모른다고, 혹은 '한 여자의 남자(woman's man)'가 될지도 모른다고, 혹은 나의 머리됨(headship)을 잃게 될지도 모른다고 혼자서 생각했다. 연약한 존재가 되고 싶지 않았으며 아내에 대한 전적인 헌신을 거부하고 있던 나에게, 어떤 것이든 구실이 될 수 있었다. 나는 계속해서 몇 번이고 기도해야 했다. 특히 부부간 성관계의 감미로움이 나의 모든 문을 활짝 열라고 위협을 가해올 때마다 이렇게 기도했다. "오, 주님, 나는 연약한 존재가 되기로 선택하겠습니다. 폴라에게 나의 문을 엽니다. 내가 달아나지 않게 도와주세요!" 나는 마음 문이 닫혀지려 할 때마다 입을 열어 기도했다. 하나님은 나에게 한 가지 척도(barometer)를 주셨다. 바로 혀(tongue)이다. 다른 사람과는 쉽게 재잘거리면서도 폴라와는 그다지 떠들며 이야기하고 싶은 마음이 들지 않는다면, 이때야말로 나의 본성과 다시금 싸움을 벌여야 할 때였다.

주님이 우리를 이기셨다. 주님은 종종 실수도 하는 우리를 붙들어 주고 계시며, 그분의 눈길은 한순간도 우리를 놓치지 않으신다. 우리 부부의 하나 됨은 이미 수많은 사람들에게 전해진 메시지를 통해 잘 입증된다. 사실 우리의 이야기는 그다지 유별난 것이 못 된다. 우리와 같은 영적 간음에 관한 문제로 상담을 받은 사람들은 이제까지 수천 명 이상이 된다. 영적 간음은 인간의 본성에 의해 초래되는 그 어떤 문제보다 가장 빈번하게 일어났다.

물론 여성들도 부부간의 완전한 연합에서 도피하려는 태도를 다양한 방식으로 보인다. 그러나 참된 연합에 대한 저항은 여성들보다 남성들에게서 훨씬 더 자주 나타난다. 아마도 이는 남성들이 소년시절 어머니의 끈덕진 통제에서 벗어나려고 애쓰던 모습에서 기인했을 가능성이 높다. 아들을 숨 막히지 않는 방식으로 돌봐준 어머니는 거의 전무한 듯하다. 일찍이 우리는 여성들에게는 비밀을 털어놓지 말라고 배웠다. 어마어마한 기억력을 가지고 있는 여성들은 마음만 먹으면 이를 언제라도 무기로 사용할 수 있다! 무의식적으로 남편과 아들을 거세하는 여성들이 수없이 많다. 어린 여자아이들은 힘센 남자형제들을 이기기 위하여 고자질이라는 수법을 사용한다. 한 남성이 아내와의 관계 속에서 자유를 누리기 위해 파헤쳐야 할 고통스런 습관들을 일일이 꼽자면 아마 헤아릴 수 없이 많을 것이다. 무엇보다 심각한 것은 모든 남성에게 있는 인종적인 기억이다. 이는 아담으로까지 거슬러 올라간다. 남자들이 하와가 아담에게 무슨 일을 저질렀는가를 기억한다고 할 때, 이는 결코 웃자고 하는 말이 아니다. 완전한 자유함을 누리려면 우선 관계 가운데 발생하는 문제의 원인이 무엇인지 반드시 그리스도의 십자가를 통해 찾아보아야 한다.

하나님이 하와에게 말씀하셨다. "너는 남편을 사모하고(Your desire shall be for your husband)"(창 3:16). 여성들은 남성과의 관계 속에서 자신의 입지를 발견하려는 절박한 경향성을 가지고 있다. 가장 심오한 의미로 인종적 차원에서 볼 때, 죄로 인해 여성은 완전하고 동등한 남성의 파트너로서의 위치를 상실했다. 비록 여성의 위치는 그리스도 안에서 이미 회복되었지만, 다른 것들과 마찬가지로 이것 역시 온전한 성취를 이루어야 할 부분이다. 여성들의 생각(mind) 깊은 곳에는 원죄 이전의 지위를 회복하라고 상기시키며 압박하는 무언가가 자리하고 있다. 이것은 육체(flesh)의 통제 하에 있는 동안 남편에 대해 자꾸만 무언가를 요구하는 형태로 나타날 수 있다. 남편들은 아내들의 요구를 피해 달아나려고 한다. 오세이지(Osage) 인디언들이 자주 하던 이야기가 있다. "백인들이 너를 도우려고 눈을 번득이며 다가오거든 바람처럼 다른 길로 달아나라!" 여성들을 피해 달아나는 남성들의 심리가 이러하다. 새디에 호킨스 데이(Sadie Hawkins' Day-11월 11일 이후의 첫 토요일로 여자가 먼저 남자에게 데이트를 신청할 수 있는 미국의 휴일-역자주)에 '데이지 매(Daisy Mae)'를 피해 달아난 '릴 애브너(Li'l Abner)'의 경우도 마찬가지였다.

다른 남자를 피난처로 삼고 위로를 얻음으로써 영적 간음을 저지르는 여자들도 간혹 있긴 하다. 그러나 기독교 상담을 하다보면, 아내들이 남편에게 돌려야 할 것을 무의식적으로 하나님께 전이시킴으로써 야기된 혼동을 다루어야 할 케이스가 몹시 비일비재하다. 여성의 마음(heart)이 잘못된 상태일 때에는, 그리스도가 신부인 모든 교회의 신랑이시라는 사실조차 축복이라기보다 오히려 유혹이 될 수 있다. 이 때 남편들은 아내의 간음을 감지하고 난폭한 반응을 보일 수도 있다. 남편들에게 있어서 하나님은 감히 맞설 수 없는 라이벌이다. 보복감에 어떤 남자들은 화를 내며 교회를 떠나기도 했다. 우리는 남편과 성관계를 하지 않음으로써 유혹에 빠지기 쉬운 상태에 처해있는 여성들의 경우를 수없이 많이 목격했다. 이제 미혹의 영들은 실제로 이런 여성들에게 남편인 주님과 성적인 연합을 이루어도 좋다는 확신을 불어넣었다. 미혹의 영들에게 속아 넘어간 어떤 여성들은 오르가슴 등 실제로 성관계를 하는 듯한 느낌을 경험했다. 이러한 미혹의 영을 가리켜 '인커버스(incubus)' 라고 한다. 이와 동일한 현상이 남성들에게도 나타날 수 있다. 이때 남성들을 미혹하는 영을 '서커버스(succubus)' 라고 한다.

남편의 머리됨(headship)에 순복함으로써 누려야 할 안정감을 기도 모임 등에서 찾는 여성들이 있다. 한 모임을 이끄는 지도자가 스스로 마땅히 아버지 같은 인물이 되려고 애쓸 때, 그 모임 안에는 혼란스런 관계와 감정들이 자라날 수 있다. 모임에 속한 여성들은 의식적이든 무의식적이든 혹은 그릇된 동기를 가지고, 그 지도자에게 집착하려 들 것이다. 치유되지 않은 마음의 상처를 그대로 가진 채 이루어지는 기도 모임의 예는 허다하게 많다. 영적 간음은 은사주의 운동에서 어쩌면 가장 쉽게 저질러지는 범죄(sin)인지도 모른다.

근친상간에 빠진 수많은 아버지들이 상처를 입힌 것은 비단 딸 혹은 의붓딸만이 아니다. 스스로에게도 무시무시한 상처를 주었다. 이런 현상의 가장 일반적인 원인도 영적 간음이다. 그들이 진정으로 사랑하고 원한 것은 바로 아내였다. 그러나 흔들리던 부부 관계가 와지끈 깨어지면서 고립이 찾아왔다. 당사자들은 그 고독의 깊이와 파워가 얼마나 심각한지 전혀 깨닫지 못하고 있었다. 딸들은 종종 젊은 시절의 어머니와 닮은 데가 있다. 딸이 가진 순결한 아름다움이 아버지로 하여금 지나간 추억과 예전의 젊은 아내에 대한 갈망을 자극한다. 이러한 사실을 미처 깨닫기도 전에, (어머니와 아내에 대한 내면적 분노로 인해 생긴) 여성을 더럽히고 싶은 욕망은 현재의 좌절감 및 성욕과 한데 결합하여, 아버지로 하여금 이제까지 한 번도 생각지도 못했던 일을 하도록 몰아붙인다.

불륜(affairs)치고 처음부터 불륜인 경우는 드물다. 적어도 주님의 말씀대로 살려고 결심한 크리스천들의 경우에는 말이다. 당사자들을 불륜으로 이끈 것도 바로 무의식적인 영적 간음이었다. 마음에서 우러나오는 나눔과 교제가 이루어져야 할 자리에서 참된 연합에 실패했을 때, 남편과 아내는 그들의 틈새를 메워줄 수 있을 것만 같아 보이는 누군가의 유혹에 쉽게 빠질 수 있는 상태가 된다. 육체적 간음에 빠진 대부분의 사람들이 상담 중에 하는 말이 있다. "저 자신도 이해할 수가 없어요. 집에서는 멋진 성관계를 갖고 있었거든요. 제 아내는 성적으로 탁월하답니다. 그 여자는 제 아내와는 비교조차 되질 않아요. 제가 그녀한테 진정으로 원하는 것이 무엇인지 사실 제 자신도 모르겠어요!" 반면 여성들은 다음과 같은 절규를 털어놓았다. "그는 자기가 원하는 것을 모두 가졌어요! 도대체 다른 여자에게서 뭘 더 바라고 있는 건지 알 수가 없어요!" 사실 이들이 원했던 것은 성관계가 아니었다. 마음(heart)과 영(spirit)의 연합이었다. 성관계는 단지 연합의 절정에 불과했다. 그들은 영과 마음의 결합을 원했고, 성관계로 절정에 도달한 것뿐이었다. 연합의 절정이 성관계라면, 간음에 기초한 온갖 종류의 연합이 성관계로 향하게 되는 것은 당연한 것인지 모른다.

이와 같은 전쟁에 영웅이란 있을 수 없다. 거룩한 겁쟁이들만 존재할 뿐이다. 이미 불륜에 빠진 내담자는 무조건 그 만남을 피하라는 권고를 받아들여야 한다. 영적 간음의 관계 안에 그대로 머무른 채 순수와 안전을 지켜내는 일은 불가능하다. 주님의 은총으로 각자의 마음(heart)과 결혼이 온전히 치유되지 않는 한, 그들은 머지않아 애인과의 무모한 짓에 빠져들고 말 것이다.

때로는 어쩔 수 없이 관계를 지속해야 할 때도 있다. 이복형제나 이복자매는 아마도 계속해서 가족으로 지내야 할 것이다. 한 기도 모임을 조용히 빠져나와 다른 기도 모임에 들어갈 만한 상황이 아닐 수도 있다. 근본적인 마음의 상처가 치유되지 않은 상태라면, 어디를 가더라도 누군가와 동일한 문제를 일으키기 마련이다. 그리고 조만간 더 이상 갈만한 기도모임이 바닥나게 될지도 모른다! 이 교회 저 교회를 옮겨 다닐 수도 없고, 정기적으로 비서를 해고할 수도 없고, 이 모임 저 모임을 전전긍긍할 수도 없다.

원리는 다음과 같다. 관계가 이미 너무 깊어져 친밀감이 형성되어 있으며 충분히 그 이상의 관계로도 진전될 위험이 도사리고 있다면, 이때는 어떤 대가라도 반드시 치러져야 한다. 교회를 바꿀 수도, 직업을 바꿀 수도, 이사를 갈 수도 있다. 혹은 이들 모두를 바꿔야 할 수도 있다. 장난 삼아 해본 것이 적절한 때에 발각된 경우에는, 현재의 위치에 머무른 채 상담을 통해 근본적인 뿌리를 파헤치고 치유해도 좋다. 두 번째 원리는 다음과 같다. 영적 간음에 연루된 사람들에게는, 현재 어느 단계에 있는지를 불문하고, 자신들의 안전성 여부를 결정할 권한이 없다. 이러한 결정은 지혜로운 친구와 상담자에게 맡겨져야 한다. 어리석은 자들은 자신이 여전히 안전하며 언제라도 원하기만 하면 관계를 중단할 수 있을 것이라 여긴다. 이때 통찰력 있는 친구들은 어리석음에 빠지지 않도록 도와주는 보호막이 될 수 있다.

영적 간음에 대한 치유는 두 단계로 이루어져야 한다. 상담자는 내담자에게서 드러나는 영적 간음에 대한 가능성을 보면서, 내담자가 가진 문제의 가장 근본적인 원인이 바로 어머니와 아버지와의 관계에 있다는 사실을 진단할 수 있어야 한다. 이때 특히 다음과 같은 부분을 살펴보면서 깊은 내면의 치유를 행해야 한다. 성취의 결핍, 애정박탈, 비판적인 태도와 상처, 재능을 인정하고 장려해주지 못한 부모 등, 또한 가장 엄밀한 의미에서, 자신의 연약한 모습을 인정하고 싶지 않아 내면의 맹세를 하지는 않았는지, 혹시 돌같이 굳은 마음을 갖고 있는 것은 아닌지도 살펴보아야 한다. 일단 문제가 된 내면의 요인이 분노에서 자유로워지면, 분노가 빠져나간 자리를 반드시 사랑으로 메워야 한다. 이제야 비로소 상담자는 현재의 좌절과 방해물을 다룰 수 있고, 이들에게 참된 교제와 만남의 기술을 가르칠 수 있게 된다.

영적 간음의 특징은 다른 범죄들에 비해 훨씬 음흉한 방식으로 이루어진다는 데 있다. 전혀 죄처럼 보이지 않을 수도 있다. 마치 깊이 있는 만남을 위해 도움이 되는 것처럼 여겨지기도 한다. 특히 도덕적으로 엄격한 사람들의 경우가 더욱 그러하다. 자신이 통제 불가능한 일에 말려들 염려는 결코 없다고 확신한다. 또한 이 관계가 우리 혼(soul)에 새 힘을 준다고 느낄 수도 있다. 누군가의 칭찬을 받을 때 자아(ego)는 우쭐해진다. 배우자에게는 말하지 않은 것을 다른 사람과는 쉽게 마음을 터놓고 이야기한다는 사실에 대해, 마음속 깊은 곳에서는 의구심을 떨쳐내지 못한 채 괴로워하고 있을지도 모른다. 아니 사실에 대한 자각 자체가 고통일지 모른다. 심리학이나 사회학에 관한 지식을 조금이라도 아는 사람이라면, 대부분의 인간이 일차 집단에 속한 이들보다 이차 집단에 속한 이들에게 더욱 친절할 수 있다는 상식이 쉽게 이해가 갈 것이다. 영적 간음을 미워하여 중단하기란 무척 힘든 일이다. 이에 다음과 같은 조언을 드리고자 한다. 새로운 관점으로 영적 간음을 보라! 현재의 시각에 머물면서 영적 간음을 정당화시키는 일을 중단하라. 당신의 배우자가 얼마나 힘들어 하는지 보기 시작하라. 실제로 배우자의 입장이 되어보라. 그가 느끼는 외로움, 비참함, 배신감을 경험해보라. 영적 간음을 미워하되 자신의 감정만을 판단기준으로 삼지 말고, 사랑하는 배우자가 겪고 있을 고통까지 고려하여 이를 미워하라.

영적 간음에 관한 주제를 마무리하면서 꼭 언급하고 싶은 사항이 있다. 영적 간음은 비단 부부 관계에만 국한되어 일어나는 것이 아니다. 이 목사 저 목사, 이 교회 저 교회를 전전긍긍하는 것도 영적 간음이다. 예를 들어 폴라와 내가 우리를 초빙한 목사의 기름부음 아래서 가르치는 일로 섬기다가 떠났다고 하자. 이는 좋은 일이다. 그러나 떠나면서 교인들을 잡아끌어 우리를 따라오게 했다면, 이는 간음이다. 우리가 교회 안에서 목사가 지정해준 교인을 상담하는 것은 좋은 일이다. 그러나 제각각 도움을 받을 모임과 상담자를 가지고 있는 사람들로 하여금 우리에게 지나친 도움을 받도록 만든다면 이는 간음이다. '하나님이 지정해주신 것 이외의 저수지에서 물을 마실 때마다 간음을 저지르는 것'이라는 단순한 정의 하나만 가지고서도, 예상 가능한 죄의 목록을 떠올리면 아마도 수도 없이 많으리라.

이따금씩 다른 교사의 가르침을 듣는다고 해서 간음은 아니다(앞서 언급한 정의에 지나치게 엄격하게 매이지는 말라). '한 사람이 심고 다른 사람이 거둔다'(요 4:37). 남편이든 아내든 목사든 교사든 친구든 어느 한 사람이 모든 것을 충족시켜 줄 수는 없는 노릇이다. 상대방의 모든 것을 채워주려 애쓰는 것 자체가 이미 간음이다. 간음의 여부를 판단하는 기준은 바로 우리 마음(heart)이다. 마땅히 있어야 할 자리에 마음을 두고 있는 한, 기운을 북돋워주는 그 어떤 다른 원천도 결국은 우리의 기본적인 마음상태를 강화시켜주는 역할에 불과하다. 그러나 마땅히 마음을 두어야 할 곳을 경멸하고 다른 무언가를 보다 더 갈망하기 시작할 때, 우리는 위험에 처하게 되고 마침내 간음에 빠진다. 우리는 무엇보다 마음(heart)을 지켜야 한다(잠 4:23). 최우선적으로 충분히 배우자와의 만남을 가진 다음 교회도 찾고 친구도 찾는다면 이는 정상적인 모습이다. 갈망과 정욕이 발동하기 시작할 때는 이를 일종의 신호로 받아들이고 속히 배우자에게 돌아가야 한다. 그리고 친구나 상담자의 도움으로 문제의 원인을 발견해낼 수 있어야 한다.

우리는 사람 이외의 대상과도 간음에 빠질 수 있다. 수많은 아내들이 남편의 직업이나 자동차를 싫어하는 데는 마땅한 이유가 있다. 남편들이 아내는 껴안아주지 않으면서 일과 자동차를 너무도 사랑하기 때문이다. 텔레비전, 축구, 골프, 여러 가지 허드렛일, 취미 등, 간음의 대상은 얼마든지 있을 수 있다. 여성들은 이런 영역에서는 좀처럼 간음에 빠지지 않는 것 같다. 그러나 남편에게 주어야 할 것을 자녀에게 주어버리는 어머니가 얼마나 많은가! 이런 어머니들은 흔히 '먼저 남편이 떠나갔기 때문'이라며 자신의 행동을 합리화시킨다. 사물과의 간음은 사람과의 간음과 동일한 이유로 발생할 수 있으며, 치유 역시 동일한 방법으로 이루어진다. 사물과의 간음은 대체로 인식하기가 매우 어렵다는 점에서 매우 교활하다. 또한 간음의 대상을 처리하는 것은 이를 그냥 방치하며 지내는 것보다 훨씬 더 어렵다. 당장 직장을 그만둘 수는 없지 않는가. 남편보다 교회 일에 더 많은 관심을 두고 살아가는 아내에 대해 남편이 잔소리라도 하면, 그녀는 마치 남편이 하나님보다 그를 더 경배하라고 요구한다고 느낄 수도 있다. 그러나 그럼에도 불구하고 대가는 반드시 치러져야 한다. 실상을 파악한 것만으로도 이미 절반은 승리했다. 나머지 절반의 승리는 단호한 결심을 가지고 이 문제를 위해 끝까지 기도하는 자의 몫이 될 것이다.

영적 간음과 우상숭배는 유사하다. 양자 사이에는 한 가지 차이점만 존재한다. 우상숭배란 하나님의 자리에 사람이나 사물을 놓고 그것을 경배하는 것이다. 간음이란 배우자의 자리에 하나님이나 사람이나 사물을 놓고 그것을 사랑하는 것이다. 사람이든 사물이든 우리 자신을 주어버린 대상을 우상화할 때, 영적 간음과 우상숭배는 하나로 융합된다. 대체로 간음이 우상숭배로 바뀌는 데는 그리 오랜 시간이 걸리지 않는다. 어떤 의미로 간음은 애초부터 우상숭배였다. 하나님이 우리에게 주신 것 이외에 더 소중하게 여겨지는 대상은 무엇이든 이미 우상이다. 우상숭배는 피할 길이 없다. 인간이 범하는 가장 근본적인 죄(sin)가 바로 우상숭배이다.

모든 우상숭배의 이면에는 가장 사악한 요소가 자리하고 있다. 이는 모든 인간의 핵심(core)에 놓여있는 것으로서, 바로 '자기(self)' 라는 왕국이다. 이 왕국에서는 자기(self)가 온갖 숨은 동기들을 다스린다. 예수님을 왕좌(throne)의 주인으로 내어드렸을지 모르나, 여전히 자기(self)가 주님의 왕좌 뒤에서 권력을 휘두르기를 좋아한다.

인간의 핵심(core)에는 너무나 악한 나머지 죽음에 처하지 않고서는 치유될 수 없는 무엇(something)이 있다. 우리의 영(spirit) 안에 존재하는 이 무엇은 하나님같이 되려고 한다. 우리 안의 이 통제본부는 너무나 사악하여 우리의 하나님께 대한 복종, 예배, 이웃 사랑 등의 모든 행위들을 역할 연기(role-play)하도록 내버려둠으로 그 사악한 정체가 탐지되지 않는다. 하물며 죽음에 처해본 적은 더욱 없다. 상담을 받으며 주 안에서 성장해가는 과정은 마치 양파 껍질을 벗기는 것과도 같다. 이는 선한 마음을 발견해내기 위함이 아니다. 한 꺼풀 한 꺼풀씩 벗겨나가는 것은, 반항심으로 으르렁거리며 한 번도 굴복해본 일도 복종해본 일도 없는 부패한 마음을 파헤치는 과정이다.

이제까지 폴라와 나는 '순례자의 과정(pilgrim's progress)'을 거치며 점점 더 성화되어가는 것처럼 보였던 형제들의 경우를 무수히 많이 접해 왔다. 우리가 알기로, 당사자만 준비되면, 주님이 언젠가는 그에게서 마지막 허위의 덮개를 벗겨내시고 선함이란 조금도 찾아볼 수 없는 악 그 자체를 밝히 드러내 보이실 날이 온다! 그때는 엄청난 위험의 순간이다. 주님도 우리에게 옳은 선택을 억지로 강요하실 수는 없다. 그때에는 생명의 길과 죽음의 길이 현격한 대조를 이루며 우리 앞에 놓일 것이다. 우리는 반드시 한쪽을 선택해야 한다. 선택을 좌우하는 것은 꾸밈없고 단순한 신뢰(trust)이다. 그 순간 죄인은 다음과 같이 말하려 할지 모른다. "예, 주님. 언젠가는 알게 되겠죠. 언젠가는 소유하게 되겠죠. 현재의 저는 전적으로 타락한 모습인데다 속수무책인걸요." 이런 상황에서 자신의 전적인 타락을 신학적으로 고백하는 것은 거의 도움이 되지 않는다. 본래 건전했던 형제들이 전적으로 체험적인 고백을 해야 할 상황에 직면해서는 공포에 휩싸여 달아나는 모습을 한두 번 목격한 것이 아니다. 참으로 놀랄만한 사실이 있다. 그리스도인이 된지 이미 여러 해가 지났음에도 불구하고, 여전히 우리는 지극히 미미한 의 혹은 지극히 사소한 통제권을 놓치지 않으려고 무던히 애를 쓴다! 마치 이것들에 구원이 있기라도 한 것처럼 말이다!

　더럽힘(defilement)에 관한 내용을 다룬 부분(제 8장)에 소개된 한 친구 목사와 그의 아내, 폴라와 나, 그리고 한 장로 부부는 모두 어느 소규모 지원 그룹의 일원들이었다. 어느 날 우리는 그 장로의 사택 발코니에 앉아 따스한 햇살을 받고 있었다. 주님은 이미 지난 몇 주간에 걸쳐 그 목사의 마음(heart)속에서 작업을 해오고 계셨다. 주님은 단계별로 조금씩 그의 내면의 동굴 안에 가득 찬 오물과 거짓을 드러내는 중이셨다. 이제 온유한 우리 주님은 주님이 사랑하시는 이 목사에게 더 깊이 다가오기를 원하셨다. 그 목사의 말이 아직도 내 귓가에 맴돈다. "내가 이 그룹에 들어와서 알게 된 일들을 별로 좋아하게 될 것 같지 않아요." 충분히 그럴 수 있었다. 당연히 그로서는 감당하기 벅찼을 것이다. 결국 그는 멀리 도망쳐 버렸고, 얼마 지나지 않아 더럽힘이라는 미혹에 걸려들고 말았다. 아직도 그는 완전하고 기쁨에 찬 신앙을 회복하지 못하고 있다.

　반면에, 이 순간에 이르러 웃는 얼굴로 안식에 들어가는 사람도 많이 있다. "글쎄요, 당신이 무얼 알고 있든 상관없어요. 제게는 더 이상 방어할 힘이 없어요. 저는 죄(sin)예요. 그러나 어쨌든 저는 사랑받고 있어요. 저는 예수님의 소유예요. 주님의 의가 제 것이 될 거예요. 제 것은 아무것도 없어요. 할렐루야!" 사도 바울은 이 순간에 예수님의 의를 선택한 사람이었다. "내 속 곧 내 육신에 선한 것이 거하지 아니하는 줄을 아노니"(롬 7:18). "너희는 하나님께로부터 나서 그리스도 예수 안에 있고 예수는 하나님께로서 나와서 우리에게 지혜와 의로움과 거룩함과 구원함이 되셨으니"(고전 1:30). 인간 내면의 심층(depths)에 존재하는 영의 이 부분은 예수 그리스도 안에서 계시되어질 때까지 사람의 일평생동안 근본적인 우상숭배를 위장하고 있다. 인간은 하나님이 되고 싶어 한다! 인간은 만유의 주로 높임을 받으신 예수님을 질투한다. 우리가 자기(self)의 왕국을 건설하기 위해 그토록 애쓰는 것도 바로 이런 이유 때문이다. 이런 사람은 다른 사람을 섬기면서 동시에 자기 의를 드러내는 비결을 익힌 사람이다. 누가 이보다 더 잘 하나님의 역할을 흉내 낼 수 있겠는가. 자기(self)를 우상숭배 하는 사람이 하나님을 위해 한 일은 결국 모두 자기(self)를 과장하고 자기(self)를 영화롭게 한 것에 불과하다. 아무리 말로는 수없이 하나님께 모든 영광을 돌리겠다고 할지라도 말이다. 주님께 영광을 돌리고 싶은 마음이 별로 없다는 바로 그 이유 때문에 주님께 영광을 돌리겠다고 말한다면 오히려 진실하다. 자기(self)를 우상화하는 것이란, 형제의 성공에 대해 겉으로는 미소 지으며 즐거워하지만 속으로는 질투심에 이를 가는 모습, 반면에 형제의 실패에 대해 은근히 '불의를 기뻐하는' (고전 13:6) 모습이다. 우리는 부지불식간에 다른 모든 이들을 깔아뭉개고 자기(self)를 높이 들어올린다!

마음의 차원에서 볼 때 우리는 모두 '때까치(shrikes)' 이다. 자기자랑(self-vaunting)은 모든 이의 마음속에 숨어있는 지배적인 태도이다. 인간의 본성에 심겨져 있는 우상숭배의 죄악을 볼 수만 있다면, 온갖 거짓의 그물망의 한복판에 우상숭배가 어떻게 자리하고 있는가를 제대로 볼 수만 있다면, 우리는 안식에 들어가게 된다. 우리가 기꺼이 우상숭배를 버리고 예수님을 초청하기만 한다면 말이다.

모든 이가 옳은 선택을 하는 것은 아니다. "그 정죄는 이것이니 곧 빛이 세상에 왔으되 사람들이 자기 행위가 악하므로 빛보다 어두움을 더 사랑한 것이니라"(요 3:19). 이 말씀에서 행위(deeds)란 무엇을 말하는가? 역으로 살펴보자. "저희가 묻되 우리가 어떻게 하여야 하나님의 일[행위]을 하오리이까 예수께서 대답하여 가라사대 하나님의 보내신 자를 믿는 것이 하나님의 일이니라 하시니"(요 6:28-29). 실제로 부활하신 예수님이 현재 나와 함께 하시면서 앞으로 나의 삶을 지탱해주실 주님임을 믿지 못하는 불신이야말로 근본적으로 가장 악한 행위이다. 이러한 악행을 버릴 때 주님이 우리의 삶을 차지하신다. 우리가 이제까지 상담한 수많은 형제들이 결정적으로 마음 깊은 곳에서는 예수님을 부활하신 주님으로 알지도 믿지도 못하고 있었다. 물론 이들도 교회 안에서는 주님의 말씀에 따라 주님을 위해 살아가고 주일마다 부활하신 주님을 찬양했다! 악한 행위란 자기 자신의 뜻에 따라 살아가는 것이며, 통제본부에 집착하는 것이고, 불신으로 말미암아 육체를 따라 사는 것이다. 이것이 바로 자기(self)를 경배하는 우상숭배이다.

선택은 우리에게 달려있다. "한 사람이 두 주인을 섬기지 못할 것이니 혹 이를 미워하며 저를 사랑하거나 혹 이를 중히 여기며 저를 경히 여김이라 너희가 하나님과 재물(mammon)을 겸하여 섬기지 못하느니라"(마 6:24). 마태복음 6장의 맥락에서 '맘몬'이란 세상적인 재물의 신을 뜻한다. 이 성경구절을 통해 다음과 같은 질문을 제기해볼 수 있다. "우리 영(spirit)의 주인은 누구인가? 자기(self)인가, 예수 그리스도인가?" 수년간의 상담경험을 비추어 볼 때, 아마도 이 대목을 읽는 사람들 대부분은 나의 말이 무슨 뜻인지 알겠다는 양 고개를 끄덕이고 있을지 모르겠다. 자신도 이제껏 이러한 죽음과 거듭남을 통과해 왔다고 생각하면서 말이다. 그러나 이 과정을 통과한 사람은 거의 없다. 수많은 단계가 존재할 뿐, 최후에 모든 것이 드러나고 죽음을 맞게 되기 전까지는, 마치 무수히 연습을 반복하고 있는 것과도 같다. 어떻게든 끝까지 살아남아서 이 과정을 통과해내야 하기에.

15년 전에 나의 상담을 받았던 한 여성이 '엘리야의 집'에 속한 다른 상담자와 상담을 해오고 있었다. 이미 몇 년 전에 이 과정을 처절하게 통과한 경험이 있던 그 상담자는 그 과정의 진행경로를 잘 알고 있었다. 그는 한 주 한 주 시간이 갈수록 그녀의 때가 점점 가까워오고 있다는 것을 지켜보고 있었다. 그녀는 그에게 한 가지 약속을 했다. "이번에는 절대 노망치시 않을 거예요!" 마침내 날이 이르러 주님의 임재가 그녀 위에 임했다. 그녀는 완전한 계시의 순간으로 돌파해 들어가서는 이렇게 외쳤다. "오, 플레츠(Fletch)! 이제야 알겠어요! 저는 마치 '검은과부거미(black widow spider)'처럼 남편과 아이들 그리고 내 주변 모든 이들의 의를 빨아먹으며 살아왔어요!" 플레츠는 몸을 앞으로 구부리며 부드럽게 말했다. "돌로레스(가명), 마침내 진정한 자신을 찾으셨군요!" 그녀는 이제까지 실제로 완벽한 '때까치'였다(제 9장을 참조하라). 그녀의 진단은 정확했다. 하나님은 이제까지 그녀의 삶을 지배해온 자기(self)의 핵심(core)이 어떠한가를 보여주셨던 것이다.

플레츠는 주 안에서 기뻐하면서 상담 과정을 마무리했다. "마침내 그녀는 자기의 실상을 보았고 자신의 죄와 직면했습니다. 주님, 이제 그녀는 집으로 돌아온 겁니다. 감사합니다, 주님!" 그는 다음번에는 그녀가 편안한 모습으로 미소 지으며 다시 올 것이라 기대했다. 그러나 자기(self)의 왕국은 그렇게 호락호락 왕좌를 내어주지 않았다. 그녀는 계속해서 그에 대한 욕을 하면서 그가 그녀를 '검은과부거미'라 불렀다며 비난했다! 그녀가 다시 온 것은 단지 비난을 퍼붓기 위해서였다! 당시 플레츠와 함께 팀으로 상담을 맡았던 베티(Betty)의 조언도 전혀 먹혀들지 않았다. "돌로레스! 플레츠는 그 말을 당신에게 하지 않았어요. 그 말을 한 것은 바로 당신이었어요!" 그러나 돌로레스는 이를 들으려 하지 않았다. 그녀의 마음 문은 닫혀 있었다. 그녀에게 약간이라도 의가 남아있었더라면 얼마나 좋았을까. 그녀의 때가 왔지만 그녀는 하나님의 은혜를 단순히 믿음으로 받아들이지 못했다. 현재 그녀는 자신이 세운 자기(self)의 왕국이 듣고 싶어 하는 말만 해줄 또 다른 상담자를 찾아 달아나버렸다.

친구들이여, 우리가 이 글을 쓰는 목적은 훈계를 위함이다. "그러므로 하나님의 능하신 손 아래서 겸손하라 때가 되면 너희를 높이시리라"(벧전5:6). 거듭 말하거니와, 겸손하라. 피하지 말라. 단호한 결심을 가지고 죄를 직면하고 모든 과정을 통과하라. 당신이 잃을 것이 있다면 오직 당신의 악뿐이다. 하나님의 왕국(kingdom of God)의 풍성함을 누리지 못하도록 가로막는 온갖 것들의 본부이자, 가장 심층부에 자리하고 있는 핵심(core)이 바로 '자기(self)' 요, 우상숭배이다! 회심의 경험 후 수십 년이 지나도 여전히 우리의 영(our spirit)은 우리 안에서 하나님께서 차지하셔야 할 보좌(God's throne)에 앉아 주인노릇을 하고 있다! 우리 모두 그리스도 예수 안에서 하나님이 위에서 부르신 부름의 상을 위하여 달려가자(빌 3:14).

주님께서 우리를 죽음에 이르도록 해주시기 전까지 우리는 실제로 죽을 수 없다. 그러므로 "너희 섬길 자를 오늘날 택하라 오직 나와 내 집은 여호와를 섬기겠노라"(수 24:15).

4부.
외부적 요인들로 인한 영의 상처

Things Which Impinge Upon
and Wound Our Sprits

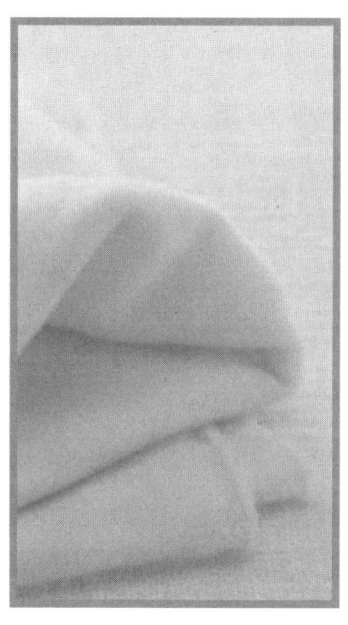

Chapter 13. 세대적인 죄

Generational Sin)

그것들에게 절하지 말며 그것들을 섬기지 말라 나 여호와 너의 하나님
은 질투하는 하나님인즉 나를 미워하는 자의 죄를 갚되 아비로부터 아
들에게로 삼 사대까지 이르게 하거니와 나를 사랑하고 내 계명을 지키
는 자에게는 천대까지 은혜를 베푸느니라 (신 5:9-10)

간혹 상담자들은 내담자가 지은 온갖 사적인 죄를 추적하느라 진이 다 빠져버릴 정도가 된 후에도, 내담자의 삶과 가족은 여전히 심각한 고통 속에 처해있는 경우를 만나곤 한다. 이러한 비극의 원인이 미처 발견되지 않은 개인적인 죄에 있다고 보기에는 미심쩍은 부분이 있다. 해답은 다음과 같다. 때로 우리가 겪는 문제는 개인적 죄책감이나 죄성의 테두리를 벗어난 영역에 뿌리를 두고 있을 수도 있다. 죄와 죄의 영향력이 가

계를 통해 대물림되어 내려간다. 이것을 '세대적인 죄(generational sin)'라고 한다.

세대적인 죄와 그 죄의 영향력이 대물림되는 방식은 세 가지이다. 첫째, 유전자를 통해 죄에 대한 성향(tendency)을 물려받는다. 신체적인 유전을 통해 우리에게 대물림되어 내려오는 것들은 상상외로 훨씬 많다. 한 이탈리아 여성 내담자가 그녀의 주치의로부터 들은 말을 나에게 해주었다. 그녀의 혈통에는 좀처럼 낫기 어려운 변종 우울증이 흐르고 있으므로 딸에게 다른 이탈리아인과의 데이트를 절대 허용하지 말라고 충고해 주었다고 한다. 흑인들은 오랜 세월 동안 겸상적혈구 빈혈증(sickle-cell anemia)에 시달려왔다. 의사들은 의례적으로 당뇨병 환자들에게 혹시 가족 중 당뇨병이나 혈액관련 질병을 앓고 있는 사람은 없는지를 묻는다. 일반적으로 심장 질환, 척추 질환, 폐병 성향, 알레르기 등은 신체적인 연약함 또는 성향의 형태로 후손에게 대물림되어 내려간다. 욥기 17장 5절에 다음과 같은 말씀이 있다. "친구를 지적하여 해를 받게 한 자의 자식들은 눈이 멀찌니라." 그렇다고 해서 안경을 낀 사람들은 모두 그릇된 이득을 얻기 위해 친구를 모함한 조상을 둔 자들이라고 생각해서는 안 된다! 그러나 이 성경 구절은 우리에게 조상이 지은 죄의 직접적인 결과로 특정 질병이 후손에게 내려간다는 사실을 분명하게 말해준다. 안과 계통의 질환을 가진 이들 중 어떤 이는 실제로 정직하지 못한 조상의 후예일 수도 있다. 이러한 사실은 도끼를 나무뿌리에 놓으려는 상담자들에게는 단서가 된다.

대물림되는 것은 비단 신체적 질병만이 아니다. 성격과 행동 성향 역시 대물림된다. 어린 시절 나(존)는 건망증이 심한 몽상가였다. 무엇을 가져오라는 심부름을 받고 2층에 갔다가는, 무엇을 가지러 왔는지, 심지어 심부름 왔다는 사실마저 잊어버리기 일쑤였다! 잠시 후 식구들은 내가 가져왔어야 할 물건을 가져오기 위해, 그리고 나를 데려오기 위해, 또 다른 누군가를 보내야만 했다. 18세 무렵 나는 이런 습성에서 어느 정도 벗어났다. 그런데 내 아들 마크가 나와 똑같은 행동을 드러내고 있었다. 마크는 학교에 가는 도중 백일몽에 빠져들 때가 많았다. 포장이 안 된 좁은 길을 따라 걸으며 깡통이나 나뭇잎을 걷어차느라 여념이 없었다. 점심때쯤 학교 사무실에서 전화가 걸려왔다. "오늘 마크가 안보이네요? 어디 아픈 건가요?" 폴라는 학교로 가는 길 어귀에서 마크를 찾아내곤 했다. 마크는 전혀 현실을 잊고 있는 듯 했다. 아침에 우연히 마크의 방 옆을 지나노라면 그가 양말 한 짝을 잡아당기고 있는 모습을 보게 될 때가 있다. 아마도 30분 후에 다시 가보아도 마크는 방금 전과 똑같은 행동을 하고 있을지 모른다. 마크는 공상세계에 빠져있는 긴장병 환자였다! 그는 아버지인 내가 그렇게 행동하는 것을 한 번도 본 적이 없었다. 그런 행동에 관해 이야기조차 해준 일이 없다. 마크의 행동은 과연 어디에서 말미암았을까? 정답은 물론 유전자이다.

 12살 경 나는 양치질하기를 좋아했다. 식사 후 혹은 간식을 먹고 나서도 곧장 화장실로 달려가 이를 닦았다. 가족들이 모두 차에 올라타 시동을 걸고 있는 동안 누군가가 이렇게 묻곤 했다. "재키(나의 애칭)는 어디 있지?" 이에 대한 답변도 언제나 동일했다. 화가 난 투로, "화장실에서 양치질하고 있을걸!"이라고 말이다. 21살에 결혼한 나는 이미 오래 전에 이 습관을 까마득히 잊고 있었다. 입 밖에 내본 기억도 없다. 그러나 마크는 정확히 열두 살에 나와 똑같은 습성을 나타내기 시작했다. 심지어 어디서 무언가를 먹게 될 경우를 대비하여 치약과 칫솔을 주머니에 넣고 다니기까지 했다!

조니는 폴라의 고집스러움을 닮았고 애미는 나의 신비주의적인 성품을 닮았다. 특이한 습성이 다름 아닌 유전인자를 통해 전달될 수 있다는 사실에 놀라지 않을 가족이 있겠는가?

출생 시 헤어져서 각각 서로 다른 문화적 배경을 가진 가정에서 양육된 형제자매들이, 나중에 만나고 보니 기호나 재능이나 약점이나 버릇이나 습관들이 유사하다는 사실이 밝혀졌다. 이와 같은 현상의 원인은 신체적 유전 외에 달리 설명할 길이 없다.

후손(loins)에 관련한 신비(mystery)는 우리의 이성적 이해를 훨씬 초월한다. "또한 십분의 일을 받는 레위도 아브라함으로 말미암아 십분의 일을 바쳤다고 할 수 있나니 이는 멜기세덱이 아브라함을 만날 때에 레위는 아직 자기 조상의 허리 안에 있었음이라(And, so to speak, through Abraham even Levi, who received tithes, paid tithes, for he was still in the loins of his father, when Melchizedek met him)"(히 7:9-10). 레위는 십일조를 바침으로써 아브라함의 일에 능동적으로 동참하였다. 성령께서 바울을 통해 이러한 사실을 계시하셨다는 것은 참으로 놀랍다. 더욱 놀라운 것은 성령께서는 레위가 아직 '자기 조상의 허리 안에 있었다'고 말씀하신다는 점이다. 이는 레위의 아버지가 아브라함이 아니라 야곱임을 알고 있는 우리에게는 도무지 이해하기 힘든 부분이다. 야곱의 아버지는 이삭이었고, 이삭의 아버지가 아브라함이었다. 레위가 실제로는 증조할아버지의 허리 안에 있으면서 십일조를 바치는 일에 적극 동참하였다는 사실을 말하기 위해, 바울은 '아버지'라는 시적인 표현을 사용하였다! 누가 감히 이런 신비를 이해할 수 있겠는가?

나의 가족사에 대해 나누고자 한다. 나는 미주리 주와 캔자스 주에서 자라났다. 이 지역들은 인종적 편견이 무척 심한 곳이었다. 어딜 가든 '깜둥이유머(nigger jokes)'를 흔히 들을 수 있었다. 흑인들은 가정부와 하인 이외에 달리 일할 데가 없었다! 평범한 아이였던 나는 다른 사람들과 똑같이 행동하고 싶었다. 남들처럼 죄를 지었다. 남들처럼 편견을 가지려고 애를 썼다. 그러나 결국 나는 그러지 못했다. 이유는 잘 몰랐으나 아무튼 나는 흑인들을 사랑했다. 내가 보기에 흑인들은 무척 아름다운 사람들이었다. 나는 그들에게 가까이 가고 싶었다. 이런 마음은 예나 지금이나 조금도 변함이 없다. 사람들이 '깜둥이유머'를 말할 때마다 나는 깊은 상처를 받았다. 그 이유가 무엇인지는 조금도 알지 못한 채.

폴라와 나는 시카고의 신학교를 다니는 동안 일을 겸했다. 나는 밤에는 택시를 운전했고 낮에는 학교에 다녔다. 내가 일을 시작하기 얼마 전 몇 명의 백인 운전수들이 흑인 강도들에게 당하는 사건이 일어났다. 이 사건으로 한 명이 목숨을 잃기도 했다. 모두들 겁에 질려있었다. 법 규정상 택시운전수는 승객이 원하는 곳에서 요금을 받도록 되어 있었다. 운전수들은 승객이 흑인 거주 지역에 가자고만 하면 문을 잠그고 창문을 올리고 빈차 표시('승객 없음')를 단 채 그곳을 빠져나왔다. 심지어 정지신호에서도 멈추지 않았다. 수요와 공급의 법칙으로 볼 때 이는 상대적으로 흑인구역에 돈벌이 가능성이 많음을 의미했다. 자연히 나는 택시를 끌고 흑인구역 쪽으로 갔다. 주변의 운전수들은 나에게 흑인 손님 때문에 골탕 먹은 이야기만 들려주었다. 그러나 나에게는 그런 일은 한 번도 일어나지 않았다! 우리는 즐겁게 이야기하며 수다를 떨었다. 다른 운전수들은 늘 흑인들이 '짜다' 고 불평했다(팁을 주지 않는다는 뜻. 택시운전수들은 생계를 팁에 의존한다). 그러나 흑인들은 다른 사람과 똑같이 나에게도 너그럽게 팁을 주곤 했다.

언젠가 우리 차고에 속한 동료 운전자들이 강도를 만난 일이 있었다. 한 동료는 택시 정류장도 없는 외곽 지역에서 몽둥이로 흠씬 두들겨 맞았다. 게다가 강도들은 목에 총을 겨눈 채 그에게 거칠게 말했다. "돈 내놔! 이 친구, 좋은 셔츠를 입었군. 이리 내놔! 바지도 좋은걸." 결국 나의 동료는 새벽 두 시, 영하의 추운 날씨 속에서 맨발에 셔츠만 입은 채 도둑이 자기의 택시를 몰고 유유히 사라져가는 것을 지켜보고만 있어야 했다!

당시 나는 무모하고 모험심도 많은 괴짜였다. 딱 한번만이라도 그런 경험을 좀 해보고 싶었다! 그러나 나에게는 그런 일도 일어나지 않았다! 내 차에 탄 흑인 승객들은 한결같이 사려 깊고 친절하고 나를 보호해 주는 사람들이었다. 한번은 쇄골 부근의 어깨에 총탄 구멍이 관통한 상처를 입은 승객이 탄 적이 있었다. 그가 원한 것은 다만 한시라도 빨리 의사에게 데려가 주는 일이었다! 어느 날 밤 경찰이 내 차를 길가에 멈춰 세웠다. 내 차에 타고 있던 큰 체구의 흑인 승객을 차체에 세차게 몰아붙이고는 몸을 수색하기 시작했다. 그에게서 검은색의 커다란 권총이 발견되었다. 그러나 그는 근무지로 향하던 야간 순찰대원임이 밝혀졌다.

나는 참 운이 좋은 듯했다. 시비를 걸어오는 사람조차 없었다. 당시 나는 신앙에 대해서는 거의 무지했다. 다만 하나님이 흑인 승객들을 통해 나를 보호해주고 계신다는 사실만은 잘 알고 있었다. 그들과 함께 지내는 시간은 아주 근사했다. 나는 차고에 속한 다른 동료들과 나의 경우가 이토록 다른 이유가 무엇인지 전혀 알지 못했다.

거듭남을 경험하고 성령 충만해진 후, 나의 관심은 특히 흑인사역 쪽으로 끌렸다. 이브 카터 스펜서(Ev Carter-Spencer) 목사는 폴라와 나의 영적인 딸이 되었다.

그 무렵 우리는 아버지와 함께 살게 되었다. 나의 아버지는 제 1차 세계대전 당시 해병대원으로 병역한 일이 있었다. 아버지는 이 사실을 너무도 혐오하고 계셨기에 이제까지 한 번도 전쟁 경험담을 나눠주신 적이 없었다. 드디어 어느 날 밤 아버지는 침묵을 깨고 이야기를 꺼내셨다. 18세의 미성숙한 청년이었던 아버지에게 주어진 임무는, 조플린 시내로부터 떨어진 곳에서 최후의 명예로운 복무를 위해 전방으로 후송되는 거친 죄수들을 감시하는 일이었다. 프랑스에 도착하자 대위는 전 중대원들에게 명령했다. 이름이 불린 자는 앞으로 나오라고 말이다. 그때 오직 아버지의 이름만 불리지 않았다. 보초 근무로 인해 아버지만 제외되었고, 이로 인해 점호 장교가 아버지를 깜박 잊어버린 것이 분명했다. 아버지는 장교를 찾아가 물었다. 그는 이렇게 대답했다. "자네에게는 내릴 명령이 없다네. 명령이 하달될 때까지 여기서 기다리는 것이 좋겠네." 대위는 중대를 행진시켜 나가버렸고, 아버지는 전시중인 외국의 부둣가에 홀로 남겨진 채 떨고 있어야 했다!

주변을 살펴보던 아버지는 하역인부로 복역하고 있는 2개 중대를 발견했다. 하나는 주로 뉴욕 거리 출신으로 구성된 백인 중대였다. 대부분이 갱 단원이었던 그들은 여전히 사소한 일에도 쉽게 칼싸움을 벌였다. 다른 하나는 흑인 중대였는데 이들은 일하면서도 노래를 읊조렸다. 흑인 중대원들은 아버지를 불러들여 먹여주고 재워주고 보호해 주었다. 이후에 점호장교가 아버지를 기억하여 전방으로 호송하기 전까지 내내 말이다.

아버지의 이야기를 듣는 동안 내 영은 마구 설레었다! 왜 내가 늘 흑인들에 대해 고마워하는 마음을 품고 있었는지, 왜 내가 흑인들의 노래를 그토록 사랑했는지, 이제야 알 것 같았다! 여기에 바로 신비가 있다. 레위와 같이 나도 아버지의 허리 안에 있었는가? 어떤 방식으로든 나도 아버지의 일에 동참하고 있었는가? 아직도 나는 정답을 모른다. 단지 마음으로만 느끼고 있을 뿐이다. 흑인들이 아니었다면 현재 나의 존재는 불가능했을지 모른다는 사실을 내 영이 이미 알고 있었던 것일까?! 아버지가 흑인들의 돌봄을 받았듯, 나 역시 흑인들의 도움을 받게 되리라는 무의식적인 기대가 내 안에 형성되어 있었을까? 분명한 것은, 대물림과 신비는 우리의 이해 범주를 훨씬 능가한다는 사실이다.

내가 자라난 곳은 개신교가 강세를 이루었다. 반 로마가톨릭 정서가 보편화되어 있는 곳이기도 했다. 가톨릭은 전 세계에 대한 지배권을 장악하려고 했다! 가톨릭교회들의 지하실에는 총이 있었고, 교황은 세력을 장악한 곳이면 어디에서든 개신교도들을 핍박했다! 역사적으로 내가 속한 교단(회중교회)이 1834년이 되도록 매사추세츠에서 회중 교인들의 투표권을 인정하지 않았다는 것에 대해서는 괘념치 마시기 바란다. 로마가톨릭 관할인 메릴랜드 주(마리아의 이름에서 유래함)에서는 누구나 종교의 자유와 투표권을 누렸다! 편견에 찬 사람은 이렇게 말할지 모르겠다. "내 생각은 너무나 단호해. 사실을 들이대며 나를 혼란스럽게 만들지 말아줘." 다른 이들과 마찬가지로 죄성을 가진 인간인 나로서도 반 로마가톨릭에 관한 이야기를 나누고 싶었다. 그러나 거듭 말하거니와 나는 그러지 못했다. 증오와 편견에 물든 이야기를 듣고 싶지 않았다. 내 안에는 로마가톨릭교회에 대한 존경심이 솟아나고 있었다. 도대체 '왜' 였을까?

나는 의아스러웠다.

성령세례를 받고 난 후 나는 로마가톨릭과 어울려 사역하는 것을 무척 좋아했다. 청년 시절에 딱 한번 크리스마스 전야의 미사에 참석한 적이 있었다. 본당은 사람들로 가득 차 있었기에 나는 본당 앞 넓은 홀에 서 있었다. 그곳에서 나는 긴 회중석을 내려다보며 뭔가 알아들을 수 없는 라틴어를 읊조리는 한 남성을 응시하고 있었다. 내 뒤에 있던 남자는 몹시 도취되어 있었고, 나 역시 그 기운에 취해 있었다. 참으로 놀라운 것은, 내가 가톨릭 미사에 참석할 때마다 예배 가운데 내 영(spirit)은 높이 날아오르며 노래를 불렀다. "집에 돌아왔네. 집에 돌아왔어. 이렇게 좋을 수가." 나는 흥분하여 어찌할 줄을 몰랐다. 도대체 무슨 이유로 이런 친밀감이 느껴지는지 이해할 수가 없었다. 지금도 나는 다양한 예배 형식 가운데 가톨릭의 카리스마적인 미사를 제일 좋아한다. 과연 왜일까?! 개신교도인 나로서는 전혀 예상치 못한 일이었다.

그 무렵 내가 섬기던 교회의 장로들이 나에게 말했다. "존 목사님, 목사님은 너무 지치셨습니다. 앞으로 치유에 대해 강의하러 가실 때에는 반드시 보호와 지원을 위한 팀을 함께 데리고 가도록 하십시오." 나는 오하이오 주의 티핀(Tiffin)에 있는 크리스천 캠프에 가기로 되어 있었다. 그러나 나와 동행해줄 만큼 여유로운 사람을 찾지 못하고 있었다. 결국 우리 딸 애미(Ami)와 가톨릭의 한 평신도 여성이 함께 가기로 했다. 나를 도와 상담을 맡게 된 그녀로서는 개신교 집회에서는 처음으로 자신의 사역 능력을 발휘해볼 기회이기도 했다. 그녀가 바로 바바라 슐레몬(Barbara Shlemon)이다. 그녀는 현재 가톨릭에서 은사운동을 이끄는 지도자 중의 한사람이며, 『치유기도(Healing Prayer)』의 저자이기도 하다.

우리가 티핀에 도착한 것은 캠프가 시작되기 반나절 전쯤이었다. 차를 타고 오던 중 무척 관심을 끄는 한 교회가 눈에 띄었고, 우리는 마을을 가로질러 도보로 그 교회에 찾아가보기로 했다. 애미와 캠프단장의 아들인 할 스펜스 주니어(Hal Spence Jr.)가 우리와 동행했다. 성 마리아 가톨릭교회의 본당에 들어가자 이전에는 한 번도 경험하지 못한 어떤 기름 부으심이 느껴졌다. 너무나도 충만하고 강력한 기름 부으심이었기에, 마치 내가 이러다가 변형되는 것은 아닌지, 이 상태로 계속 상승하다가 천장에 부딪혀 다치는 것은 아닌지, 하는 생각마저 들었다! 애미가 나를 쳐다보며 물었다. "아빠, 무슨 일이세요?" 나는 대답했다. "나도 잘 모르겠다."

우리는 앉아서 기도했다. 그때 주님은 바바라와 나, 그리고 지원팀인 애미와 할 스펜스를 이곳에 부르신 분이 바로 주님이었다고 알려주셨다. 주님은 한 가톨릭 평신도 여성과 한 개신교 사역자로 하여금 기억치유 및 로마가톨릭과 개신교의 화해를 위해 기도하게 하셨다. 우리는 1515년부터 현재에 이르는 역사를 일일이 훑어가며 기도하기 시작했다. 서로 회개하며 용서를 구했고, 온갖 증오, 전쟁, 편견, 혼동, 깨어지고 분열된 가정, 의혹, 경멸 등이 치유되도록 기도했다. 한 주간 내내 계속하여 우리는 그리스도의 보혈과 십자가를 적용하는 가운데 가능한 한 모든 역사를 떠올리며 합심하여 기도했다.

7월 23일에는 가톨릭 신자와 개신교도가 맺은 모든 결혼 예식을 치유하는 기도를 드렸다. 이렇게 결혼한 사람들은 각각이 속해있던 교회에서 쫓겨나기 일쑤였다. 가정치유를 위한 기도도 드렸다. 분열을 넘어 연합에 이르는 가정이 되도록 기도했다. 마침 그날은 내 생일이어서 나의 어머니가 축하 메시지를 전하기 위한 전화를 해주셨다. 나는 어머니에게 말씀드렸다. "엄마, 저는 지금 주님이 주신 사명의 일부를 감당하고 있어요." 곧이어 나와 바바라, 애미와 할이 무슨 일을 하고 있었는지 설명해드렸고, 그날은 양 교회에 속한 이들의 결혼을 치유하는 기도를 드렸다고도 말씀드렸다.

그러자 어머니는 다음과 같은 이야기를 해주셨다. "잭! 아마 넌 전혀 모르고 있었을 게다. 한 번도 네게 말한 적이 없었으니 말이다. 네가 속한 오세이지(Osage) 가문은 모두가 독실한 로마가톨릭 신자들이었단다. 매일 아침 미사를 드렸지. 네 외할머니, 그러니까 내 어머니는 젊은 시절 아주 열렬한 가톨릭 신자였다. 외할머니는 네 외할아버지 프랭크 포터(Frank Potter)와 결혼하면서 교회에서 쫓겨났단다. 왜 네가 이제껏 외할머니를 감리교도라고만 알고 있었는지 이제야 알겠니? 외할머니가 감리교도가 된 것은 결혼 직후부터였단다." 하나님의 섭리 가운데 나는 나의 생일에 사랑하는 외할머니의 치유를 위한 기도를 드렸다. 또한 얼마 전 가톨릭교회당 안에서 겪었던 정체를 알 수 없는 경험의 비밀이 바로 그날 풀렸다.

이제 또 다시 앞서 언급한 신비의 주제로 되돌아오자. 나 역시 어느 정도까지는 외할머니의 허리 안에 있었던 것일까? 어머니의 말씀을 이해하면서 내 영(spirit)은 마구 설레었다. 나는 유전자를 통해 단지 사랑과 존경만을 물려받은 것일까, 아니면 나 역시 외할머니의 허리 안에 있었던 것일까? 사람이 어떻게 모계와 부계 조상 모두의 허리 안에 동시에 있을 수 있을까?! 혹시 부계 조상의 허리 안에만 머물러 있는 것은 아닐까? 우리가 어느 정도는 모계와 부계 조상의 허리 안에 동시에 머물러 있다고 한다면, 만일 아버지와 어머니가 서로 만나지 못했더라면 어찌 되었을까?! 나중에 우리가 사랑하는 주님과 함께 앉게 된 순간에는 과연 어떤 신비가 풀려지게 될지. 그 때 우리는 주님께 여쭤보리라. "저건 왜 그래요?" "이건 왜죠?" 대물림의 신비는 분명 우리의 이해를 뛰어넘는다.

조상의 허리 안에 있었기 때문이든 혹은 대물림 때문이든, 내가 흑인과 로마가톨릭을 그토록 좋아했던 이유를 마침내 깨달았다. 내가 이런 이야기를 나누는 것은, 다른 이들도 자신이 상속한 유산과 관련하여 깨달음을 얻게 되기를, 혹은 적어도 신비에 관해 깊이 생각하는 계기가 되기를 바라는 마음에서이다. 우리는 가계를 통해 대물림되어 내려온 모든 축복에 대하여 감사와 찬양을 드릴 수밖에 없다.

그러나 안타까운 사실이 있다. 조상들이 우리에게 축복만 물려주는 것은 아니다. 우리는 축복을 비롯하여 우리에게 속한 모든 과거를 십자가 앞에 가지고 나와야 한다. 십자가를 통해 좋은 것은 걸러내고 해로운 것은 차단시켜야 한다.

죄(sin)가 대물림되는 두 번째 방법은 본보기(example)이다. 이점에 관해서는 이제까지 수많은 책과 테이프를 통해 가르쳐왔다. 자녀들은 부모의 말이 아니라 삶을 통해 배운다. 여기서는 더 이상 상세히 이야기하지 않겠다. 간단하게 언급하고 지나간다고 해서 결코 덜 중요하기 때문이 아니라는 것을 반드시 유념하시기 바란다. 부모와 함께 살아온 나날들로 인해 우리 자신과 자녀들과 후손들의 삶에 죄가 영속화되는 모습은 누구나 쉽게 이해하실 것이다. 은혜가 개입되지 않는 한, 에덴동산으로부터 주님이 다시 오시는 그날까지, 본보기는 우리의 삶에 그대로 기록된다. 땅이 저주로 고통당하지 않기 위하여 아버지의 마음이 자녀에게로, 자녀의 마음이 아버지에게로 향해야 하는 이유도 바로 여기에 있다.

죄(sin)와 죄의 영향력이 대물림되는 세 번째 방법은 심고 거두는 법칙이다. 영향력이 가장 크다고는 할 수 없지만 일반적으로 가장 쉽게 이해되고 있는 방식이다. 죄를 지은 즉시 결과를 얻는 경우는 드물다. 모든 죄의 씨앗은 반드시 30배, 60배, 100배로 증가되어 돌아오기 마련이다(막 4:8, 20) 아버지, 할아버지, 증조할아버지가 뿌린 씨앗을 자녀들이 거두는 일에 있어 가장 결정적인 요인으로 작용하는 것은 바로 시간이다. 물론 시간만이 유일한 요인은 아니다.

다윗이 죄를 범했기에 그의 아들이 죽었다(삼하 12:1-24). 요시아 왕이 여호와 앞에서 스스로 겸비했을 때 여선지자 훌다는 다음과 같은 말씀을 전해준다. "내가 너로 너의 열조에게 돌아가서 평안히 묘실로 들어가게 하리니 내가 이곳에 내리는 모든 재앙을 네가 눈으로 보지 못하리라" (왕하 22:20). 이 말씀이 의미하는 바가 무엇인가. 죄의 결과를 요시아 왕이 아니라 그의 자녀들이 거두게 된다는 말씀이다! 오히려 미덥지 않은 축복이다!

전혀 알지도 못하는 조상들의 죄 때문에 아직 태어나지도 않은 자손이 변개할 수 없는 법칙으로 고통을 겪는다는 것은 왠지 불공평해 보인다. 실제로 불공평한 일이다. 하나님은 공평하신 분이시나, 죄가 하나님의 영역에 들어온 이래 삶이 불공평해졌다. 태초부터 하나님은 그리스도의 십자가를 통해 하나님의 의를 재정립하시기 위해 일해 오셨다. 우리는 이전 세대의 수많은 사람들처럼 '불공평하다!' 고 외치며 괴로워하지만, 우리의 불의로 인해 주님은 훨씬 더 심한 고통을 겪으신다.

하나님은 죄가 세상에 들어오기 전에 이미 심고 거두는 법칙을 만드셨다. 주님의 의도는 축복을 증가시키는 데 있었다. 성령을 위하여 심는 자는(갈 6:8) 축복을 거두게 되어 있었다. 주님은 세상이 사랑 안에서 스스로 세워지기를 바라셨다(엡 4:16). 그러나 죄가 들어왔을 때도 심고 거둠의 법칙, 증가의 법칙은 어김없이 공정하게 작동되었고, 그로인해 파멸이 초래되었다. 원래는 축복을 위해 마련된 법칙으로 인해, 육체를 위하여 심는 자가 육체로부터 썩어진 것을 거두게 되었다!(갈 6:8)

하나님의 일차적인 뜻은 언제나 사랑이며 축복이다. 그러나 하나님의 선하신 뜻은 그야말로 공명정대한 법칙이기에, 하나님조차도 그 법칙의 테두리를 벗어나지는 않으신다. 무서운 법의 영향력을 십자가상의 속죄와 용서를 통해 예수 그리스도의 몫으로 내어드리는 자는 누구든 하나님의 도우심으로 비극을 피할 수 있다. 하나님도 하나님이 세우신 법칙에 철저히 순종하셨다. 사람이 회개치 않음으로써 하나님의 도움을 거부한다면, 세대적으로 대물림되어 내려가는 죄의 결과를 어쩔 수 없이 거두어야 한다. 이는 아직 태어나지도 않은 자에게는 불공평한 일인지도 모른다.

우리가 누리고 있는 온갖 물질적인 축복은 이를 위해 수고한 우리의 조상들에게서 물려받았다. 우리가 거두고 있는 모든 축복들은 참으로 과분할 정도이다. 포근한 옷을 만드는 조면기(繰綿機)나 직기(織機)는 누가 발명했는가? 중앙난방 장치나 에어컨은 누가 만들었는가? 인간의 목숨을 구하고 지구상의 수많은 질병을 박멸시킨 의료기술은 누가 발견해 냈는가? 연소기관이나 자동차를 직접 만들어 사용하는 사람이 있는가? 가스레인지와 전자레인지뿐 아니라, 식기세척기, 의복건조기, 탈수기, 토스터기, 전자오븐의 경우는 어떠한가? 물질적인 것 외에도 우리가 아무런 노력 없이 거두고 있는 것들은 얼마나 많은가? 교육, 황홀한 음악, 아름다운 예술작품, 건전한 코미디가 선사해주는 웃음, 소설, 영화 등. 우리가 현재 누리고 있는 온갖 좋은 것들은 사실 거저 주어졌다. 지금 이 순간 이 책을 통해 지식을 얻을 수 있게 해주는 출판사며 종이며 안락의자며 전구며 독서력마저 모두 거저 받았다!

조상들의 수고 덕분에 우리가 온갖 좋은 축복들을 누리는 것에 대해서는 공평하신 하나님이시지만, 조상들의 죄의 결과를 거두어들이는 것에 대해서는 불공평한 하나님이라고 어찌 말할 수 있겠는가?! 인간의 죄로 인해 하나님의 뜻이 무효화되고 후손들이 죄의 결과로 인해 뼈아픈 고통을 겪게 된다면, 이는 하나님의 잘못인가 아니면 인생 자체를 비난해야 하는가? 비난받아야 할 것은 바로 죄(sin)이다. 그 이전에 지은 죄도 비난해야 하고, 또 그 이전에 지은 죄도 비난해야 한다. 결국 가련한 아담 할아버지까지 거슬러 올라갈 수밖에 없다. 그리고 최후의 소급 대상은 바로 사단(Satan)이다! 바로 이 부분을 놓고 세대를 걸쳐 수많은 사람들이 논쟁을 벌여왔다. 하나님이 한 피조물이 지은 죄를 보상하시려고 하셨다! 우리의 죄로 인해 하나님 자신이 죽음의 고통을 겪으심으로, 죽음을 초래하는 사단의 일을 무효화하신다. 나사렛 예수 안에서 생명의 하나님은 축복을 회복시키신다. 죄로 인해 죽음을 수확할 수밖에 없던 바로 그 지점에서 말이다. 하나님은 공평 그 이상의 분이시다. 하나님은 측량할 수 없는 사랑으로 파멸과 죽음에 합당한 이 세상을 치유해 주신다. 철없는 자녀들은 삶이 공평해야 한다며 소리친다. 이 세상이 비록 불의와 속임이 가득하다 할지라도, 지혜로운 자들은 감사로 가득 찬 마음으로 기꺼이 주님을 찬양한다.

우리를 비롯한 다른 많은 크리스천 상담자들이 종종 만나는 상황이 있다. 개인적인 죄는 어느 정도 다 처리한 것 같은데 여전히 심한 곤경에 처해 있는 내담자의 경우이다. 이때 우리는 '세대적인 죄'의 가능성을 떠올린다.

우울증과 두려움에 빠진 한 아가씨가 우리를 찾아왔다. 문제의 원인은 세대적인 죄에 있었다. 그녀의 형제는 모두 열세 명으로, 9남 4녀였다. 개인적인 삶을 살펴볼 때에는 특별히 문제가 될 만한 점이 없었다. 성령께서는 그녀의 가족에 관해 물어보기를 원하셨다. 그녀의 남자형제는 모두 알코올중독자였고, 그 중 몇 명은 일찍이 비극적인 상황으로 사망하였다. 가장 어린 남자형제는 사단숭배자였다. 내담자를 제외한 여자형제는 모두 정신질환을 앓고 있었고, 그녀 역시 거의 정신질환자였다.

그녀의 가계에는 거절과 이혼의 흐름이 있었다. 가족 내 모든 남자들은 형편없이 망가져있거나 죽었거나, 둘 중의 하나였다. 가족들 중 유독 남성들에게 저주가 내려진 사례가 나올 때마다 우리는 이를 '아하수에로 같다(ahaseuritic)'고 말한다. 외경 토비트(Tobit)에 보면 라구엘(Raguel)의 딸이자 아하수에로(Ahaseurus) 왕의 아내인 사라(Sarah)와 결혼한 남자들이 밤마다 아스모데오(Asmodeus)라는 귀신에 의해 죽임을 당하는 이야기가 나온다(토비 3:7). (외경의 이야기를 사용하는 것은 어디까지나 사례를 들기 위해서다. 성서적 근거로 제시하고자 함은 결코 아니다. 우리는 외경을 언급하는 것에 전혀 거리낌이 없다. 개신교인들은 성경에 외경을 포함시키지는 않았으나 영감 있는 글로는 인정한다.)

나는 이 여성 내담자와 함께 가계를 위한 기도를 드렸다. 이에 관해서는 나중에 다시 말씀드리겠다. 그로부터 2년 후, 나는 콜로라도 회중교회의 빌 프레이(Bill Frey) 감독으로부터 교구의 은사 집회에서 말씀을 전해달라는 부탁을 받았다. 우리는 세대적인 죄에 관한 메시지를 전했다. 앞서 언급한 여성 내담자의 가계에 관하여 우회적으로 설명하면서 그녀를 위해 어떻게 기도해 주었는지를 간증하였다. 강의를 마친 후 한 여성이 우리를 찾아왔다. "혹시 제가 누구인지 아시겠어요?"

나는 대답했다. "잘 모르겠는데요."

"제가 바로 방금 전 목사님이 말씀하신 이야기의 주인공이랍니다." 나는 믿을 수가 없었다. 예전의 그 여성은 몹시 말랐고 수척한데다 얼굴은 창백했고 줄을 가른 머리를 하고 있었다. 그런데 지금 내 앞에는 혈색이 좋고 튼튼해 보이고 건강하고 생명력 넘치는 아름다운 여인이 서있었다! 그녀는 계속해서 이야기했다. 우리가 함께 기도한 후 그녀는 고난의 시절을 통과하는 가운데 하나님의 임재와 능력을 확증하면서 살아가는 법을 배워나가기 시작했다. 그 후 그녀의 형제자매들은 하나 둘 술 중독에서 빠져나와 주님께로 돌아왔다. 그녀는 큰소리로 말했다. "마치 팝콘 터지는 것을 지켜보고 있는 것 같았다니까요!"

이 놀라운 사건을 계기로 폴라와 나는 내담자들의 가족 배경을 빠짐없이 점검해보기 시작했다. 우리는 내담자들에게 이렇게 묻는다. "고모나 삼촌들은 없으셨나요? 몇 명이나 계셨죠? 나이순으로 가장 특징적인 사항들을 말씀해 주세요. 예를 들어, 건강, 결혼, 자녀, 장수, 비극, 이혼 등에 관해서요. 이제는 둘째 삼촌이나 고모에 대해 말씀해 주세요. 셋째는요?" 마지막으로 내담자의 조부모에 대해 질문을 한다. 부계 쪽에 관한 답변 내용을 자세히 메모한 뒤, 이제는 모계 쪽에 관해서도 동일한 질문을 던진다. 그 후 내담자의 형제자매에 관해 묻는다. 우리는 반복적으로 드러나는 형태의 축복과 저주의 흐름이 없는지를 살펴본다.

이혼이 압도적으로 많이 나타나는 사례도 있다. 총 다섯 번을 결혼한 어머니의 세 번째 결혼으로 출생한 남자가 있었다. 그의 어머니는 열두 형제 중의 한 명이었다. 그의 아버지의 형제도 모두 열둘이었다. 이 많은 친지들 중 한번만 결혼한 사람은 단 한 명도 없었다. 그들 중 대부분이 이혼과 결혼을 반복하였다! 이 남성 내담자 역시 세 번의 결혼에서 실패한 뒤 나를 찾아왔다. 어떤 가계에서는 특정 질병이나 유산, 혹은 조기 사망의 형태가 드러난다. 어떤 가계에서는 임신이 잘 안되거나, 남아 혹은 여아만 출생하는 형태로 나타난다. 아브라함이 기도했을 때 아비멜렉에 속한 모든 여성들의 태가 열렸다. 아비멜렉의 죄로 인해 하나님이 그들의 태를 모두 닫아놓으셨기 때문이다(창 20:18). 마약이나 알코올로 인해 세대적인 괴로움을 당하는 가계도 있다. 어떤 남성의 경우, 증조할아버지가 39세에 비극적인 죽음을 맞이했고, 그의 할아버지도 39세에 비극적으로 죽었으며, 그의 아버지도 39세에 비극적인 최후를 맞이했다. 이 남성 내담자는 현재 38세로서 시시각각 다가오는 죽음의 순간만을 헤아리고 있었다.

나의(존) 가계에 대해 말씀드리겠다. 부계 쪽을 볼 때, 나의 할아버지는 제재업자요 은행장이셨다. 그러나 할아버지는 경기 불황 시 한 친구를 재정적으로 도와주려다 결국 재산을 송두리째 날려버렸다. 나의 아버지는 종업원이 저지른 죄로 인해 고소를 당했다. 결국 무죄임이 밝혀졌지만, 가지고 있던 재산은 모두 소송비용과 수수료로 들어갔고, 사업은 부도났다. 나의 형 할(Hal)은 사업에 실패하여 빚더미 위에 올라앉았다. 이러한 일들은 과연 우연의 일치였을까? 어림도 없다! 우리는 아버지의 가계에 흐르는 비극의 형태를 십자가상에서 중단시켜 달라고 기도했다.

나의 모계의 경우, 오세이지 인디언 부족은 1869년과 1870년 사이 캔

자스 동부에서 오클라호마 북부지역으로 강제이주를 당했다. 이들을 인솔해간 것은 백인 병사들이었다. 백인 병사들은 오세이지 인디언 전사들이 얼마나 용감하게 부족의 여성들을 지켜주는지를 잘 알고 있었다. 그들은 오세이지 부족을 전멸시키기 위해 한 가지 꾀를 냈다. 부족의 몇몇 여자들을 강간하면 이에 자극받은 남성들이 싸움을 걸어올 것이라고 생각했다. 오세지족들은 비통함에 속이 부글부글 끓었지만 속수무책이었다. 이 일로 더러운 백인 남자들이 오세지 여인들을 유혹하려 했다는 쓴 뿌리 판단만 깊이 새겨졌다.

당시 오세이지 부족을 다스리던 평의회원들은 지혜롭고 기도하는 사람들이었다. 이들은 오세이지 부족을 오세이지 카운티(Osage County)에 정착시켰다. 한 가지 법규도 제정하였다. 할당지를 부여받은 모든 오세이지 인디언들은 자기소유의 땅 770에이커를 팔 수 있으나, 단 누구의 명의로 되어있는 토지이든 공중이나 지하에 있는 것은 모두 부족의 공동소유로 한다는 내용이었다. 오세이지 카운티에서 석유가 발견되면서 부족 전체가 갑자기 부유해졌다. 그러자 석유를 판매한 비용으로 사치스런 삶을 살 수 있을 것이라 여긴 더러운 백인들은 젊은 오세지족 여인들에게 구애하여 결혼까지 하였다. 이들 중 대부분이 알코올 중독자이었고 아내를 구타하는 이기적인 게으름뱅이들이었다. 어떤 이들은 자기 몫의 유산을 상속받으려고 아내를 살해한 혐의도 받았다. 이로 인해 오세이지 부족 안에는 다음과 같은 쓴 뿌리 판단과 기대가 깊게 심겨졌다. 사위가 되어 들어오는 남자들은 알코올 중독자이거나 게으름뱅이, 아내를 부양할 능력 혹은 의지가 없거나 폭력적이거나 아무짝에도 쓸모없는 사람들일 것이라고.

이 쓴 뿌리 판단과 기대가 오세이지 부족에 속한 다른 가계들에도 영향을 끼쳤는지, 끼쳤다면 어느 정도나 끼쳤는지 나는 잘 모른다. 다만 우리 가계에 있어서 이는 지독한 저주의 형태로 흐르고 있었다. 나의 아버지는 좋은 사람이었으나 끝내 이 저주의 형태에 굴복하였다. 내가 열 살 무렵 아버지는 완전히 술에 빠져 가족을 부양할 능력을 잃었다. 결혼 후 의료 전문가가 된 나의 숙부는 연봉이 3만 불이었다. 이는 오늘날로 환산하면 10만 불에 해당하는 액수였다. 그러나 숙부 역시 가족 부양을 포기하고 알코올중독자에 폭력을 휘두르는 사람으로 변했다. 결국 숙모는 숙부와 이혼했다. 나의 여자형제는 유일하게 한 명이다. 그녀의 남편 역시 아내에게는 친절했으나 여지없이 알코올중독자였다. 남편이 아내를 먹여 살리지 못하자, 아내가 몸소 돈을 벌어다 가족을 부양했다. 남편은 하는 일 없이 집에서 빈둥거리며 술을 마시다가 세상을 떴다. 이들에게는 딸 셋이 있었다. 이 세 조카들도 자신들의 아버지와 비슷한 남자를 만나 결혼했다가 모두 이혼했다. 열심히 기도해온 결과 이 중 두 명은 멋진 기독교인 남자를 만나 재혼했다. 숙모의 딸도 자신의 아버지와 똑같은 남자를 만나 결혼했다가 이혼했다. 내 딸 애미(Ami)도 결혼생활이 거의 파경에 이르렀다가, 상담과 기도로써 가까스로 남편을 되찾았다. 우리 가계에 속한 모든 여자들이 이러한 저주의 형태로부터 빠져나올 수 있었음은 전적으로 하나님의 은혜였다! 우리 가문에 흐르던 세대적인 죄의 영향력이 십자가상에서 이미 파쇄된 이상, 앞으로 올 세대들은 저주로부터 자유로워지리라.

우리가 경험한 바에 의하면 신비사술(occult)의 죄를 지었을 때 가장 파괴적인 저주의 형태가 빚어졌다. 세대적인 죄를 차단하기 위해 가계력을 살피는 과정에서 폴라와 나는 내담자에게 가족 중 신비사술에 관여한 자가 없는지를 반드시 묻는다. 신비사술의 죄에 대하여 율법은 다음과 같이 규정한다. "내가 진노하여 그를 그의 백성 중에서 끊으리니"(레 20:6) 율법이 효력을 발생하기 시작하면서 하나님의 축복은 중단된다. 이후의 세대들은 수없이 다양한 방식으로 끊어짐(cut off)을 당하기 시작한다. 어떤 가계에서는 남자의 대가 끊긴다. 물론 이름만은 여전히 계승된다. 그러나 아들이 태어나지 않거나 비극적인 죽음이나 이혼 등으로 인해 대가 이어지지 않는다. 어떤 가계에서는 세대를 거쳐 재정적인 비극이 되풀이된다. 신비사술의 죄로 인한 저주가 대물림되고 있음을 보여주는 뚜렷한 증거는 가계가 마치 저주받은 집안처럼 된다는 데 있다. 죽음이든 이혼이든 재정문제든 질병이든 사고든, 우연히 발생하는 사건들이 형태만 달리하여 나타나다보니, 사람들은 이면에 역사하는 동기에 대해서는 전혀 모를 수가 있다. 살다보면 우연히 발생하는 일들이 우리의 애를 태우는 경우는 종종 있다. 그러나 이들의 가계에서는 우연한 일들이 상호 연관적으로 지나치게 자주 발생하기 때문에, 아무리 객관적인 관찰자의 입장이라도 인정하지 않을 수 없게 된다. "이거 너무 심한 거 아냐? 우연의 일치라고 하기에는 좀 무리가 있는걸!" 이는 실제로 율법에 의해 돌이킬 수 없는 효력을 지닌 저주가 흐르고 있기 때문이다. '내가 그를 끊으리니.'

하나님 혹은 법을 믿는다고 해서 죄로 인한 해악의 대물림에서 자유로울 수는 없다. 우주의 법칙은 우리가 알든 모르든 믿든 믿지 않든 원하든 거부하든 상관없이 여전히 작용한다. 우리는 법에 대해 영향력을 행사할 수 없다. 오히려 법이 우리에 대해 영향력을 행사한다! 아비멜렉은 히브리인이 아니었다. 아브라함의 하나님을 믿고 있지도 않았다. 그러나 그는 법이 인간에게 영향을 미친다는 사실만은 알고 있었다. 이삭이 리브가를 가리켜 자기 누이라고 말한 사실에 대해 아비멜렉은 이렇게 외쳤다. "네가 어찌 우리에게 이렇게 행하였느냐 백성 중 하나가 네 아내와 동침하기 쉬웠을뻔 하였은즉 네가 죄를 우리에게 입혔으리라"(창 26:10). 아비멜렉은 법을 어길 때 어떤 재난이 닥쳐오는지 체험을 통해 알고 있었다. 이삭의 아버지 아브라함이 이미 그에게 동일한 일을 행했기 때문이었다. 아비멜렉은 사라가 아브라함의 아내인줄도 모른 채 취하였다. 그 날 밤 꿈에 하나님은 아비멜렉에게 나타나 말씀하셨다. "네가 취한 이 여인을 인하여 네가 죽으리니 그가 남의 아내임이니라"(창 20:3). 아비멜렉은 자신이 전혀 모르는 일이었다고 항변했다. 우리가 여기서 눈여겨볼 사항이 있다. 비록 이방나라의 왕이었지만 아비멜렉은 죄가 어떻게 한 사람의 관할 하에 있는 모든 사람에게 영향을 미칠 수 있는지를 잘 알고 있었다. 그는 울부짖었다. "주여 주께서 의로운 백성도 멸하시나이까"(4절). 이에 대한 하나님의 대답은 다음과 같았다. "네가 온전한 마음으로 이렇게 한 줄을 나도 알았으므로 너를 막아 내게 범죄하지 않게 하였나니 여인에게 가까이 못하게 함이 이 까닭이니라 이제 그 사람의 아내를 돌려보내라 그는 선지자라 그가 너를 위하여 기도하리니 네가 살려니와"(6-7절). 아비멜렉은 하나님이 시키시는 대로 행하였다. 그랬을 때, "아브라함이 하나님께 기도하매 하나님이 아비멜렉과 그 아내와 여종을 치료하사 생산케 하셨으니 여호와께서 이왕에 아브라함의 아내 사라의 연고로 아비멜렉의 집 모든 태를 닫히셨음이더라"(17-18절). 심판은 즉각적으로 후손에게 내려갔다! 유대인에게든 비유대인에게든, 신자에게든 불신자에게든, 법의 적용은 누구에게나 예외가 없다.

혹자는 이렇게 물을지 모른다. "우리가 그리스도 안에서 죽고 거듭날 때 모든 저주도 끝난 것 아닙니까? 회심과 동시에 저주도 중단된 것 아니냐고요?" 그랬더라면 오죽 좋겠는가. 대체로 회심 당시의 신앙구조는 세대적인 죄의 영향력 중 일부를 차단하기 위해 주님께서 적극적으로 개입하실 수 있는 여지를 마련한 것에 불과하다. 이제까지 우리는 그리스도인이 된 지 수년이 지났음에도 불구하고 여전히 세대적인 죄로 인한 엄청난 저주로 고통당하는 내담자들을 수도 없이 많이 사역해왔다. 우리가 조상들의 죄를 찾아내고 이를 그리스도의 보혈과 십자가를 적용함으로 차단했을 때, 저주는 끊어지고 축복으로 바뀌었다.

에스겔 18장 2절과 예레미야 31장 29절에 동일하게 언급되는 말씀이 있다. "그 때에 그들이 다시는 이르기를 아비가 신 포도를 먹었으므로 아들들의 이가 시다 하지 아니하겠고"(렘 31:29). 계속해서 에스겔은 말한다. "모든 영혼이 다 내게 속한지라 아비의 영혼이 내게 속함 같이 아들의 영혼도 내게 속하였나니 범죄하는 그 영혼이 죽으리라 사람이 만일 의로워서…"(4-5절). "범죄하는 그 영혼은 죽을찌라 아들은 아비의 죄악을 담당치 아니할 것이요 아비는 아들의 죄악을 담당치 아니하리니 의인의 의도 자기에게로 돌아가고 악인의 악도 자기에게로 돌아가리라"(20절). 그러나 시편 14편과 로마서 3장은 이렇게 말씀한다.

> 기록한바 의인은 없나니 하나도 없으며 깨닫는 자도 없고 하나님을 찾는 자도 없고 다 치우쳐 한가지로 무익하게 되고 선을 행하는 자는 없나니 하나도 없도다 (롬 3:10-12)

오직 우리 주 예수 그리스도만이 의로운 분이다. 우리의 의는 오직 예수 그리스도 안에서만 발견된다. 십자가에서 주님과 함께 죽는 자만이 주님 안에서 의를 얻는다. 세대적인 죄가 중단되는 곳은 십자가 외에 없다. 그럴 때 비로소 아들은 아버지의 죄로 인한 죽음을 면할 수 있다. 하나님은 결코 모순됨이 없으시고, 모순될 수도 없다. 에스겔 선지자나 에스겔을 통해 말씀하신 성령님조차 십계명으로 표현된 옛 법(old law)을 파기할 길이 없으셨다. 오직 그리스도의 십자가만이 율법의 요구를 성취하심으로 우리를 율법의 영향력에서 자유케 할 수 있다. 결국 예레미야와 에스겔에 나타난 약속의 말씀이 실현되기 위해 필요한 것은 단 한 가지이다. 바로 그리스도의 십자가에 대한 믿음이다.

무언가 하나님만이 이해하실 수 있는 이유로, 하나님은 우리가 이러한 기도를 드려야만 권리를 취할 수 있도록 섭리하셨다. 처음 예수를 영접하는 순간 신분적으로 우리는 그리스도 안에서 완전히 죽었다. 그러나 주님은 우리의 죄 된 본성을 점차로 십자가상에서 죽은 것으로 여기는 일은 우리의 몫으로 남겨두셨다(롬 6:4). 이와 마찬가지로, 세대적으로 대물림되어 내려오는 저주의 형태를 식별하고 이를 구체적인 기도의 행위를 통해 중단해내는 일은 우리의 몫이다. 개인적으로는 나는 이 사실에 관하여 자세히는 알지 못한다. 어쩌면 주님은 우리가 스스로 자유를 주장하는 법을 훈련하는 것을 통해서만 주 안에서 용사로 세워질 수 있다고 생각하시는지도 모른다. 만약 모든 것이 단번에 이루어졌다면 어떻게 되었을까. 아마도 주님의 은총은 너무나 값싼 것이 되었거나, 혹은 변화가 너무도 갑작스러워 감당할 수 없었을지도 모른다. 현재로서는 다만 우리가 부인할 수 없는 증거를 가지고 있다는 사실만으로도 충분하다. 크리스천 가운데 오랜 세월동안 예수를 믿는다고 하면서도 세대적으로 대물림되는 저주의 형태로 인해 고통을 겪어온 사람들은 헤아릴 수 없이 많다. 하나님의 은혜로 누군가 이들 가계 안에서 발생하는 파멸을 중단시킬 효과적인 기도를 드렸을 때 비로소 이들은 자유를 누리기 시작했다.

세대적인 죄를 위한 기도는 결코 어떤 마술(magic)이나 주문을 외는 것이 아니다. 독자들은 우리가 제시하는 몇 가지 통찰과 방식을 통해 자신에게 가장 효과적으로 적용될 수 있는 방법을 발견해 나가시기를 바란다. 여기에는 몇 가지 지침이 있다.

우선 우리는 내담자가 자신의 가족 내력에 관해 가능한 한 많은 것을 떠올리며 이야기하도록 질문하는 일에 상당한 시간을 보낸다. 우리가 던지는 질문에 대답하는 동안 깨달음을 얻은 내담자들이 종종 다음과 같이 외친다. "전 정말 몰랐어요. 여태까지 그렇게 종합적으로 생각해본 적이 없었어요. 어머, 이것 좀 봐. 삼촌들이건 나의 형제들이건 비극적인 사건을 안 당한 사람이 없네. 이런 현상을 뭐라고 하셨죠?"

"아하수에로 현상입니다. 가문에 속한 모든 남성 혹은 대부분의 남성들이 이러저러한 방식으로 고통을 겪는 경우를 말하지요."

"음, 우리 함께 기도해요. 저한테는 그런 일이 일어나지 않도록 말예요!"

기도하면서 우리는 내담자와 부모사이에, 부모와 조부모사이에, 조부모와 증조부모사이에 십자가를 설치한다. 우리는 단순히 예수 안에 있는 권세를 가지고 이를 선포한다.

기도를 시작함에 있어 우리는 선조들로부터 물려받은 모든 것들에 대해 하나님께 감사와 찬송을 돌린다. 우리가 일상적으로 누리고 있는 온갖 선한 유산에 대해 주님께 감사한다. 그런 후에 우리는 선한 것이라 할지라도 십자가를 통해 걸러주시도록 기도한다.

우리는 사단의 공격기반을 허물어뜨리는 용서로써 내담자가 속한 혈통 전체에 예수의 보혈을 청구한다. 또한 가능한 한 모든 죄를 회개함으로써 용서를 간구한다. 어떤 죄들은 반드시 의식적인 회개와 자백을 필요로 한다.

우리는 상담을 통해 내담자의 가계에서 발견된 것이 무엇이든 십자가상에서 파쇄되고 변화되게 해달라고 예수님께 기도한다. "하나님의 아들이 나타나신 것은 마귀의 일을 멸하려 하심이라"(요일 3:8). 우리가 믿기로 이는 기도에서 가장 중요한 부분이다. 용서받지 못한 죄나 대물림되는 저주의 형태는 가문의 파멸을 영속화하는 사단의 통로가 된다. 사단은 일단 죄가 허용된 곳은 어디든 들어간다. 신체적인 연약함을 이용하거나, 죄에 대한 성향을 악용하거나, 중독성을 유발하거나, 걸핏하면 비극적인 사고가 발생하게 하거나, 사악한 본보기에 걸려 넘어지게 하거나, 저주의 결과가 눈덩이처럼 불어나게 만든다. "도적이 오는 것은 도적질하고 죽이고 멸망시키려는 것뿐이요"(요 10:10). 가계에서 세대를 타고 대물림되는 저주의 형태를 통하여 사단은 지옥의 풀무 불을 마음껏 뿜어댄다. 가계의 저주를 끊는 기도에서 무엇보다 시급한 것은 대물림되는 저주의 패턴을 십자가상에서 중단함으로써 이를 죽음에 처하고 오히려 축복으로 바뀌도록 요청하는 일이다.

우리는 저주의 각 형태에 이름을 붙이고 이를 구체적으로 설명하면서 주님께 특별히 그 저주를 파쇄 해 달라고 요청한다. 이런 기도를 드릴 때 내담자는 단순히 한 개인이 아니라 가문 전체의 대표자이다. 천국이 어둠의 세력을 공격해 들어가는 디딤판이 바로 내담자이다. 점령해야 할 땅은 내담자의 가문 전체이다. 우리는 식별되고 서술된 저주의 형태가 전 가족의 삶에서 파쇄 되도록 기도한다. 형제, 자매, 삼촌, 숙모, 조카, 조부모, 증조부모, 입양아, 기타 결혼을 통해 가족이 된 사람 등, 모든 이가 여기에 해당된다.

기도를 위해 가족 중 생존자와 사망자를 굳이 알 필요는 없다. 우리의 기도를 받으신 주님께서 적재적소에 응답을 적용해주실 것이다. 전체 교회 가운데 대략 절반은 죽은 자를 위한 기도를 드리지 말아야 한다고 믿는다. 나머지 절반은 고인을 위한 기도는 드려도 된다고 믿는다. 그러나 이 문제는 논쟁거리가 못된다. 각자가 '믿음의 분수대로'(롬 12:6) 기도하면 된다. 진실을 아시는 주님께서 주님의 뜻대로 응답해 주실 것이다.

대부분의 사람들은 자신이 속한 가계의 내력에 대해 잘 알지 못한다. 입양된 이들의 경우는 특히 더 그러하다. 이런 경우에 우리는 일반적인 기도문으로 기도를 드린다. 성령께서 지식의 말씀을 주셨을 때는 그에 따라 기도한다. 한 가지 주의사항이 있다. 어떤 이들은 자신들이 안다고 여기는 것에 대해 오만한 태도를 보이며 기도한다. 이런 이들은 사도 바울의 말씀을 기억해야만 한다. "우리가 부분적으로 알고 부분적으로 예언하니"(고전 13:9). RSV(Revised Standard Version) 역본에서는 다음과 같이 번역한다. "우리가 아는 것도 불완전하고 말씀을 받아 전하는 것도 불완전하지만(For our knowledge is imperfect, and our prophecy is imperfect)." 우리가 듣는 것이 늘 정확한 것은 아니다. 오히려 다음과 같이 기도하는 것이 옳을지 모르겠다. "주님, 저는 이것을 주님의 음성으로 여기고 이 저주의 형태가 중단되기를 간구합니다. 제가 들은 것이 틀렸다 할지라도, 주님께서는 이 기도를 들으시고 반드시 처리되어야 할 부분에 적용해주실 것을 믿습니다. 그렇지 않더라도 언젠가는 정확한 음성을 들려주셔서 주님이 뜻하신바 완전한 승리를 얻도록 다시 기도하게 하실 줄 확신합니다." 겸손은 능력이 부족하다는 표시가 아니다. 오히려 능력을 얻는 길이다.

파괴적인 저주의 형태가 파쇄 되도록 기도한 후, 종종 어둠의 세력들을 향해 꾸짖어 떠나갈 것을 명령해야 할 때가 있다. 성령께서는 나에게 큰 소리로 명령하며 외치라고 권고하신다. 전장의 사령관이신 성령께서는 권세 있는 큰 소리의 외침이 언제 필요한가를 잘 아신다. 그 이유가 무엇인지는 오직 주님만이 아신다. "그는 육체에 계실 때에 자기를 죽음에서 능히 구원하실 이에게 심한 통곡과 눈물로 간구와 소원을 올렸고"(히 5:7). 많은 사람들이 모인 집회에서 이와 같이 큰 소리로 명령하는 기도를 드렸을 때, 이 외침을 들은 자들 가운데 어둠의 세력이 빠져나가는 것을 느꼈다고 간증하는 사람들이 많았다. 사람들은 이러한 느낌을 '돌파(breakthrough)', 밝음, 기쁨, 자유, 확신의 경험이었다고 증언하였다.

우리는 아버지 하나님께서 하나님의 천사들을 보내주시어 내담자의 가계에 속한 모든 이들을 둘러 진 치시고(시 34:7) 보호해 주시고(시 91:11-12), 어두움에서 건져내어 빛으로 인도해 달라고(히 2:14) 기도한다. 또한 우리는 주님께서 전쟁하는 천사들(warrior angels)을 보내주셔서 내담자의 가족을 위해 싸워주시도록 요청한다.

얼마 전 한 이단에서는 사람이 천사들에게 구체적으로 명령하여 일을 시켜야 한다고 가르쳤다. 하나님의 천사들에게 명령을 내릴 수 있는 분은 오직 하나님뿐이다. 우리는 다만 하나님께 주님의 천사들을 보내주셔서 우리의 가족을 돌봐주시고, 저주로부터 구해주시고, 구원의 메시지를 전해달라고 기도할 수는 있다. 그러나 하나님은 천사의 도움이 있든 없든 우리의 믿음을 보시고 우리와 우리 가문을 구원해주실 수 있다(행 16:31).

세대적인 죄에 대한 해결책이야말로 주님께서 우리를 비롯한 하나님의 종들에게 계시해주신 가장 중요한 진리 중 하나임을 믿어 의심치 않는다. 마땅히 하나님의 나라에서 자유와 평안을 누려야 할 가족들이 두려움과 저주 가운데 고통을 겪고 있다. 우리는 가계를 자유케 할 수 있다. 가문의 저주를 끊는 기도를 드린 후 가족 구성원 모두가 구원받고 하나둘 차례로 자유케 되었다는 간증문을 보내온 사람들은 헤아릴 수 없이 많다.

회심기도와 마찬가지로 세대적인 죄를 끊는 기도 역시 대개는 일회적으로 드려진다. 그러나 가족의 새로운 내력이 조금씩 드러날 때마다 드러난 부분에 대해 다시 구체적으로 기도드린다고 해서 결코 불필요한 중복이라 말할 수 없다. 맨 처음 일반적인 기도문으로 기도했다고 완성된 것은 아니다. 이는 성취를 향해 끊임없이 지속되고 확장되어야 하는 기도이다.

큰 소리로 저주를 끊는 기도를 드리는 자는 자신이 하나님의 자녀로서 그리스도의 권세를 가지고 있음을 반드시 숙지해야 한다. 어둠의 세력은 성의 없이 중얼중얼하는 자에게는 결코 빼앗아간 영토를 내어주지 않는다.

하나님은 우리가 주님을 위해 전진해 나아가 땅을 점령하고 차지하기를 원하신다. 세대적인 죄를 끊는 기도는 단순히 치유만을 위한 것이 아니다. 어둠의 세력의 침입을 막는 것만으로 족하다는 듯, 단순히 방어만을 위한 것도 아니다. 오히려 이 기도는 어두움에 사로잡혀 있는 잃어버린 영혼들을 되찾기 위해 벌이는 적극적인 전쟁과도 같다. 이는 어두움의 투사들을 향해 당당히 도전장을 던지고 맞서 싸우는 모든 이들에게 기쁨이 된다.

> 성도들은 영광 중에 즐거워하며 저희 침상에서 기쁨으로 노래할찌어다 그 입에는 하나님의 존영이요 그 수중에는 두 날 가진 칼이로다 이것으로 열방에 보수하며 민족들을 벌하며 저희 왕들은 사슬로, 저희 귀인은 철고랑으로 결박하고 기록한 판단대로 저희에게 시행할찌로다 이런 영광은 그 모든 성도에게 있도다 할렐루야 (시편 149:5-9)

Chapter 14. 짐 지기와 거머리
Burden Bearing-and Leechest

너희가 짐을 서로 지라 그리하여 그리스도의 법을 성취하라 (갈 6:2)

우리가 항상 예수 죽인 것을 몸에 짊어짐은 예수의 생명도 우리 몸에 나타나게 하려 함이라 우리 산 자가 항상 예수를 위하여 죽음에 넘기움은 예수의 생명이 또한 우리 죽을 육체에 나타나게 하려 함이니라 그런즉 사망은 우리 안에서 역사하고 생명은 너희 안에서 하느니라 (고후 4:10-12)

각각 자기의 짐을 질 것이라 (갈 6:5)

짐 지기(Burden Bearing)에 관해서는 이제까지 많은 글을 써왔다(『속

사람의 변화』제 21장,『엘리야의 임무』제 9장). '짐 지기(Burden Bearing)', '중보기도(Intercessory Prayer)' 라는 제목의 테이프 시리즈도 나왔다. 이 주제에 대해서는 보다 철저히 다루어야 한다. 두 가지 면에서 그렇다. 첫째, 주님의 몸 된 교회는 이 주제에 대해 반드시 잘 숙지하고 있어야만 한다. 둘째, 짐 지에 관한 주제와 상한 영을 치유하는 일은 두 가지 면에서 긴밀하게 연관된다. 우선, 짐 지기는 상한 영을 치유하시는 주님이 사용하시는 중요한 수단이다. 다음으로, 짐지기는 이(burden bearer)는 남을 치유해 주다가 오히려 자신이 상처를 받거나 영적인 거머리(leeches)로 인해 소진되어 고통스러워질 수 있다.

거머리(leech)와 짐 지는 이(burden bearer)는 정반대의 개념이다. 거머리는 자신의 삶을 꾸려가기 위해 전혀 기도의 대가를 치루지 않는 사람이다. 아마도 이들은 정서적, 정신적 위생이나 훈련에 있어서도 실패한 자들일지 모른다. 이들은 자신의 삶에 필요한 에너지를 다른 사람으로부터 빨아들여 공급받는다. "거머리에게는 두 딸이 있어 다고 다고 하느니라"(잠 30:15). 우리는 누구나 형제자매들을 의지해야만 할 때가 있다. 하나님은 우리가 서로서로 힘과 위로를 주고받도록 만드셨다.

> 찬송하리로다 그는 우리 주 예수 그리스도의 하나님이시요 자비의 아버지시요 모든 위로의 하나님이시며 우리의 모든 환난 중에서 우리를 위로하사 우리로 하여금 하나님께 받는 위로로써 모든 환난 중에 있는 자들을 능히 위로하게 하시는 이시로다 그리스도의 고난이 우리에게 넘친 것 같이 우리의 위로도 그리스도로 말미암아 넘치는도다 우리가 환난 받는 것도 너희의 위로와 구원을 위함이요 혹 위로 받는 것도 너

희의 위로를 위함이니 이 위로가 너희 속에 역사하여 우리가 받는것 같은 고난을 너희도 견디게 하느니라 너희를 위한 우리의 소망이 견고함은 너희가 고난에 참예하는 자가 된 것 같이 위로에도 그러할 줄을 앎이라 (고후 1:3-7)

서로 위로를 주고받는 것은 좋은 일이다. 사도 바울이 에베소서 4장 11-16절에 언급한 것처럼, 이러한 교제를 통해 그리스도 안에서 서로를 향한 사랑은 점점 증가된다.

거머리는 받은 것을 결코 되돌려주는 법이 없다. 그들은 오직 빨아들이기만 한다. 하나님의 은사는 신앙인들로 하여금 참된 교제를 통해 서로의 고통을 나누는 것이다. 자립할 믿음을 갖지 못한 거머리들은 생명을 죽도록 빨아들인다. 거머리가 되는 것은 육에 속한 일이지, 결코 성령에 속한 일이 아니다. 거머리는 받을 줄만 알고 줄줄 모른다. 거머리는 갈라디아서 6장 2절의 말씀을 주님의 몸 된 교회들이 각각의 짐을 져야한다는 의미로 해석한다. 그들 자신이 다른 사람의 짐을 대신 져주어야 한다는 의미로는 이해하지 못한다. 이들 귀에는 각자 자기의 짐을 지라는 갈라디아서 6장 5절의 말씀은 들어오지 않는다. 이들의 활동은 중단되는 법이 없다. 밤에 나타나 활동하는 흡혈귀처럼 거머리들은 다른 이들의 에너지를 끊임없이 빨아들인다.

짐 지기란 다른 사람과의 공감적인 동일시를 통해 그들의 정서적 짐을 함께 나누어지는 영적인 능력이다. 혼자서 들 수 없는 통나무도 두 사람이 힘을 합치면 들 수 있다. 짐 지기란 짐의 한 끝을 대신 잡아주어 형제의 생존과 기능을 돕는 일이다. 두 사람이 힘을 합쳐 뭔가를 들어 올리려면 신체적으로 가까이 있어야 하지만, 짐 지기를 위해 반드시 공간상 가까이 있을 필요는 없다. 우리는 거리에 상관없이 상대방의 짐을 느낄 수 있고 동일시하거나 나눌 수 있고 이를 위해 기도할 수 있다.

떨어져 있거나 혹은 어떠한 이유로 인해 연락이 끊겼을 때, 형제의 짐을 짊어질 수는 있어도 그 짐이 정확히 무엇이며 누구의 짐인지는 제대로 모를 수가 있다. 이는 애타게 알기를 바라는 우리들을 아프게 한다.

> 형제들아 우리가 잠시 너희를 떠난 것은 얼굴이요 마음은 아니니 너희 얼굴 보기를 열정으로 더욱 힘썼노라 그러므로 나 바울은 한번 두번 너희에게 가고자 하였으나 사단이 우리를 막았도다 우리의 소망이나 기쁨이나 자랑의 면류관이 무엇이냐 그의 강림하실 때 우리 주 예수 앞에 너희가 아니냐 너희는 우리의 영광이요 기쁨이니라 이러므로 우리가 참다 못하여 우리만 아덴에 머물기를 좋게 여겨 우리 형제 곧 그리스도 복음의 하나님의 일군인 디모데를 보내노니 이는 너희를 굳게 하고 너희 믿음에 대하여 위로함으로 (살전 2:17-3:2)

짐 지는 자로서 누군가를 마음에 품고 지내온 사람이라면, 사도 바울이 말한 '우리가 참다 못하여(When we could endure it no longer)'라는 구절의 무게를 경험적으로 이해한다. 단순히 형제가 잘 지내고 있는지에 대한 궁금함이라면 충분히 견딜 수 있다. 그러나 짐 지고 있는 대상의 소식을 들을 수 없을 때, 그를 향한 사랑과 염려는 우리를 거의 압도해 버린다. 그가 어떻게 지내는지 알고 싶어 안달이 난다. 구체적인 지식을 가졌을 때 구체적인 기도를 통해 주님께 그 짐을 내려놓을 수 있다. 알아야 할 것을 알지 못하면 괴로움 가운데 머물러 있을 수밖에 없다.

신약성경 전반에 걸쳐 주님은 서로 사랑하라고 명령하신다. 이 사실을 모르는 이는 없으리라. 그렇다면 이 말씀의 의미는 과연 무엇인가? 형제 사랑을 위해 특별하고 독특하게 실천하고 있는 것이라도 있는가? 야고보는 이에 대한 해답의 일부를 제시한다. "만일 형제나 자매가 헐벗고 일용할 양식이 없는데 너희 중에 누구든지 그에게 이르되 평안히 가라, 더웁게 하라, 배부르게 하라 하며 그 몸에 쓸 것을 주지 아니하면 무슨 유익이 있으리요." 요한도 요한일서 3장 16-18절에서 말한다. "그가 우리를 위하여 목숨을 버리셨으니 우리가 이로써 사랑을 알고 우리도 형제들을 위하여 목숨을 버리는 것이 마땅하니라 누가 이 세상 재물을 가지고 형제의 궁핍함을 보고도 도와줄 마음을 막으면 하나님의 사랑이 어찌 그 속에 거할까보냐 자녀들아 우리가 말과 혀로만 사랑하지 말고 오직 행함과 진실함으로 하자." 사랑은 마음속에서 일어나는 감정이라기보다는 구체적인 행위이다. 성경의 다른 곳에서 사랑은 다양하게 표현된다. 용서, 자신의 유익보다 남의 유익을 구하는 것(빌 2:4), 자기 방식만을 고집하지 않는 것(고전 13:5), '모든 것을 참으며 모든 것을 믿으며 모든 것을 바라며 모든 것을 견디는 것'(고전 13:7) 등.

사랑은 크게 두 종류로 구분된다. 첫째, 비공격적인(non-aggressive) 사랑이다. 이는 다시 두 부분으로 이루어진다. 우선, 혹자는 이를 가리켜 용납해주는 사랑이라고도 한다. 상대방을 해칠만한 어떤 행위도 하지 않으려고 자제하는 측면과, 우리에게 상처 준 사람들을 위하여 용서의 기도를 드리는 측면을 포함한다. 둘째, 남의 유익을 도모하고자 적극적으로 나서서 긍정적인 조치를 취하려는 사랑이다.

중보적인 짐 지기는 상대방을 위해 계획적이고 적극적으로 행동을 취하는 일이다. 이는 십자가를 지는 일이다. 우리는 다음과 같은 말을 쉽게 한다. "저 형제는 져야 할 십자가가 있어." 혹은 "내가 이렇게 힘든 십자가를 져야 하다니!" 이런 말들은 모두 십자가에 대한 오해에서 기인한다. 크리스천으로서 반드시 버려야 할 사고방식이다. 우리에게 닥치는 문제와 비극들이 우리가 져야 할 십자가는 아니다. 이는 단지 우리를 시험하고 연단하는 역경이요 슬픔이다. 친척이나 친구, 혹은 다른 누군가로부터 받는 학대도 십자가는 아니다. 성경은 학대하는 자를 '육체의 가시'라고 한다(민 33:55, 고후 12:7). 육체의 가시도 우리가 져야 할 십자가는 아니다. 의지와는 상관없이 발생하는 그 어떠한 일도 우리가 져야 할 십자가는 아니다.

십자가를 진다는 것은 최소한 세 가지 독특한 측면을 수반한다. 첫째, 결단의 차원이다. 예수님은 어쩌다가 우연히 십자가를 지신 것이 아니다. 예수님은 십자가 지는 일을 의지적으로 이루셨다. "문득 두 사람이 예수와 함께 말하니 이는 모세와 엘리야라 영광중에 나타나서 장차 예수께서 예루살렘에서 별세하실 것을 말씀할 새"(눅 9:30-31). "예수께서 이르시되 나의 양식은 나를 보내신 이의 뜻을 행하며 그의 일을 온전히 이루는(accomplish) 이것이니라"(요 4:34). 그의 일이란 바로 십자가상에서의 죽음을 의미했다. 십자가상에서 예수님은 구속의 일을 완성하신 후 이렇게 외치셨다. "다 이루었다!"(요 19:30). 결단의 측면을 가지고 있는 십자가에는 당연히 목적이 따른다. "지금 내 마음(soul)이 민망하니 무슨 말을 하리요 아버지여 나를 구원하여 이때를 면하게 하여 주옵소서 그러나 내가 이를 위하여 이때에 왔나이다"(요 12:27). 크리스천들이 자의적으로 남을 위해 목숨을 내어놓는 사랑의 행위야말로 십자가이다.

둘째로, 십자가를 진다는 것은 구속적인 고난의 경험을 포함한다. 마땅히 고난당할 일을 했기에 당하는 고난은 결코 십자가가 아니다. 응분의 심판을 받아 고난당하는 것을 마치 십자가라고 여긴다면 수치스런 일이다. 오히려 회개치 않으므로, 우리의 짐을 십자가에 달리신 예수께 내어드리지 못하므로 고난을 당하는 경우가 많다. 이는 의를 위한 고난이 아니라 죄로 인한 고난이다.

혹자는 이렇게 물을 수 있다. 예수님이 이미 십자가상에서 모든 것을 이루셨는데 예수님 이외의 어떤 인간이 다른 누군가를 위해 구속적인 고난을 당한다는 것이 과연 성경적이거나 현명한 생각이겠느냐고 말이다. 그러나 이 물음은 하나님의 지혜의 영역에 속한 것으로서, '양자택일(either or)'이 아닌 '양쪽 모두(both and)'에 기초하여 답변되어야 한다. 주님은 이미 모든 것을 이루셨다. 구속사역은 이미 완성되었다. 주님이 이루신 완전한 구원사역에 우리가 더할 수 있는 것이란 아무것도 없다. 반면에, 주님은 주님의 지혜 가운데, 시간이 지닌 신비 속에서, 그리스도의 몸 된 교회를 통해 구속적 고난의 사역을 완성하시고자 의도하신다. 다음과 같은 사도 바울의 고백을 어떻게 이해하면 좋겠는가? "내가 이제 너희를 위하여 받는 괴로움을 기뻐하고 그리스도의 남은 고난을 그의 몸 된 교회를 위하여 내 육체에 채우노라"(골 1:24). 본 장 서두에 제시된 성경구절에서도 동일한 사고방식이 발견된다. 우리는 '예수 죽인 것을 몸에' 짊어지고 있다. '사망은 우리 안에서 역사하고 생명은 너희 안에서' 역사한다. 나중에 자세히 살펴보겠으나, 남을 위해 구속적 고난을 당하는 것은 충분히 가능하며 성경적인 일이다. 우리 주님이 친히 이를 명령하셨다(요 14:21, 23, 갈 6:2, 요 15:13-16).

십자가를 진다는 것은 남을 위해 구속적인 고난을 당하되 주 예수 그리스도께 복종하는 마음으로 의도적으로 기꺼이 감당하는 것을 의미한다. 우리가 반드시 기억해야 할 것이 있다. 남을 위해 구속적인 고난을 당하는 것은 육신으로도 우리의 힘으로도 절대 불가능하다. 구속은 오직 주님의 섭리로써만 가능하다. 예수님이 우리 안에서 누군가를 위한 구속적인 고난을 당하신다. 짐 지기는 주님 안에 있을 때에라야 가능하다. 우리 안에 계신 주님께서 무언가 짐을 지시기로 선택하셨다면, 주님이 짊어지신 것은 무엇이든 우리도 함께 짊어진다. 만일 주님보다 일초라도 더 오래 짐을 짊어진 경우에는 반드시 치유가 필요하다. 이 부분에 대해서는 본 장 말미에 다루었다. 사도 바울은 말한다. '그 고난에 참예함을 알려하여 그의 죽으심을 본받아'(빌 3:10). 우리 주님은 주님의 지혜안에서 인류를 위한 구속적 고난의 지극히 미미한 부분이니마 우리와 함께 분담하신다.

이것이 바로 우리가 흔히 인용하는 '주님을 섬긴다(to minister to the Lord)'는 말의 의미이다. 다른 사람을 섬기는 방법은 다양하다. 그러나 주님의 짐을 주님과 함께 지는 법을 배운 자라야 진정으로 주님을 섬기는 사람이다. 이 얼마나 축복이며 기쁜 일인가!

셋째로, 십자가를 지는 일은 죽음을 수반한다. 개인적으로 겪는 고통이 자기(self)의 죽음으로 이어질 수도 그렇지 않을 수도 있다. 이는 우리의 믿음과 이해력에 달린 문제다. 그러나 개인의 고통으로 인한 자기(self)의 죽음은 단지 자신만을 십자가에 못 박는 데 그친다. 오직 나의 죄 때문에, 오직 나 한사람의 구원을 위해서 말이다. 십자가를 지는 일의 독특한 점은 바로 남을 위한 죽음이 개입된다는 데 있다. 우리에게 닥치는 시련들이 우리를 개인적인 죽음으로 몰아갈 수는 있다. 그러나 그 어떤 죽음도 십자가를 지는 것만큼 고귀하지 못하다. 개인적인 죽음은 십자가를 지는 영광에는 참여하지 못한다. 사도 바울은 자신의 행위나 고난을 말할 때면 늘 '너희를 위하여' 라고 표현했다(고후 2:10, 골 1:24, 고후 4:15). 사도 바울은 그가 당한 고난이 결코 자신을 위한 것이 아니라 사랑 안에서 친구들이나 예수님을 위한 고난이었음을 친구들이 알아주기를 바랐다. "우리 산 자가 항상 예수를 위하여 죽음에 넘기움은"(고후 4:11). "그리스도를 위하여 너희에게 은혜를 주신 것은 다만 그를 믿을 뿐 아니라 또한 그를 위하여 고난도 받게 하심이라 너희에게도 같은 싸움이 있으니 너희가 내 안에서 본 바요 이제도 내 안에서 듣는 바니라"(빌 1:29-30).

고린도후서 4장 12절의 말씀에 귀기울여보자. "그런즉 사망은 우리 안에서 역사하고 생명은 너희 안에서 하느니라." 사망이 우리 위에서 (upon)가 아니라 우리 안에서(in) 역사한다는 표현에 주목하라. 남의 짐을 짊어지는 것은 그 사람의 죽음을 우리 안에(into) 받아들이는 것이다. 보다 정확히 표현하면 다음과 같다. 십자가의 주님이 우리의 마음(heart)과 영(spirit)을 통해 형제의 죽음을 십자가상의 주님께로 잡아끄신다. 오직 상대방만을 위하여 그의 죽음에 동참하는 일이 결여된 고난은 결코 중보적인 짐 지기도, 십자가를 지는 것도 아니다.

한번은 묵상하면서 이 문제를 놓고 씨름하고 있었다. 그때 주님은 나에게 로마서 8장 1-4절을 찾아보라고 말씀하셨다. 이미 여러 번 읽어본 적이 있는 매우 친숙한 구절이었다. 많은 이들이 자신은 이 구절의 의미를 잘 알고 있다고 확신한다. 그러나 그러기에 더더욱 이해하지 못하고 있는 본문이기도 하다! 주님은 먼저 나에게 이 사실을 일깨워주셨다. 나는 생각했다. "예, 주님. 이 말씀은 제가 주님을 주님과 구세주로 영접했기에 죄와 사망에서 해방되었다는 것을 의미하지요."

주님이 말씀하셨다. "그래, 바울은 성경의 여러 곳에서 그런 의미로 말했지. 그러나 여기서는 아니란다." 나는 다시 본문을 들여다보았다. 2절에서 '영(Spirit)'이라는 단어가 눈에 띄었다.

"아, 알겠어요. 주님, 제가 성령으로 세례를 받았기 때문에 죄와 사망에서 해방되었다는 뜻이군요." 그러면서 나는 다른 성구들을 근거로 제시하려고 했다. "주의 영(Spirit)이 계신 곳에는 자유함이 있느니라"(고후 3:17).

그러자 주님이 대답하셨다. "존, 성령이 자유를 가져다준다는 것은 맞다. 바울도 성경의 여러 곳에서 그것을 말했지. 하지만 여기서는 아니란다. 다시 한 번 보렴."

나는 본문을 다시 살펴보았다. 이때 주님은 성경 말씀이 페이지로부터 튀어 나와 나의 눈 안으로 들어오게 해주셨다. "그리스도 예수 안에 있는 생명의 성령의 법이 죄와 사망의 법에서 너를 해방하였음이라." 아! 바울은 지금 주님의 보혈과 십자가를 말하고 있는 것도, 일차적으로 성령에 대해 말하고 있는 것도 아니었다. 바울은 생명의 성령의 법과 죄와 사망의 법에 대해 이야기하고 있었다!

"그렇다면 죄와 사망의 법이란 무엇이지?" 주님은 나를 로마서 7장으로 인도해 가셨다. 바울이 이 편지를 쓸 무렵에는 장절 표시가 없었음을 주님은 상기시켜 주셨다. 모두가 하나의 단락으로 연결되어 있었다. 이번에 주님은 '법(law)'이라는 단어를 페이지에서 튀어 오르게 하셨다.

내 속 사람으로는 하나님의 법을 즐거워하되 내 지체 속에서 한 다른 법이 내 마음의 법과 싸워 내 지체 속에 있는 죄의 법 아래로 나를 사로잡아 오는 것을 보는도다 오호라 나는 곤고한 사람이로다 이 사망의 몸에서 누가 나를 건져 내랴 우리 주 예수 그리스도로 말미암아 하나님께 감사하리로다 그런즉 내 자신이 마음으로는 하나님의 법을, 육신으로는 죄의 법을 섬기노라 (롬 7:22-25)

드디어 주님은 사도 바울의 의도가 무엇인지 깨닫게 해주셨다. 우리가 예수 그리스도를 주님이요 구세주로 영접할 때, 우리의 죄는 깨끗이 씻기고 죄의 본성(sin nature)은 치명타를 입는다. 그로부터 이어지는 성화의 과정을 통해 우리는 매일매일 옛 본성(old nature)으로 인한 습관들을 십자가에 못 박으며 살아간다(골 3:9, 갈 2:20, 5:24). 대체로 내적치유를 위한 기도가 이러한 죽음을 이루어낸다. 내가 심각하게 고민해온 한 가지 사실이 있다. 왜 수많은 사람들이 내적치유를 받고나서도 온전한 삶을 향해서는 조금도 전진해 나아가지 못하는 것일까? 주님은 온전해지기 위해서 반드시 취해야 할 중요한 단계가 남아있다고 말씀하셨다. 그 방법 외에는 온전함에 이를 길이 없었다. 바로 '그리스도 예수 안에서 생명의 성령의 법'을 따르는 삶의 방식을 훈련하는 일이었다. 단지 옛사람의 죽음만으로는 부족했다. 새 법, 새로운 삶의 방식(way)이 형성되어야만 했다!

사도 바울은 가말리엘의 문하생이었다. 그는 '법(law)'이 가진 정확한 법률적인 용법을 잘 알고 있었다. 그런데 여기서 바울은 이 단어를 법률과는 전혀 거리가 먼 가장 시적인 용법으로 사용하였다. 바울이 '내 지체 속에서 한 다른 법이 내 마음의 법과 싸워(different law in the members of my body, waging war against the law of my mind)'라고 말했을 때, 이는 옛 본성을 가리키는 또 하나의 표현 방식이라는 것을 주님은 깨닫게 해주셨다. 바울이 그토록 벗어나기를 원했던 '몸(body)'은 신체적인 몸이 아니었다. '주력부대(the main body of the army)' 혹은 '사람의 무리(body of people)' 등, 집단개념을 표현할 때 사용하는 용법의 '몸'이었다. '이 사망의 몸에서 누가 나를 건져내랴'는 말은 결국 다음처럼 바꾸어 표현할 수 있었다. '옛 방식을 따라 살라고 끊임없이 나를 곤경에 빠뜨리는, 옛 본성에 속한 무수한 투쟁의 요소들로 이루어진 이 몸에서, 누가 나를 건져내랴? 어떻게 해야 내 속에 있는 세상 방식을 따르는 몸에서 벗어나, 그리스도의 방식을 따르는 몸으로 살아갈 것인가? 도대체 어떻게 해야 옛 방식을 따르는 '법(law)'을 벗어날 것인가?' 이 물음에 대한 해답은 무엇일까. 바로 옛 법 대신 새 '법(law)'을 따르는 방식을 배우면 된다.

처음 예수를 영접하면 죄책감에서 자유로워진다. 그 후 매일매일 옛 사람을 십자가에 못 박으며 살아간다. '그리스도 예수 안에 있는 생명의 성령의 법'을 따라 사는 법도 배운다. 이 법은 마침내 온갖 옛 습성들을 이기고 그리스도를 따르는 새 방식을 확립시킨다.

그렇다면 '그리스도 예수 안에 있는 생명의 성령의 법'이란 무엇인가? 주님은 말씀하셨다. "누구든지 제 목숨을 구원코자 하면 잃을 것이요 누구든지 나를 위하여 제 목숨을 잃으면 구원하리라"(눅 9:24). 요한복음 15장 13절은 말씀한다. "사람이 친구를 위하여 자기 목숨을 버리면 이에서 더 큰 사랑이 없나니." 누가복음 14장 27절에서도 말씀한다. "누구든지 자기 십자가를 지고 나를 좇지 않는 자도 능히 나의 제자가 되지 못하리라." 사도 바울은 "너희가 짐을 서로 지라 그리하여 그리스도의 법을 성취하라"고 말했다. 그리스도의 계명이란 무엇일까? 그리스도의 법이란 또한 무엇일까? "내 계명은 곧 내가 너희를 사랑한 것 같이 너희도 서로 사랑하라 하는 이것이니라"(요 15:12). 주님이 우리를 어떻게 사랑하셨는가? 그분은 우리를 위해 자기 목숨을 내어놓으셨다. 로마서 8장에서 사도 바울이 말하려는 것은 다음과 같다. 우리가 그리스도의 법을 배우기만 하면 옛 습성의 속박에서 능히 벗어날 수 있다. 그리스도의 법이란 우리의 목숨을 남을 위해 내어놓는 것이다! 단지 죄와 죄의 습성들을 제거하는 것만으로는 충분치 않다. 희생적인 사랑에 기초한 새로운 삶의 방식을 터득하고 이를 따라 살아가야 한다.

그런데 주님은 나에게 이렇게 말하셨다. "존, 너는 너의 목숨을 내어준다는 말의 의미를 아직 깨닫지 못했구나!"

나는 생각했다. "음, 나의 이기적인 사리사욕과 죄를 내려놓고 남을 돕기 위해 얼마간의 시간을 보내는 것, 이것이 바로 목숨을 내어놓는 것이 아닐까?"

주님이 말하셨다. "존, 너의 이기적인 마음과 죄는 죽음이지 생명이 아니다. 나는 다른 사람을 위해 너의 죽음을 내어놓으라고 말한 적이 없다. 너의 목숨을 내어놓으라고 말했다."

나는 생각에 잠겼다. "남을 위해 나의 시간과 힘을 내려놓고, 다른 사람을 섬기는 삶을 살아간다면, 이것이야말로 나의 목숨을 내어놓는 것임에 틀림없어."

다시 주님은 말하셨다. "아니란다. 너의 시간과 힘이 네 목숨은 아니란다. 나는 네 목숨을 내어놓으라고 말했다."

"주님, 제 목숨이란 무엇인가요?"

주님은 나에게 예수님의 목숨이 어떤 것이었는지를 물어보신 후 성경을 열어주셨다. 엠마오로 향하던 글로바와 다른 한 제자에게 그러셨던 것처럼 말이다(눅 24:27).

> 나와 아버지는 하나이니라 (요 10:30)
>
> 내가 너희에게 이르는 말이 스스로 하는 것이 아니라 아버지께서 내 안에 계셔 그의 일을 하시는 것이라 (요 14:10)
>
> 나를 본 자는 아버지를 보았거늘 (요 14:9)
>
> 나를 보내신 이가 나와 함께 하시도다 내가 항상 그의 기뻐하시는 일을 행하므로 나를 혼자 두지 아니하셨느니라 (요 8:29)

성부 하나님을 드러내는 일이 바로 예수님의 삶이었다. 예수님은 하늘을 떠나 이 세상에 오셨지만, 한 번도 성부 하나님을 떠난 적이 없으셨다. "내가 내 아버지 집에 있어야 될 줄을 알지 못하셨나이까"(눅 2:49). 예수님은 지칠 때마다 산으로 가시어 성부 하나님과 함께 머무르셨다. 성부 하나님과의 이런 관계가 바로 예수님의 삶 자체였다. 예수님의 부르심은 바로 이러한 내려놓음에 있었다!

"사람이 만일 죽을 죄를 범하므로 네가 그를 죽여 나무 위에 달거든 그 시체를 나무 위에 밤새도록 두지 말고 당일에 장사하여 네 하나님 여호와께서 네게 기업으로 주시는 땅을 더럽히지 말라 나무에 달린 자는 하나님께 저주를 받았음이니라"(신 21:22-23). 십자가에 달려 돌아가시려고 작정하신 예수님은, 자신이 치러야 할 대가가 단순한 육체적 고통 그 이상이라는 사실을 이미 알고 계셨다. 육체적 고통은 기껏해야 몇 시간만 견디면 된다. 그러나 하나님의 저주를 받는 일은 주님께는 말로 다 할 수 없는 엄청난 고통이었다!

"주께서는 눈이 정결하시므로 악을 참아 보지 못하시며 패역을 참아 보지 못하시거늘"(합 1:13). 주 예수님은 성부 하나님의 은총에서 벗어난 적이 한 번도 없으셨다. 결코 하나님의 시야에서 멀어진 적도 없으셨다. 성부 하나님의 얼굴은 늘 성자 예수님을 향하고 계셨다. 그러나 이제 죄(sin)를 모르는 주님이 죄(sin)가 되어야만 했다. "하나님이 죄를 알지도 못하신 자로 우리를 대신하여 죄를 삼으신 것은 우리로 하여금 저의 안에서 하나님의 의가 되게 하려 하심이라"(고후 5:21). 여기서 눈여겨보아야 할 것이 있다. 예수님은 죄인처럼(sinful) 되셔야 했던 것이 아니라, 죄(sin)가 되셔야 했다. 언제나 그랬듯 하나님을 향한 예수님의 마음(heart)은 순결했다. 주님은 죄를 조금도 짓지 않으신 순결한 유월절의 희생양이셨다. 이런 주님이 세상의 죄를 온몸으로 받아들이셨다. 성부 하나님께 순종하여 우리의 죄를 몸소 짊어지셨을 때, 주님은 최초로 성부 하나님의 거절을 경험했다.

예수님은 결코 '죄인처럼(sinful) 되셔야 했던' 것이 아니었음을 다시 한 번 강조하고 싶다. 주님이 징계를 받은 것은(사 53:5) 그분이 우리와 같이 되셨기에 가능한 일이었다. 주님이 우리의 죄(sin)가 되셨다. 마치 걸레가 오물을 깨끗이 닦아내면서 더러워지듯, 주님이 우리의 죄를 짊어지셨다. 주님은 결코 죄를 짓지 않으셨다. "우리에게 있는 대제사장은 우리 연약함을 체휼하지 아니하는 자가 아니요 모든 일에 우리와 한 결 같이 시험을 받은 자로되 죄는 없으시니라"(히 4:15).

최근에 한 이단에서는 이 말씀에 대해 핵심에서 벗어나서 전혀 엉뚱하게 가르쳤다. 그들은 죄인처럼(sinful) 되신 예수님도 어쩔 수 없이 지옥에 떨어져야 했으며 당연히 구속을 필요로 하셨다고 주장했다. 어림도 없는 소리다! 주님은 조금도 흠이 없는 어린 양이셨다. 주님의 내면은 언제나 순결하셨다. 주님이 십자가로 가져가신 것은 우리의 죄(sin)였다. 주님이 우리의 죄(sin)가 되셨을 때, 성부 하나님은 더 이상 주님을 보고 계실 수 없으셨다. 주님은 인간이 얼마나 하나님과 소외되어 있는가를 처음으로 정확히 알게 되셨다. 주님은 '자기가 시험을 받아 고난을 당하심으로(히 2:18)' 우리와 같이 되셔야만 했다. 주님은 이로 인해 성부 하나님과 분리될 것이라는 사실도 아셨고, 마침내 십자가위에서 외치셨다. "나의 하나님, 나의 하나님, 어찌하여 나를 버리셨나이까"(마 27:46).

예수님에게 육신의 죽음은 어쩌면 그다지 의미가 없었을지 모른다. 사도 바울도 말하지 않았는가. '죽는 것도 유익하다'(빌 1:21)고. 예수님의 경우, 우리의 죄(sin)는 제쳐두고서라도, 죽음이야말로 주님의 영(spirit)이 이를 주신 하나님께 돌아갈 유일한 길이었을 수 있다(전 12:7). 성부 하나님께 돌아가는 것은 성자이신 우리 주님께는 측량할 수 없는 기쁨이었으리라. 훨씬 위대한 죽음이 있다면, 비록 짧은 순간이나마 성부 하나님의 뜻에 따라 그분의 임재 가운데 맞는 죽음이었다. 이러한 죽음을 통해 주님은 한 차원 더 높은 방식으로 목숨을 내어놓으셨다. 이 죽음은 주님께 엄청난 희생을 요구하였다. 주님이 '만일 할 만하시거든 이 잔을 내게서 지나가게 하옵소서'(마 26:39)라고 부르짖은 것도 바로 이러한 이유에서였다. 단순히 신체적인 고통과 죽음에 대한 두려움 때문이 아니었다. 어마어마한 상실과 분리의 경험에도 불구하고, 예수님은 우리를 위해 기꺼이 고난을 받으셨다. 주님으로서는 가장 위대한 죽음이었다.

그렇다면 우리의 목숨(life)이란 무엇일까? 우리는 과연 남을 위해 무엇을 내어주라고 부름 받은 자들인가? 예수를 영접하고 성령이 충만할 때 처음으로 우리는 하나님 아버지께 최대한 가까이 다가갈 수 있다. 정결함과 선함이 느껴지는 순간이다. "여호와의 산에 오를 자 누구며 그 거룩한 곳에 설 자가 누군고 곧 손이 깨끗하며 마음이 청결하며"(시 24:3-4). 우리 마음(heart)에 예수의 피가 뿌려진다(히 10:22). 공동체로 드려지는 예배와 개인적인 헌신을 통해 즐거이 주님의 임재 속에 들어간다. 형제자매들을 훨씬 더 스스럼없고 열린 마음(heart)으로 대하게 된다. 주님과의 만남, 형제자매와의 교제가 우리의 삶이요 기쁨이다. "우리의 소망이나 기쁨이나 자랑의 면류관이 무엇이냐 그가 강림하실 때 우리 주 예수 앞에 너희가 아니냐 너희는 우리의 영광이요 기쁨이니라"(살전 2:19-20).

주중에는 과로하여 지칠 수도 있으나 예배를 통해 다시금 새 힘을 공급받는다. 깨끗게 하시는 하나님의 말씀을 통해 우리는 다시금 주님과 다른 이를 위해 흔쾌히 손길을 펼칠 수 있다. 이것이 우리의 목숨(life)이다. 말씀을 통해 깨끗함을 회복하는 것, 주님과 다른 이들을 향해 늘 깨끗하고 열린 마음을 유지하는 힘, 주님과 다른 이들과 더불어 때로는 연약한 모습 그대로 때로는 원기를 공급해주면서 생명을 나누는 관계로 나아가는 능력, 이것이야말로 남을 위해 목숨을 내어놓으라는 우리를 향한 주님의 부르심이다!

우리는 지금 막 기름부음이 넘치는 예배를 마치고 나오면서 새롭고 정결케 되었을 수 있다. 마치 감미로운 주님의 방송프로를 청취하려고 잡음을 깨끗이 제거한 라디오처럼 말이다. 그러나 예배를 마치자마자 곧장 흥미로운 소문거리를 전해줄 형제자매들에게 달려가고 있을지도 모른다! 이때는 결단이 필요한 순간이다. 자신이 다시 의롭게 된 사실만을 고집하면 다음과 같은 유혹에 빠질 수도 있다. "하나님이여 나는 다른 사람들 곧 토색, 불의, 간음을 하는 자들과 같지 아니하고 이 세리와도 같지 아니함을 감사하나이다." 이 부분에 '험담하는 자(slanderer)'를 삽입하는 건 어떨까? "나는 이레에 두 번씩 금식하고 또 소득의 십일조를 드리나이다"(눅 18:11-12). "주님이 저를 깨끗이 씻어주셨어요. 계속 이 상태로 머물고 싶어요." 그리고는 상대방에 대한 관심을 꺼버리고 거부한다. 형제자매들에게 매몰차게 대한다. 이는 결코 갈릴리 바다와 같은 자세가 아니다. 사해(Dead Sea)와 같은 태도이다. 갈릴리 바다는 산기슭에서 내려오는 깨끗한 물을 받아다가 아래에 있는 모든 골짜기로 흘려보낸다. 사해는 요단강에서 흘러들어오는 물을 받아들이기만 할뿐 조금도 내어보내지 않는다. 우리는 고여 있는 물처럼 된다. 자기 목숨을 보존하려는 자는 잃을 것이고 잃고자 하는 자는 보존할 것이라는 진리를 깨닫지 못했기 때문이다.

우리는 훨씬 더 나은 결단을 할 수도 있다. "주님, 이 자녀에게 상처가 있어요. 상처만 없었다면 남에게 상처를 주지도 않았을 거예요. 저의 마음(heart)과 영(spirit)을 활짝 열고 그와 하나가 되겠어요. 주님께서 제 안에 있는 겟세마네를 통과하시어 그의 아픔을 직접 가져가 주세요. 그리하여 그를 자유케 해주세요." 겟세마네 동산에서 예수님은 깊은 기도에 들어가셨다. 신인(God-man: 반은 하나님이고 반은 인간이라는 뜻이 아니라, 완전한 하나님이요 완전한 인간이었다는 뜻)이신 주님께서 시공을 초월하여 우리의 타락과 의심과 두려움과 질투와 미움이 되셨다. 예수님은 당시에 살던 사람들과 그 이전에 살던 사람들, 또한 앞으로 이 땅에 태어날 모든 인간 속에 있는 온갖 죄가 되셨다. 이 일은 주님을 너무나도 지치게 만들었다. 혈관은 파열되고 땀은 핏방울 같이 되어 흘러내렸다(눅 22:44). 의학적으로 볼 때 주님은 거의 죽음 직전의 상태였다! 성부 하나님은 천사를 보내셔서 예수님께 힘을 북돋우어 주셨다(눅 22:43). 피곤에 지친 베드로, 야고보, 요한은 내내 잠에 빠져 있었다(마 26:40-45).

다음과 같은 사실을 생각해보자. 하늘을 떠나 이 땅에 오실 때 예수님은 한 인간(a man)이 되셨다. 예수님은 스스로 한 개인(one individual)으로 머물러 계셨다. 그러나 겟세마네 동산에서 주님은 인류(mankind)가 되셨다. 겟세마네 동산에서의 그 고통의 시간이 없었던들, 예수님의 십자가상의 죽음은 어쩌면 아무 의미가 없었을지 모른다. 본보기가 되지 못했을 것은 말할 나위도 없고, 아무런 감동도 줄 수 없는 혼자만의 죽음으로 끝났을지 모른다. 그러나 주님은 우리와 같이(as us) 되심으로 마땅히 우리가 받았어야 할 형벌을 최초로 십자가상에서 대신 받으셨다. 마땅히 우리가 짊어졌어야 할 짐을 짊어지시기 위해 주님은 우리의 죄(sin)가 되어야 하셨다.

용서는 하나님이 죄를 간과하신다는 뜻이 아니다. 예수님은 율법을 완성하러 오셨지 폐하러 오지 않으셨다(마 5:17). 주님은 기도의 동산에서 우리와 같이 되는 경험을 이미 통과하셨기에, 마땅히 형벌 받을 온 인류에 대한 율법의 요구를 십자가상에서 완성할 수 있으셨다. 주님은 우리와 상관없이 우리의 죄의 대가만 거두어들일 수는 없으셨다. 이는 율법의 작용 방식과는 거리가 멀다. 우리가 받아야 할 것을 대신 받기 위해 주님은 반드시 우리와 같이 되어야 하셨다. 겟세마네는 단지 충분한 기도로 두려움을 극복하기 위해 우연히 마련된 장소가 아니었다. 십자가상의 죽음으로써 구속사역을 성취하는 일에 있어 겟세마네는 반드시 있어야 할 필수 요소였다! 우리를 위한 대가를 치를 능력이 바로 겟세마네의 경험을 통해 나왔다. 주님은 더 이상 한 사람의 고독한 성인(saint)으로 머물러 있을 수만은 없었다. 주님은 우리 모두를 위해 우리 모두와 같이 되셔야만 했다. 그렇지 않을 때 십자가는 이제까지 그와 유사한 죽음을 경험한 무수한 사람들의 경우와 별반 다르지 않았을지도 모른다. 비록 주님 자신은 하나님이셨지만, 오직 우리와 같이 되실 때에라야 우리를 구속할 수 있으셨다. 우리 모두와 같이 되실 때에만 우리 모두의 죄를 담당할 수 있으셨다. 겟세마네에서 주님이 이루신 일은 공감적인 동일시(empathetic identification)였다. 이것이 바로 십자가 사건을 진정으로 의미 있게 만든 짐 지기(burden bearing) 사역이었다.

단순히 올바른 신학을 정립하고자 이렇게 상세히 설명하는 것은 아니다. 짐 지기 사역에 부름 받은 자들이라면 겟세마네에서 이루신 주님의 사역을 잘 이해해야 한다. 이는 그들의 가장 중대한 소명이요 사역이다. 우리는 주님의 길을 예비해야 한다(사 40:3, 마 3:3).

우리는 어떻게 주님의 길을 예비할 수 있는가? 주님의 길을 예비한다는 것은 과연 무엇인가? 설교, 가르침, 회개 등 많은 것들이 있다. 그러나 마음(heart)에서 이루어지는 짐 지기야말로, 가장 일차적이고 필수적인 준비이다. '준비(preparation)'에 관해 생각해보자. 궁극적으로 모든 개인은 각각 스스로의 고백을 주님께 드려야 한다. 그러나 스스럼없이 고백할 마음(heart)의 상태가 되지 않은 사람은 어떻게 해야 할까. 예수님은 자발적인 마음을 통해서만 우리에게 다가오시는 분이지 않는가. 누가 자신 안에 계신 예수님으로 하여금 형제자매의 죄를 동일시하시도록 허락해 드리겠는가. 이렇게 할 때 비로소 예수님은 죄로 인해 감금되어 있는 그 형제자매들을 십자가로 이끌어 자유케 하실 것이고, 마침내 그들도 자유롭게 고백하는 단계에 이르게 될 것이다. 그만큼 중보기도에서 짐 지기가 차지하는 자리는 특별하다. 짐 지기는 죄가 근절되고 죄로부터 자유롭게 될 때까지 마음(heart)과 십자가를 서로 맞닥뜨리는 작업이다.

주님께 우리의 몸을 통해 다른 이의 죽음을 십자가로 끌어당기시도록 허용하는 것, 이것이 바로 '주님의 십자가를 지는 일'이요 '주님의 제자가 되는 것'이다(눅 14:27).

짐 지기 사역에 동참하는 동안에는 어쩌면 이전처럼 늘 좋은 기분만 들지 않을 수도 있다. 형제의 상처로 인해 우리도 상처를 입는다. 두려움에 사로잡힌 자매로 인해 우리도 떨려온다. 친구들의 분노로 함께 씨름한다. 동료들을 괴롭히는 질투와 싸움을 벌인다. 자신은 이미 오래전에 극복했노라고 여기는 의심들로 인해 괴로움을 겪는다. 자신감은 온통 혼란스러움으로 변한다. 주님 앞에서 유창하게 하던 말을 일시적으로 잃어버릴지도 모른다. 말을 자꾸 더듬고 죄책감과 무가치함에 압도당할 수도 있다. 형제의 죽음이 실제로 우리 안에 그대로 존재하면서 우리의 마음(heart)과 생각(mind)에 영향을 미친다. 이는 하나님과 사람들에게 쉽게 다가가 교제할 수 있는 삶(life)을 실제적으로 내려놓는 일이다. 마음(heart)의 짐이 너무 과도하여 이전처럼 하나님과 사람들과의 관계에서 깨끗함과 자유로움을 누리지 못하게 된다.

그러나 이로써 믿음(faith)은 증대된다. 우리는 생생한 경험을 통하여 하나님의 살아계심과 더할 나위 없는 축복을 베풀어 주시는 분임을 터득한다. 비록 자신이 주님의 임재를 경험하기에는 전혀 가치 없는 존재로 여겨지고, 주님의 임재를 더 이상 느낄 수 없게 되었다 할지라도 말이다. 날이면 날마다 거듭하여 자신의 생명을 버리고 버린 만큼 다시 생명을 얻는다. 이로써 우리는 더 이상 감정에 의존하지 않게 된다. 우리는 신념(belief) 그 이상을 알게 된다. 우리는 우리의 목숨(life)이 주님 안에 있음을 안다(know).

짐 지는 자는 로마서 12장 1절의 말씀에 순종하는 자이다. "그러므로 형제들아 내가 하나님의 모든 자비하심으로 너희를 권하노니 너희 몸(bodies)을 하나님이 기뻐하시는 거룩한 산제사로 드리라 이는 너희의 드릴 영적 예배니라." 짐 지는 자들은 이 말씀의 의미를 내면 깊은 곳으로부터 깨닫는 자들이다. 주님이 산제사로 드리라고 한 것은 우리의 마음(heart)이나 영(spirit)이 아니라, 몸(body)이었다. 몸(body) 안에 생각(mind)도 마음(heart)도 영(spirit)도 들어있다. '종일 수고와 더위를 견디는 것(마 20:12)'도 몸을 통해서만 가능하다.

짐 지는 자들은 '너희가 드릴 영적 예배(Your spiritual service of worship)'라는 축복의 구절이 의미하는 바가 무엇인지 경험을 통해 끊임없이 깨달아간다. 드린다(봉사:service)는 것과 예배(worship)가 어떤 관련이 있는가에 주목하라. 주님의 몸 된 교회는 마치 버릇없는 어린 아이처럼 아빠의 무릎 위에 앉아있는 것만 좋아할 때가 많다. 그리고 그렇게 해야 아빠의 마음(heart)이 기쁘게 된다고 말한다. 그러나 성부 하나님께서는 주님의 정원도 손질하고 성전도 청소한 뒤 새 힘을 얻기 위해 아버지의 무릎에 안기는 자녀들을 더 좋아하셨는지도 모른다. 짐 지는 수고 자체가 우리의 드릴 영적 예배이다!

폴라와 내가 3년간 매일 밤마다 동일한 내용으로 드린 기도가 있다. 우리의 기도에 대해 아마도 주님은 처음 들으셨을 때만큼 신경 쓰지 않으셨을 지도 모른다. 그러나 우리 몸을 이루는 모든 세포는 그 기도소리를 들으며 받아들였으리라. "주님, 우리의 마음, 생각, 몸, 혼, 영, 과거, 현재, 미래, 야망, 소명 모두를 주님께 드립니다. 우리는 주님의 것입니다. 주님이 원하시는 대로 마음껏 사용해 주십시오. 낮이든 밤이든 언제든지 영원토록 우리에게 어떤 짐이라도 지워주십시오." 주님이 우리의 귀를 뚫으셨다. 우리는 영원한 주님의 소유물이다(출 21:5-6).

우리의 승인을 얻은 주님은 밤이건 낮이건 언제나 자유롭게 우리에게 주님의 짐을 얹어주신다. 때로 폴라는 이렇게 묻는다. "혹시 최근 무렵부터 뭔가 짓눌리거나 두려운 느낌이 들지 않으셨어요?" 그러면 나는 대답한다. "그럼, 느끼고 있었지." 이제 우리 부부는 함께 기도에 돌입한다. 주님이 우리에게 누구의 짐을 짊어지게 하셨는지, 그 짐을 어떻게 해야 하는지 깨달음을 주실 때까지 말이다. 내가 폴라에게 이렇게 말하기도 한다. "당신 요즘 자꾸만 화를 더 많이 내고 있다는 사실을 아오? 화낼 이유는 아무것도 없지 않소." 그녀가 내 말에 동의하는 순간(우리 부부는 늘 거의 동시에 동일한 부담을 느낀다) 우리는 기도를 시작한다. 때로는 숨도 쉴 수 없을 만큼 가슴이 미어지는 슬픔(grief)을 느끼기도 한다. 이것이 바로 주님이 교회(Body)를 향해 느끼시는 슬픔이다. 주님은 지금 누군가 또 한명의 나사로의 무덤 앞에 서계신다. 그 사람은 무덤처럼 악취 나는 어떤 상황 속에서 죽은 지 나흘 이상이 되었다. 주님은 그 사람을 향해 살아서 나오라고 외치시기 전에 울고 계신다(요 11). 주님의 구속 사역에 동참할 수 있다는 것은 매우 기쁜 일이다. 누군가의 짐을 짊어지는 일에는 주님이 주시는 흔들리지 않는 평안과 행복감이 늘 함께 한다.

형제의 죽음을 대신 짊어지는 일을 통해 우리가 성취할 수 있는 것은 정확히 무엇일까? 비참한 느낌을 경험하는 것 이외에 말이다. 짐 지기는 마음과 마음을 연결시켜 주는 문이다. 예수님이 이 문을 통과해 들어가시어 구원을 이루신다. 이 땅에 사는 동안 우리와 형제는 하나이다. 예절 바르신 주님은 우리의 기도로 허락을 받고나서야 형제에게 다가가신다.

혹자는 이렇게 물을지 모른다. "도대체 예수님은 왜 이 세상에 오신 건가요? 왜 주님은 하늘로부터 오셔서 모든 죄(sin)와 사단(Satan)을 단 한 번에 쓸어버리지 않으셨을까요?" 가장 적절한 해답은 바로 '자유의지' 이리라. 주님은 인간에게 가까이 다가오시기 위해 우리 중의 하나가 되셔야만 하셨다. 내 형제가 자유의지를 가졌다는 것은 달리 말해, 우주의 모든 능력을 소유하신 주님조차도 그 형제의 삶에 마음대로 다가갈 수 없다는 뜻이다. 주님은 이미 하늘로 올라가셨지만, 주님의 몸 된 교회는 여전히 이 세상에 머물러 있다. 동료 인간으로서 내 마음이 내 형제의 마음과 하나 된 정도만큼 우리 주님은 그를 향한 구원사역을 시작하신다. 그의 문제가 얼마나 심각한가 하는 것은 조금도 상관없이 말이다.

성령은 멈춰야 할 지점을 잘 아신다. 갈라디아서 6장 2절의 말씀뿐 아니라 갈라디아서 6장 5절의 말씀도 잘 아신다. 나의 형제가 스스로 주님을 초청하고 자기의 짐을 스스로 져야 할 지점에 이르렀을 때, 성령께서도 짐 지기를 중단하신다. 그러나 내 마음(heart)은 주님께서 내 형제의 마음에 들어가시도록 길을 예비한다. 구속의 효과(redemptive effect)를 누리지 못한 채 무참히 실패할 수밖에 없는 형제의 짐을 지는 것이다. 그 형제가 주님 안에서 자유로이 설 수 있을 때까지 나는 계속해서 그의 짐을 함께 나눈다.

"만일 한 지체가 고통을 받으면 모든 지체도 함께 고통을 받고 한 지체가 영광을 얻으면 모든 지체도 함께 즐거워하나니"(고전 12:26). 이 말씀은 결코 시적 표현이 아니다. 사도 바울은 더불어 사는 인간 존재의 현실을 서술하고 있을 뿐이다. 우리는 공동체적인 존재이다. 라디오와 텔레비전의 전파가 대기를 가득 메우고 있다는 사실은 더 이상 우리의 특별한 관심을 끌지 못한다. 우리는 다만 좋은 영상과 음향을 위해 좋은 신호를 제공받기만을 바란다. 그렇다면 지구상 모든 사람이 각각 대기 속으로 전파를 방출하는 방송장치이고, 이들이 원하는 것은 다만 제대로 볼 수 있는 눈과 들을 귀라는 사실도 하등 이상할 게 없다. 짐 지는 이(burden-bearer)는 마치 라디오와도 같다. 성령께서 이들의 주파수를 맞춰 놓으시고는, 때로 지구상의 각 개인이 주고받는 신호를 동일시하게 만드신다. 이웃과 더불어 살아가는 한 우리의 즐거움과 슬픔은 그치지 않으리라. "이 의인이 저희 중에 거하여 날마다 저 불법한 행실을 보고 들음으로 그 의로운 심령을 상하니라."(벧후 2:8) 짐 지는 이들이 상처를 떠안는 것은 단순히 상처를 가진 사람과 함께 살고 있기 때문만은 아니다. 이들은 '저희 중에 거하여' 우연히 떠안게 되었을 분량보다 훨씬 더 많은 것을 의식적으로 받아들인다. 다시 말해 그들은 주님께 넘겨드릴 상처를 열심히 찾아다니는 사람들이다.

짐 지는 수고를 한 자에게는 몇 가지 특별한 보상이 따른다. 우리 모두는 예수님과 함께 살고 싶어 한다. 우리의 찬송은 영원히 주님과 함께 사는 것을 찬미한다. 그러나 영원에 이를 때까지 어떻게 해야 주님 안에 살면서 많은 열매를 맺을 수 있을까?(요 15:4) 예수님이 가시는 곳에 우리도 따라가야 한다. 예수님은 생명의 물이시다. 물은 아래로 흐르기 마련이다. 주님이 계신 곳에 머물기 원한다면, 주님이 늘 어디로 가시는지를 알아내야 한다. 주님은 가장 낮은 곳으로 가신다. 그곳은 고난, 상처, 두려움, 죽음, 수치의 장소이다! 짐 지는 자들은 다른 이들 안에서 주님과 함께 고통을 당함으로써 참으로 주님과 함께 한다는 것이 무엇인지 알게 된다. 예수님은 더 이상 산타클로스가 되는 일을 중단하신다. 단순히 그들의 이기적인 삶을 위해 좋은 선물이나 조달하는 수단이 되시기를 거절하신다. 주님은 그들의 생명(life)이 되신다. 주님은 그들을 위해 쏟아 부은바 되셨다. 짐 지는 이들은 사실 예수님과 함께 머무는 특권을 부여받은 자들이다. 그리스도의 구속 사역은 짐 지는 이들 안(in)에서, 짐 지는 이들을 통하여(through) 지속된다. 짐 지는 자들 안에서 성부 하나님의 기쁘신 뜻을 따라 행하시는 분은 바로 주님이시다. 이들은 결코 주님과 분리될 염려가 없다(빌 2:13). 이들은 결코 순간적인 감정에 의하여 주님의 임재 혹은 주님의 가까이 오심을 판단하지 않는다. 이들은 매일 주님과 함께 일하고 있기에 자신들이 이제까지 믿어온 주님을 너무도 잘 알고 있다.

짐 지는 이들은 십자가에 못 박히는 경험을 통해 훨씬 더 신속한 성화를 이루어간다. 일단 주님이 내 마음(heart)의 한 영역을 이미 다루어 주신 후에, 내가 형제 안에 있는 이와 동일하거나 유사한 영역을 동일시한다면, 나는 투명함 그 자체이다. 마땅한 일이지만, 이때 멍에는 쉽고 짐은 가볍다(마 11:30). 형제의 짐은 아무런 방해도 받지 않고 나를 통과하여 십자가로 나아간다. 그러나 만일 내가 형제 안에 있는 어떤 죄악된 요소를 동일시한다고 하면서, 여전히 그와 유사하거나 동일한 죄를 나의 육체적 본성 안에 그대로 가지고 있다면, 나는 그 '오물' 속에 빠져버리고 만다! 더 이상 내 형제의 상처와 죄는 쉽고 가볍게 나를 통과하여 십자가로 나아가지 못한다. 이제 형제의 죄가 나의 마음(heart)을 무겁게 짓누른다. 이때는 바로 나 자신의 죄악(sin)과 직면하는 순간이다. 이런 일은 너무나도 흔하게 일어난다. 이럴 때마다 나는 별 수 없이 십자가 위로 내 자신의 죽음을 가져가야 한다. 형제의 죄가 제자리걸음 치면서 십자가로 나아가지 못하고 있는 그 영역에 대해, 마치 나 자신만은 책임을 면제받은 양 스스로 속거나 자축하고 있을 수만은 없다. 이와 같이, 다른 이의 죽음을 짊어짐으로 나의 목숨을 내려놓는 일에는 언제나 나 자신의 고백과 죽음도 수반된다.

짐 지기 사역을 하는 이들은 이제껏 한 번도 이 사역에의 부르심에 응답하지 못한 이들에 비해 예수님을 훨씬 더 많이 알아간다. 남의 짐을 더 많이 짊어지면 질수록 죄의 무게와 무서움에 대한 느낌도 점점 증대된다. 또한 현재의 우리의 삶이 있기까지 주님이 얼마나 많은 대가를 치러 주셨는지 깨닫기 시작한다! 우리는 매순간 실제로 구원을 베풀어 주시는 예수님의 사랑을 문자 그대로 이해한다. 만에 하나 예수님이 성부 하나님 앞에서 중재자로서의 역할을 중단하시기라도 한다면, 지구는 인류의 죄의 무게로 인해 30초 이내에 멸망할지도 모른다! 주님께 대한 사랑과 경외감이 우리의 마음을 온통 사로잡는다. 주님께서 허용하시는 범위 내에서 극소량이나마 다른 사람을 위해 당하시는 주님의 고난을 직접 맛보지 않고서야, 모든 인간의 생애 매순간마다 지속적으로 구속적 고난을 당하시는 주님의 은총에 진정으로 감사한다는 것은 어쩌면 불가능할지 모른다!

이와 관련하여 사도 바울은 너무도 멋진 표현을 사용하고 있다.

> 또한 모든 것을 해로 여김은 내 주 그리스도 예수를 아는 지식이 가장 고상함을 인함이라 내가 그를 위하여 모든 것을 잃어버리고 배설물로 여김은 그리스도를 얻고 그 안에서 발견되려 함이니 내가 가진 의는 율법에서 난 것이 아니요 오직 그리스도를 믿음으로 말미암은 것이니 곧 믿음으로 하나님께로서 난 의라 내가 그리스도와 그 부활의 권능과 그 고난에 참예함을 알려하여 그의 죽으심을 본받아 어찌하든지 죽은 자 가운데서 부활에 이르려 하노니 (빌 3:8-11)

누군가 예수를 안다고 말하는 자가 있는가? 사도 바울도 예수를 알았다. 그러나 단순한 지식 그 이상의 것이 존재한다. 사도 바울은 무엇보다도 거저 주어지는 영생에 관해 많은 설교를 한 사람이었다. 그런데 여기서 바울은 '어찌하든지 죽은 자 가운데서 부활에 이르려 한다'고 말한다. 이 구절에서 사도 바울은 천국에 들어가는 일을 말하는 것이 아니다. 단순히 천국 가는 일은 예수님을 영접하는 것으로 족하다. 단순히 예수만 믿으면 영원한 본향에 들어갈 수 있다. 그밖에 달리 필요한 것은 없다. 이 본문에서 사도 바울은 부활 생명의 충만함에 관해 이야기한다! 바울은 계속해서 14절에서 말한다. 뒤에 있는 모든 것은 잊어버리고 '그리스도 예수 안에서 하나님이 위에서 부르신 부름의 상을 위하여 좇아가고 있다'고. 너무나 많은 크리스천들이 동일한 목표점에 도달하기 위해 최선을 다해 애써온 것은 사실이다. 그러나 이들은 한 번도 개인의 완전을 위해 자기중심적인 노력의 테두리를 벗어난 적이 없었다. 이들의 수고의 결말은 바리새인 같은 위선이요 비극일 수밖에 없다! 짐 지는 자들은 목숨(life)의 비밀을 안다. 이들은 목숨을 버리면 다시 얻게 된다는 진리를 안다. 이들은 하나님의 성(city)을 기쁘게 하는 시내의 충만함 속에서 헤엄치는 자들이다(시 46:4). 자기 목숨을 구하려고 열심히 노력하는 사람은 결국 목숨을 잃는다. 짐 지는 이들은 남의 짐에 너무나 골몰한 나머지 자신에 대해서는 깡그리 잊어버린다. 예수의 생명은 이들에게서 흘러나오는 것보다 훨씬 더 빨리 이들을 채우고 새롭게 한다. 엘리야의 임무를 다하느라 쏟아 부은 이들의 기름병은 결코 고갈되는 법이 없다. 왜냐하면 이들은 예수님의 삶의 방식대로 살아가고 있기 때문이다. 이들은 현재의 삶 속에서(here and now) 부활 생명의 감미로움을 맛보기 시작한다.

궁극적으로 짐 지는 이들에게 주어질 훨씬 즐거운 보상이 있다. 이들은 성부 하나님을 알되 예수님이 성부 하나님을 아신 것처럼 알게 된다. 이제 성부 하나님이 그들의 마음(heart)속에 거하신다(여기서 『엘리야의 임무』제 9장, 133-134쪽과 몇 개의 테이프에 실린 간증을 다시 한 번 소개하려고 한다. 이 이야기는 짐 지는 이들이 추구해야 할 최고의 선(善)이며, 짐 지기에 관한 텍스트로서 최상의 결정체이다).

어느 날 밤의 일이다. 나(존)는 스포케인을 출발하여 고속도로를 타고 혼자서 운전하며 집으로 향하고 있었다. 그때 누군가가 내 어깨를 가볍게 툭 쳤다. 매우 실제적인 느낌이었다. 주님이셨다. "존!"

"예, 주님."

"네가 어떤 분을 좀 만나봤으면 한단다."

"예, 주님."

"나의 아버지를 좀 만나보렴."

"예, 주님."

바로 다음 순간 주님의 임재가 나를 온통 덮쳐왔다. 가장 멋지고 은혜롭고 부드럽고 안전하고 평안한 임재였다. 이전에도 이와 같은 경험을 한 적이 있었다. 사람은 찰나의 순간에도 숱한 일들을 깨닫는다. 나는 이 경험이 단순히 통과의례적인 사건이 아니라는 사실을 깨달았다. 성부 하나님이 내 안에 머물기 위해 오신 사건이었다. 동시에 나는 성부 하나님이 이제까지 내가 구약성경을 통해 유치하게 이해해온 하나님과는 전혀 다른 분이라는 것을 깨달았다. 내가 이제껏 알고 있던 성부 하나님은 아말렉 사람들을 전멸하지 않은 사울 왕을 향해 몹시 분노하시는 분이셨다(삼하 15). 그러나 성부 하나님은 더할 나위 없이 부드럽고 인자하셨다.

그 순간 나는 이제는 더 이상 내 삶에서 전쟁이나 무언가를 찾아 헤매는 일은 끝이 났음을 알게 되었다. 그때부터 성부 하나님이 나를 소유하기 시작하셨다. 이보다 더 멋진 일은 없었다. 안전과 안식과 평안을 느꼈다. 운전대를 꽉 쥐고 있는 것 외에 달리 아무 일도 할 수가 없었다. 다만 고속도로가 한산할 때 방문해주신 하나님의 지혜에 감사할 따름이었다. 내 입에서는 끊임없는 외침이 터져 나왔다. "오, 아버지!" 사도 바울의 말씀이 이제야 이해되었다. "너희는 …양자의 영을 받았으므로 아바 아버지라 부르짖느니라"(롬 8:15). '아바 아버지!' 란 내가 나도 모르게 외친 "오, 아버지! 오, 아버지!"와도 동일한 의미였다. 2주 동안 나는 주체할 수 없는 성부 하나님의 사랑스런 임재 속에 압도당해 있었다. 그제야 비로소 여러 성경구절의 의미가 이해되었다. "하나님은 사랑이심이라"(요일 4:8). "하나님은 빛이시라 그에게는 어둠이 조금도 없으시니라"(요일

1:5). "각양 좋은 은사와 온전한 선물이 다 위로부터 빛들의 아버지께로서 내려오나니 그는 변함도 없으시고 회전하는 그림자도 없으시니라"(약 1:17).

사실 그 일이 있기 전까지만 해도 나는 외관상 선해 보이는 막다른 골목길들을 헤집고 다니고 있었다. 혼동을 불러일으키는 수많은 신비적인 경험들로 인해 골치도 썩고 있었다. 따라서 이번의 경험이 아무리 확실하고 굉장한 선물이라 할지라도, 주님이 먼저 성경을 통해 확실한 증거를 보여주기 전까지는 취하고 싶지 않았다. 주님이 응답하셨다. "존, 요한복음 14장 21절을 찾아보렴." 주님은 단순히 성경의 장절을 언급해 주셨다(주님이 성경을 아시다니, 정말 놀랍지 않은가)! "나의 계명을 가지고 지키는 자라야 나를 사랑하는 자니 나를 사랑하는 자는 내 아버지께 사랑을 받을 것이요 나도 그를 사랑하여 그에게 나를 나타내리라." 바로 이제까지 우리가 가르쳐온 내용이었다. 주님의 계명이란 친구를 위해 우리의 목숨을 내어놓는 것, 다시 말해 주님이 우리를 사랑하셨듯이 우리도 이웃을 사랑하는 것이다! 주님은 이 말씀을 통해, 성부 하나님과의 특별한 관계에 들어가기 위한 필수적인 선결조건은 바로 짐 지는 일이라는 사실을 덧붙이고 계셨다. 예수님도 말씀하셨다. 주님의 고난을 이웃과 함께 나눔으로써 갈라디아서 6장 2절의 계명을 실천하는 자는 실제로 주님을 알게 될 것이라고! 이런 자에게 주님은 자신을 계시하신다.

고집스럽게도 나는 이렇게 말했다. "주님, 이것만으로는 불충분해요!"

"요한복음 14장 23절을 찾아보렴." 주님은 또 하나의 성경구절을 말씀해주셨다. "사람이 나를 사랑하면 내 말을 지키리니 내 아버지께서 저를 사랑하실 것이요 우리가 저에게 와서 거처를 저와 함께 하리라." 이 말씀은 바로 나에게 실제로 일어났던 일이다! 마음(heart)은 한없이 부풀어 올랐고, 머리(mind)는 빛으로 가득 차 터질듯했다. 나는 생각했다. "오, 알겠어요, 이젠 알겠어요. 왜 이 사실을 이전에는 전혀 몰랐을까요!?" 나는 이전보다는 조금 더 겸손하게, 그러나 여전히 단호한 자세로 주님께 말씀드렸다. "그런데, 주님! 아직도 충분치가 않아요." 이번에는 주님이 에베소서 3장 14-19절의 말씀 전체를 인용하셨다.

> 이러하므로 내가 하늘과 땅에 있는 각 족속에게 이름을 주신 아버지 앞에 무릎을 꿇고 비노니 그 영광의 풍성을 따라 그의 성령으로 말미암아 너희 속 사람을 능력으로 강건하게 하옵시며 믿음으로 말미암아 그리스도께서 너희 마음에 계시게 하옵시고 너희가 사랑 가운데서 뿌리가 박히고 터가 굳어져서 능히 모든 성도와 함께 지식에 넘치는 그리스도의 사랑을 알아 그 넓이와 길이와 높이와 깊이가 어떠함을 깨달아 하나님의 모든 충만하신 것으로 너희에게 충만하게 하시기를 구하노라

여전히 성부 하나님의 임재를 느끼며 차를 천천히 운전해 가는데, 예수님이 나에게 다음과 같은 사실을 가르쳐 주셨다.

"존, 네가 나를 주님이요 구세주로 영접했을 때, 나와 성부 하나님, 성령 하나님은 모두 함께 네 안으로 들어갔단다. 네 안에 세 분이 내재하게 된 것이지. 얼마 지나지 않아 너는 겉으로 드러나는 성령 체험이 필요하다는 사실을 깨닫게 되었단다. 하지만 내가 성령과 함께 너에게 온 정확한 목적을 말하자면, 바로 너를 회복시켜 나의 아버지께 돌려드리기 위

해서다! 이 일을 위해 내가 왔다. 너에게는 겉으로 드러나는 성부 하나님에 관한 체험도 필요했단다. 이것이 바로 너를 비롯한 모든 이들이 '하나님의 모든 충만하신 것'으로 들어가는 방법이란다."

그때 나에게 말씀 한 구절이 떠올랐다. "나를 보내신 아버지께서 이끌지 아니하면 아무라도 내게 올 수 없으니"(요 6:44). 연이어 또 하나의 말씀이 생각났다. "나로 말미암지 않고는 아버지께로 올 자가 없느니라"(요 14:6). 성부 하나님께로 나를 이끌어주신 분은 바로 성자 예수님이셨다. 또한 예수님은 짐 지기란 결코 어쩌다가 그 낯설고 힘든 은사를 받은 몇몇 전문가들만의 사역이 아니라고 말씀하셨다. 짐 지기 사역은 모든 크리스천이 부여받은 소명이요 부르심이다. 성부와 함께 하는 삶의 충만함 가운데 들어가기를 원하는 모든 크리스천들에게 반드시 필요한 것이 바로 짐 지기이다!

그 경험 이래 나는 줄곧 훨씬 더 깊은 평안과 안식을 누리며 살고 있다. 성부 하나님이 나를 소유하고 계심을 나는 잘 알고 있다. 더 이상 무언가를 찾아 헤매는 일은 끝이 났다. 설사 내가 넘어질지라도 성부 하나님이 다시 일으켜 세워주실 것임을 나는 안다. 나는 능력의 근원을 알고 있다. 예수님은 말씀하셨다. "내가 너희에게 이르는 말이 스스로 하는 것이 아니라 아버지께서 내 안에 계셔 그의 일을 하시는 것이라"(요 14:10). 성부 하나님이 예수님을 보내셨고, 예수님은 우리 모두를 보내신다. 성부 하나님이 예수님 안에서 일하시고 예수님이 내 안에서 일하신다. 더 이상 나는 무언가 일이 되게 하려고 애쓸 필요가 전혀 없다. 이는 성부 하나님의 일이요 그분의 책임이다. 언제나 변함없이 최고로 자비로우시고 부드러우시며 안전하시고 사랑스러우신 성부 하나님을 즐겁게 섬기는 것(serving), 이것이 바로 나의 일이다.

짐 지기는 충만한 삶으로의 지름길이다. 성부 하나님의 집에 들어가는 것은 우연히 되지 않는다. 그저 구원받은 사실에만 만족하고 있어서는 안 된다. 섬김(service)이 없는 예배(worship)에 대한 선지자의 외침을 들어보라.

> 너희가 내 앞에 보이러 오니 그것을 누가 너희에게 요구하였느뇨 내 마당만 밟을 뿐이니라 헛된 제물을 다시 가져오지 말라 분향은 나의 가증히 여기는 바요 월삭과 안식일과 대회로 모이는 것도 그러하니 성회와 아울러 악을 행하는 것을 내가 견디지 못하겠노라 내 마음이 너희의 월삭과 정한 절기를 싫어하나니 그것이 내게 무거운 짐이라 내가 지기에 곤비하였느니라 너희가 손을 펼 때에 내가 눈을 가리우고 너희가 많이 기도할찌라도 내가 듣지 아니하리니 이는 너희의 손에 피가 가득함이니라 너희는 스스로 씻으며 스스로 깨끗케 하여 내 목전에서 너희 악업을 버리며 악행을 그치고 선행을 배우며 공의를 구하며 학대 받는 자를 도와주며 고아를 위하여 신원하며 과부를 위하여 변호하라 하셨느니라 (사 1:12-17)

폴라와 내가 자신 있게 말할 수 있는 것이 있다. 우리는 이 사실을 25년 이상의 상담 사역을 통해 깨닫게 되었다. 인간의 삶 속에 발생하는 온갖 죄로 인한 고통의 이면에는 가장 핵심적인 죄가 자리하고 있는데, 그것은 바로 자기중심적인 이기주의이다(self-centered selfishness)! 여기서 이기주의란 단순한 인색을 의미하지는 않는다. 관대하고 남에게 잘 베푸는 사람일지라도 여전히 자기중심적일 수 있다. 예수의 생명을 흘려보내는 성령께 기원을 둔 봉사가 아니라, 자신은 이웃을 사랑하는 사람이라는 자기생각에 바탕을 둔 봉사일 때 그러하다. 자기중심적인 이들이 선한 행위를 하는 것은, 주님의 부르심 때문이라기보다는, 오히려 자기 안에 가지고 있는 이미지를 충족시키려는 욕구 때문이다. 이런 행위는 아무리 선해도 도움이 되지 못하고 오히려 상대방을 힘들게 한다.

자기중심적인 이기주의는 존재의 중심부(center)로서 끈질기게 남아있다. 죄(sins)가 씻음 받은 후에도, 죄성(sin nature)이 최초의 치명적 타격을 입은 후에도, 심지어 짐 지기 사역에 목숨을 내어놓기 시작한 후에도 오래도록 남아있는 것이 이 자기중심적인 이기주의이다. 구원은 일종의 과정이다. 신분적인 구원받음에서 시작하여 회심으로 마무리된다. 그러나 우리는 계속해서 두려움과 떨림으로 구원을 이루어나가야 한다.

> 그러므로 나의 사랑하는 자들아 너희가 나 있을 때 뿐 아니라 더욱 지금 나 없을 때에도 항상 복종하여 두렵고 떨림으로 너희 구원을 이루라 (빌 2:12)

> 그러므로 너희가 이제 여러가지 시험을 인하여 잠간 근심하게 되지 않을 수 없었으나 오히려 크게 기뻐하도다 너희 믿음의 시련이 불로 연단하여도 없어질 금보다 더 귀하여 예수 그리스도의 나타나실 때에 칭찬과 영광과 존귀를 얻게 하려 함이라 예수를 너희가 보지 못하였으나 사랑하는도다 이제도 보지 못하나 믿고 말할 수 없는 영광스러운 즐거움으로 기뻐하니 믿음의 결국 곧 영혼의 구원을 받음이라 (벧전 1:6-9)

짐 지기 사역은 반드시 꾸준히 행해져야 한다. 어쩌다가 우연히 생각날 때마다 한번 씩 하는 일이 되어서는 안 된다. 무의식적이고 자동적으로 이루어지는 삶의 방식이 되어야 한다. 이렇게 될 때 비로소 제대로 된 짐 지기 사역이 가능하며, 짐 지기에 몰두하는 만큼 자기중심적 본성을 극복하고 자유해질 수 있다. 사도 바울의 말씀을 기억하자. "우리가 시작할 때에 확실한 것을 끝까지 견고히 잡으면 그리스도와 함께 참예한 자가 되리라"(히 3:14). 주님의 몸 된 교회는 이제까지 이 말씀의 의미를, 이를 악물고서라도 마지막까지 믿음을 지켜야 한다는 것으로 이해해왔다. 여기서 사도 바울은 그 이상의 의미를 말하고 있다. 바울은 이 구절을 4장의 맥락 안에서 기록했다. 히브리서 4장은 주님의 안식에 들어가는 것에 관해 이야기한다. "이미 그의 안식에 들어간 자는 하나님이 자기 일을 쉬심과 같이 그도 자기 일을 쉬느니라"(9절). 자기중심적인 본성을 가진 우리가 반드시 가장 먼저 내려놓고 멈추어야 할 일은 과연 무엇일까. 우리는 스스로 자기상(self-image)을 형성해두고 이를 방어하고 이를 위해 살아가고자 끊임없이 애쓰고 노력하는 일을 내려놓아야 한다! 그리스도 안에 확신을 가지고 꾸준히 짐 지기 사역을 하다가 도저히 더 이상은 피곤해서 못하겠다는 사람들이 있다. 그러나 이때야말로 짐 지기 사역이 결코 스스로의 자기상(self-image)을 충족시킬 목적을 가지고서는 불가능함을 깨달아야 하는 순간이다. 짐 지기 사역이 좋다거나 혹은 짐 지기 사역을 하고 싶다거나 하는 생각이 지속적으로 우리 안에 머무를 수 있다. 이러한 생각은 올라올 때마다 매번 죽음에 처해져야 한다. 짐 지기 사역은 오직 주님께 대한 전적인 순종 가운데 이루어져야 한다. 주님이 우리 안에서, 우리와 같이 되셔서, 우리를 위해 행하시도록 전권을 내어드려야 한다. 이러한 죽음을 거치면서 우리는 자유와 안식 속으로 들어간다. 로마서 7, 8장, 히브리서 3, 4장이 모두 하나의 메시지가 되어 우리 마음에 새겨져야 한다. 이럴 때 비로소 짐 지기의 핵심부(core)에 자리하고 있는 자기중심성이 완전히 소멸된다. 오직 순종(obedience)만이 자기중심성을 제거한다. 이제 우리는 로마서 8장의 해방감 가운데로 들어가고, 히브리서 4장의 완전한 안식 안에 머물게 된다.

그럼에도 불구하고 여전히 나는 짐 지기 사역을 하면서 피곤에 지치기도 하고, 주님의 부르심 중 몇 가지를 거절하기도 하고, 자기중심적인 이기적 본성이 다시 고개를 쳐들기도 한다. 이럴 때마다 나는 양자택일을 해야 한다. 끊임없이 자기를 내어주신 예수님의 삶의 방식을 따를 것인지, 아니면 자기(self)에게 명령권을 부여함으로 안식으로부터는 멀어지고 예전처럼 자기중심적으로 애쓰는 방식에 다시금 빠져들지 말이다. 남을 위해 목숨을 내어 놓는 짐 지기 사역은 결코 어떤 고상한 선택사항이 아니다. 모든 크리스천들에게 있어 짐 지기 사역은 오로지 죽음만이 보장된 철저한 희생의 삶이다. 그러나 동시에 확실한 생명이 보장된 일이다.

아! 이 미성숙하고 자신의 구원만을 이기적으로 경축하는 그리스도의 몸 된 교회가 이제는 섬김으로 부르시는 주님의 음성을 듣게 된다면 얼마나 좋을까! 물론 이 섬김에는 짐 지기도 포함된다. 앞으로 천국에 간다는 사실만이 구원의 최대 목표인양 마냥 기뻐하는 것만큼 한심스러운 일이 또 어디 있을까! 앞으로 가게 될 천국을 이따금씩 떠올리며 기쁨의 축제를 벌이는 것은 괜찮다. 그러나 그것만이 전부라면 이는 악취 나는 일이다! 그리스도의 몸인 들판은 이미 희어져 추수할 때가 이르렀다. 구원은 아직 시작일 뿐 마쳐진 것이 아니다. 우리는 어떻게 충만함 가운데 들어갈 수 있는지 알아야 한다. 짐 지는 일은 어쩌다가 타인의 감정을 예민하게 느끼게 된 몇몇 소수의 불행하고 별난 사람들만 감당할 수 있는 소명이 결코 아니다. 이는 모든 크리스천들이 감당해야 할 최초의 부르심이요 가장 중요한 수고이며, 평범한 모든 크리스천들의 삶이자 호흡이다. 짐 지기는 성부 하나님과의 충만한 관계 안으로 들어가는 열쇠이다. 자유와 안식으로 인도하는 자아의 죽음도 짐 지기를 통해 가능하다.

이제까지는 짐 지기 사역의 좋은 점만을 살펴보았다. 이제는 다른 한쪽 면도 들여다보아야 한다. 짐 지기 사역에는 함정(pitfalls)이 도사리고 있다. 짐 지기가 늘 안전한 것만은 아니다. 무슨 일을 만나게 될지 모르기 때문이기도 하고, 우리의 죄성(sin nature)때문이기도 하다. 유혹은 늘 우리 주변에 널려있다. 과도한 사역을 하려는 것, 스스로를 너무 신중하게 여기는 것, 판단하고 비난하는 것, 지나치게 많은 짐을 떠안고 혼란에 빠지는 것, 자신의 문제를 마치 상대방의 문제인양 착각하는 것, 상대방의 문제를 마치 자신의 문제인양 여기는 것 등.

폴라와 내가 상담을 하면서 발견한 사실이 있다. 선천적으로 짐 지기에 뛰어든 사람들은 자신의 영이 이제까지 해온 일이 무엇인지 전혀 알지 못했다. 결국 아무런 정보나 도움도 받지 못했다. 이들은 방안에 들어가서 거의 모든 이들의 짐을 즉각적으로 감지하고 떠맡는다. 본능적으로 감싸 안고 위로하는 마음이 된다. 이런 사람들의 삶은 대체로 지나치게 힘겨워진다.

나 자신도 고통스런 경험을 거쳤기에 말할 수 있다. 이들처럼 나 역시 힘들지 않았던 기억은 한 번도 없다. 충만한 성령의 임재가 느껴짐에 따라 짐은 점점 더 무거워진다. 내 힘으로는 도저히 이를 멈출 수도 제어할 수도 없다. 예배나 기도모임 중, 남들은 다 즐거워하며 웃고 있는 동안, 나만은 슬픔 속에 빠져든다. 그들 스스로는 느끼고 싶어 하지 않는 상처들을 온통 내 안에 끌어안은 채 말이다. 애써 기쁜 척하려고 하지만, 나의 미소는 차츰 굳어지고 사그라진다. 어떻게 해도 행복해지지 않는다. 마침내 주님이 모든 걸 치유해 주시고 나서야 곧 우리는 다시금 함께 나눌 수 있게 된다.

선천적으로 짐 지기 사역을 하는 이들의 영(spirit)은 상처를 입는다. 운 좋게 지혜로운 동료들을 만나 권면과 보호를 받게 된 경우를 제외하고는 말이다. 이해 부족으로 인해 사역 자체가 고통스런 육신적 몸부림이 되어버릴 수도 있다. 쉽고 가볍고 즐거워야 하는데(마 11:30) 무겁고 억압적인 것으로 변질된다. 혹시라도 짐 지는 이가 성취지향성을 지녔다면, 지나치게 잘 하려고 애쓸 수도 있고, 제대로 도와주지 못했다는 사실에 너무 집착하여 거짓 죄책감에 빠질 수도 있다. 바로 나의 경우가 그랬다. 특히 나처럼 부모로 전도된(parentally inverted) 사람은 편안히 안식을 누리지도 못한다. 이런 자는 마치 세상의 모든 짐을 어깨에 짊어지고 있는 모양새이다.

짐 지는 이들은 현재 하하 웃고 있는 친구들, 또는 자신이 행복하다고 굳게 믿고 있는 친구들 속에서도 슬픔과 상처를 감지해낸다.

"지식을 더하는 자는 근심을 더하느니라"(전 1:18). 짐 지는 이들의 삶은 외롭다. 남들은 모르는 것, 남들은 알려고 하지도 않고 알 수도 없는 것을 혼자만 알고 지내야 한다. 짐 지는 이가 자아의 힘(ego strength) 곧 영적 담력이 약한 사람일 경우, 자신이 인지하고 있는 것에 대해 혼란스러워지거나 애매모호함이 느껴질 수도 있다. 짐 지는 이가 혹여 뽐내기 좋아하거나 혹은 자신의 말에 대한 상대방의 반응에 무신경한 사람일 경우에는, 자신이 감지한 것을 분별없이 누설함으로써 남들을 혼란과 상처와 분노에 빠뜨릴 수도 있다.

사람들은 어쩌면 이런 사람을 무서워하게 될지도 모른다. 나는 자신의 감정을 감쪽같이 숨길 수 있었다고 굳게 믿는 사람들에게 묻곤 했다. 그때 왜 그런 감정을 느끼셨냐고. 이럴 때 나는 내가 감지한 바와 지식의 은사를 통해 얻은 통찰을 약간 덧붙여 말해준다. 결국 우리 마을에 사는 많은 이들이 나를 무서워하게 되었다! "저 사람은 너무 많이 알고 있어." "저 사람의 눈은 엑스레이(X-ray) 같아." "저 사람은 마치 나를 꿰뚫어 보는 것 같아." 이러한 것들은 그들 뿐 아니라 짐 지는 이의 영(spirit)에도 상처가 된다. 한편, 남들이 두려워할 것을 지나치게 염려한 나머지 일부러 아무것도 물어보지 않은 경우, 나는 정체를 알 수 없는 무거운 부담을 홀로 떠안고 힘들어할 수밖에 없다. 이럴 때는 마치 예레미야가 된 것 같다. "내가 다시는 여호와를 선포하지 아니하며 그의 이름으로 말하지 아니하리라 하면 나의 중심이 불붙는 것 같아서 골수에 사무치니 답답하여 견딜 수 없나이다"(렘 20:9).

우리는 선천적으로 짐 지는 이들이 주로 침묵과 고독 속으로 파묻혀 버리는 것을 자주 목격했다. 아무와도 나누지 않는 것이 차라리 덜 고통스러웠기 때문이었다. 남들의 이해를 받지도 못했고, 이들의 감지능력은 거절을 당했다. 심지어 면전에서 모욕을 주는 이도 있었다. 그들은 이들을 마치 내려져있어야 할 커튼 너머를 몰래 엿보는 영적 관음증 환자들로 여겼다. 인정하기 힘든 사실이지만, 이들의 비난은 많은 경우에 진실이다. 왜냐하면 성령님은 완벽한 신사(gentleman)이시기 때문이다. 성령님은 개인의 사생활을 존중해 주신다. 반면에 인간의 육신은 그러질 못한다.

짐 지는 이들 중 어떤 이들은 미성숙하다. 육신을 따라 행하기도 하고, 회심을 경험하지 못한 자도 있다. 자신이 가진 은사에만 푹 빠져 있거나, 혹은 능력이 주는 느낌을 너무나 좋아한 나머지 부지불식간에 귀신(demons)의 도움을 얻는 사람도 있다. 마침내 이들의 은사는 짐 지는 것에서 떠나 의혹과 험담거리로 변질된다. 간단히 말해, 짐 지기 사역이 성령 안에서 가르침과 예의를 갖추지 못할 때, 이는 짐 지는 이 뿐 아니라 그의 '희생자' 의 영에도 상처를 준다. 이들 모두에게는 치유가 필요하다. 조사차 던지는 간단한 질문과 예수님께 드리는 치유와 회복을 위한 기도만으로도 치유가 일어난다.

성격상 어중간한 것을 싫어하는 나는 짐 지기 사역에도 펄쩍 뛰어들었다. 성령 안에서 아무런 요령과 지혜도 갖추지 못한 상태였고, 혼(soul)과 영(spirit)의 기능 구분에 대해서도 전혀 모르고 있었다. 나는 그야말로 중압감에 온통 사로잡혀 지냈다. 당시 나는 앞에서 언급한 진정한 의미의 피로, 곧 진정한 죽음과 안식으로 인도해 주는 피로는 경험하지 못했다. 다만 자신이 순교자라는 거짓된 생각에 사로잡힌 채 교만하게 만드는 거짓된 피로만을 느꼈다. 당시 내 안의 성령께서는 그 순간 예수님이 지고 계신 사람들의 짐만을 내가 짊어지기를 바라셨으리라. 그러나 나의 육신은 오만하게도 모든 걸 단번에 이루고 싶어 했다. 나는 이렇게 육신을 피로케 하는 것이 주님을 위한 일이라 여겼고, 누군가 나에 대해 반발하는 사람이 있으면 이는 마땅히 기뻐해야 할 고귀한 핍박이라고 생각하며 혼자 즐거워했다. 그러나 머지않아 이 게임은 와장창 부서지고 말았다. 나는 스스로를 정직하게 직시해야 했다. 주님은 나에게 윈스턴 눈스(Winston Nunes) 형제를 보내주셨다. 그는 영과 혼이 어떻게 다른지 설명해 주었고, 나를 위해 내내 기도해 주었다.

영(spirit)과 혼(soul)은 공간적으로 구분되는 개념이 아니다. 다만 기능면에서의 차이가 있다. "하나님의 말씀은 살았고 운동력이 있어 좌우에 날선 어떤 검보다도 예리하여 혼과 영과 및 관절과 골수를 찔러 쪼개기까지 하며 또 마음의 생각과 뜻을 감찰하나니"(히 4:12). 윈스턴 형제는 주님이 우리를 마치 자동차 엔진처럼 만드셨다고 설명하였다. 자동차 엔진에는 각각 오일, 물, 가솔린이 들어가야 할 자리가 구분되어 있다. 가솔린이나 오일이 들어갈 자리에 물이 있거나, 오일과 물이 들어갈 자리에 가솔린이 있거나, 물이나 가솔린이 들어갈 자리에 오일이 있으면, 반드시 문제가 생긴다. 이와 마찬가지로 하나님은 인간의 생각(mind), 마음(heart), 영(spirit)에게 각각 다른 고유한 임무를 부여하셨다. 아담의 타락 이후 인간은 혼란에 빠졌다. 이로 인해 감정(emotion)은 경계수위를 넘어 전혀 역효과를 몰고 오기도 하고, 때로는 영과 생각을 완전히 무기력하게 만들기도 한다. 생각(mind)이 감정을 억압하거나 영(spirit)의 기능을 차단할 수도 있다. 영(spirit)이 생각(mind)의 통제를 벗어나 마치 폭도처럼 날뛰기도 한다. 결국 이는 우리를 극단적인 신비주의 경험으로 몰아간다. 윈스턴 형제는 회심 후 우리는 반드시 내면세계의 질서를 위해 기도해야 한다고 말했다. 우리 안에 있는 모든 영역이 각각 제 자리를 지켜 나가도록 말이다. 혼과 영이 제자리를 지키며 각각의 역할을 감당할 때 비로소 주님은 우리의 영에 짐을 얹어놓으실 수 있다. 더 이상 우리 전존재가 동시에 한꺼번에 분열되는 일은 없어진다. 짐 지는 일에 대해,

우리의 감정(emotion)과 생각(thought)은 동참은 하면서도 여전히 평정을 유지할 수 있다. 동일시 과정에서 적당한 거리를 유지하면서 기도도 하고 균형을 유지할 수 있다. 한편 마음(heart)과 생각(mind)이 어떤 문제에 빠진 경우에도, 영(spirit)은 평안을 유지한다. 각 부분이 서로 다른 부분을 침해하는 일이 없이 제 기능을 감당하면서 도움을 주고받는다. 이때 우리는 히브리서 4장이 말하는 새로운 차원의 안식으로 들어간다. 더 이상 감정(emotion)은 폭도처럼 날뛰지 않으며 생각(mind)도 더 이상 통제권을 남발하지 않고 영(spirit)이 마음(heart)과 생각의 보호권 밖으로 제멋대로 내달리는 일도 사라진다.

윈스턴 눈스 형제가 나를 위해 기도해 주었다. 혼과 영의 기능은 분리되고 과도하게 설쳐대는 육신은 죽음에 처해지게 해달라고 말이다. 그의 기도를 통해 나는 마치 이제껏 어깨를 짓누르고 있던 천 파운드나 되는 중압감에서 해방된 듯한 느낌이 들었다! 나는 새처럼 가볍고 홀가분한 마음으로 집에 돌아왔다! 더 이상 예수님이 지워주신 짐 이외의 것을 짊어질 필요가 없었다. 더 이상 감정(emotion)과 지성(mentality)이 혼란스러워질 일도 없었다. 내 안의 각 부분이 기능을 유기적으로 주고받게 되었다. 심지어 나는 운동선수로서의 신체 감각과 건강마저 현저하게 증진되었다.

현재 선천적인 짐 지기 사역을 하고 있는 수많은 사람들이 아직도 그들을 제대로 가르쳐 자유케 해 줄 수 있는 단 한명의 식견 있는 크리스천을 만나지 못해 이리저리 헤맨다. 1970년 혹은 1972년 무렵, 폴라와 내가 만난 짐 지기 사역자들만 해도 수백 명 이상이 되었다. 주님이 윈스턴 형제를 통해 나를 자유케 해주신 것처럼, 나와 폴라도 주 안에서 기쁜 마음으로 이들을 자유케 하는 일에 쓰임 받았다.

유쾌할 정도로 재미있으신 우리 주님이 '주의 구원의 즐거움을 내게 회복시켜 주시고자'(시 51:12) 한 가지 일을 꾸미셨다. 팻 브룩스(Pat Brooks)가 저술한 『Out In Jesus's name』이라는 책이 있다. 그녀의 책에 나오는 몇 가지 사항에 대해 동의할 수 없었던 나는 난생 처음으로 비평이라는 걸 써서 그녀에게 부쳤다.

주소를 알지 못했기에 나는 보통 글씨체로 쓴 편지를 그녀의 발행인 앞으로 보냈다. 제멋대로 휘갈겨 쓴 글자를 해독하지 못한 발행인은 그 편지가 팻 분(Pat Boone)에게 보내진 것이라고 생각하여 다시 그에게 보냈다! 편지를 받아든 팻은 어안이 벙벙했다. 자신의 저서에는 도저히 적용할 수 없는 내용이었다. 그러나 비평의 내용 자체에는 호기심이 생겼다. 그는 편지를 들고 자신의 목사님인 잭 헤이포드(Jack Hayford)를 찾아갔다. 편지를 읽은 두 사람은 나에게 기쁨의 은사가 결여되어 있음을 분별해냈다! 그리고 그들은 내가 그 은사를 갖게 되도록 기도하였다!

그 후 어느 날 아침, 주님과 나는 여느 때처럼 토론을 했다. "존, 넌 아직도 그 말씀을 깨닫지 못했어." 주님은 다음의 찬송가 가사를 말씀하는 중이셨다. "여호와를 기뻐하는 것이 나의 힘이다(The joy of the Lord is my strength)"(느 8:10). 계속해서 주님은 말하셨다. "존, 넌 이 구절을 강해지기 위해서는 기뻐해야 한다는 의미라고 생각하고 있지. 그래서 뭔가 기쁨을 얻기 위해 애를 썼고. 그러나 내 슬픔을 과도하게 짊어지고 있느라 기쁨을 느끼지 못할 때마다 너는 자신을 정죄하곤 했어. 이는 네가 말씀의 의미를 정확히 파악하지 못했기 때문이다. 자세히 보렴. '여호와를 기뻐하는 것(the joy of the Lord)'이라고 되어 있다. 너의 힘이 되는 것은 바로 나의 기쁨이지, 너의 기쁨이 아니다. 너는 기뻐하려고 애를 썼지만 기뻐지질 않았다. 그래도 너는 깨닫지 못했어. 존 내가 어디 사느냐?"

"제 안에 사시죠."

"존, 나에게는 언제나 기쁨이 있단다. 네가 기쁘든 안 기쁘든 상관없이 말이야. 다시 말해 내 기쁨은 항상 네 안에 있단다. 네가 이를 느끼든 못 느끼든 말이지. 너의 힘이 되는 것은 바로 나의 기쁨이다!"

다음날 아침 폴라와 나는 평소와는 사뭇 다른 순간을 보내야 했다. 상대방에게 하는 모든 말이며 행동이 계속 어긋나면서 서로에게 자꾸만 오해를 불러일으켰다. 나는 주님께 말씀드렸다. 나에게 주신 은사에 대해서도 전혀 기쁘지 않고 주님과 함께 있는 것도 전혀 유쾌하지 않다고. 바로 그 순간 한 무리의 내담자를 실은 최초의 차량이 진입로에 모습을 드러냈다. 자동차 문을 처음으로 열고 나온 한 내담자가 이렇게 소리쳤다. "어머, 존! 오늘 아침에 주님의 기쁨이 존에게서 넘쳐나고 있네요!"

그 말을 들은 나는 이렇게 생각했다. "넘쳐나는 건 골칫거리뿐이지."

그때 주님이 말씀하셨다. "이제야 알겠니? 존! 내 기쁨은 언제나 네 안에 있단다. 네가 느끼지 못하는 순간에도 여전히 다른 이들은 네게서 기쁨이 넘쳐나는 것을 볼 수 있지." 결국 나는 주님의 말씀을 믿었고 안식에 들어갔다. 그의 기쁨이 여전히 나의 기쁨이요 힘이라는 사실을 믿기 위해 매번 특별한 경험을 해야 할 이유는 없었다.

그 무렵 주님은 나에게 전도서 7장 2-4절의 말씀을 열어주셨다.

초상집에 가는 것이 잔치집에 가는 것보다 나으니 모든 사람의 결국이

> 이와 같이 됨이라 산 자가 이것에 유심하리로다 슬픔이 웃음보다 나음은 얼굴에 근심함으로 마음이 좋게 됨이니라 지혜자의 마음은 초상집에 있으되 우매자의 마음은 연락하는 집에 있느니라

주님은 이 말씀으로 허드렛일처럼 보이는 짐 지기 사역을 하는 것과 자기중심성에 도취되어 향연을 베푸는 집에 머무는 것을 대조해 주셨다. 주님의 설명은 마치 월트 휘트먼(Walt Whitman)의 이야기와도 비슷했다. "제 말에 모순이 있습니까? 확실히 제가 모순된 말을 하고 있습니다(나는 광대하며, 내 안에는 수많은 것들이 들어있습니다)." 나의 혼과 영이 각각의 고유한 기능을 감당하기 시작하자, 나는 짐 지기로 인해 슬픔(sorrow)에 잠기면서도, 주님과 함께 하는 수고에 대해서는 내 영의 깊은 곳에서 기뻐할 수 있게 되었다. 그와 동시에 나는 아이의 생일파티를 즐기는 일처럼 외관상 전혀 무관해 보이는 다른 일들도 아울러 행하게 되었다. 더 이상 동일한 감정 상태에 마냥 머물러 있을 필요가 없어졌다. 나를 이루는 각 부분들이 흔쾌히 각각의 구별된 기능을 동시에 감당하기 시작했다! 마침내 나는 내 영의 한 지점(level)에서 '말할 수 없는 영광스러운 즐거움으로 기뻐하면서' (벧전 1:8) 낄낄거렸다. 비록 짊어진 짐의 중압감이 너무나도 크고, 또한 누군가의 내면에 있는 완강한 예루살렘을 놓고 예수님과 함께 흐느껴 울어야 하는 순간이라 할지라도 말이다. 동시에 나는 아이들과 어울려 게임을 즐기기도 했다.

오랜 동안의 상담 사역을 하면서 절실하게 느껴지는 바가 있다. 짐 지기 사역을 하는 자를 비롯한 수많은 크리스천들도 내가 깨달은 교훈을 반드시 깨달아야 한다. 웃고 싶은 느낌과 울고 싶은 느낌이 동시에 올라올

때마다 뭔가 자신이 잘못되었다고 여기며 스스로를 정죄하는 크리스천들이 너무도 많다! 요한복음 11장에서 베다니로 들어가시던 예수님은 나사로가 살아나게 될 것을 알고 계셨다. 주님은 제자들에게 이미 이틀 전에 주님의 뜻을 일러주셨다(1-5절). 주님의 성령은 앞으로 주님께서 이루실 놀라운 기적을 기대하며 마땅히 즐거워해야 했다. 다름 아닌 나사로만을 위해서 말이다. 그러나 마르다를 비롯한 다른 사람들의 짐을 짊어지고 공감적인 동일시를 하신 주님은, 무덤 앞에서는 울어야만 하셨다(35절). 우리는 늘 한결같을 필요가 없다. 오직 크리스천이라는 사실만 변함이 없으면 된다! 우리는 내면의 다양한 차원들을 통해 동시에 다양한 것들을 느낄 수 있는 존재이다.

짐 지는 이들에게는 친구가 필요하다. 육체의 노력에 빠질 때를 살펴보았다가 조언해줄 수 있는 친구, 너무 많은 짐을 너무 오랫동안 지고 있는 것은 아닌지, 혹은 너무 적게 너무 짧게 지고 있는 것은 아닌지 점검해줄 친구가 필요하다. 우리는 서로 돕고 서로 격려해 주어야 한다(빌 2:1-3). '다른 사람의 일을' 돌아보아야 하고(빌 2:4), 서로를 붙들어 일으켜 주어야 하며(전 4:9-12), 필요한 것을 서로서로 공급해 주어야 한다(엡 4:6). 간단히 말해, 짐 지는 이(크리스천)는 결코 혼자서는 섬길 수 없다.

대체로 우리는 크리스천 친구와 친척들로부터의 따뜻한 포옹을 필요로 한다. 신체적인 접촉은 공명 현상을 이룬다. 한 음차(tuning fork)가 소리를 내면 다른 것들이 이에 조화를 맞추듯, 크리스천들은 신체 접촉을 통해 바른 음색으로 조율해가며 서로를 회복시킨다. 내가 80명의 짐을 마음에 가득 떠안고 부담감에 압도당하여 정체성 혼란마저 일으키고 있을 때면, 폴라가 나를 원래의 모습으로 회복시켜준다. 친구로서 가볍게 어깨를 두드려주는 것만으로도 충분할 때가 있다. 혹은 네 맘 내가 다 안다는 듯 공감어린 눈으로 바라봐주는 것만으로도 족하다. 우리 모두는 동료들과 더불어 균형을 제공받고 신선함을 나누어주며 살아가야 한다.

바로 이런 점에 거머리(leeches)의 접근 위험성이 존재한다. 거머리들은 마치 흡혈귀와도 같다. 거머리는 사실 이미 죽은 존재들이다. 단지 남의 피(에너지)를 빨아먹는 것으로 목숨을 부지한다. 이들의 활동 시간대는 밤이다. 밤이란 오해와 자기(self)의 증오로 인한 어두움을 의미한다. 이들은 결코 환한 낮에는 서있지 못한다. 낮은 자신의 죄를 들춰내기 때문이다. 거울도 보지 못한다. 자기(self)의 모습과 죄를 그대로 비춰주기 때문이다.

거머리들은 예수 안에서 생명을 가진 자들에게 착 달라붙는다. 그러나 이들이 달라붙는 사람들이란 누군가에게 도움을 주고 싶은 욕구에 대해 온전히 죽는 법을 배우지 못한 자들이다. 거머리들이 달려드는 대상은 사실 사역을 받아야만 할 사람들이다. 이들은 자신이 가진 은사가 제단 위에 희생 제물로 드려져야 할 이삭(Isaac)이라고는 단 한 번도 생각해본 적이 없다. 더 많이 성숙함으로 자존감에 대해 이미 죽은 자, 자기의 이삭(Isaac)을 이미 희생 제물로 제단에 바친 자는 재빨리 거머리를 분별하고 그들의 촉수를 피하여 숨는다. 이들은 늘 주님과 보조를 맞추어 주님이 베푸시는 동안만 베푼다.

사역 초기에 폴라와 나는 영적 거머리들에 둘러싸여 거의 숨 막힐 지경에 이른 적이 있었다. 이 거머리들은 의존성이 매우 강한, 나약한 자들이었다. 이들은 한 가지 정서적 문제를 해결해 주면 금방 또 다른 유사한 문제를 가지고 찾아왔다. 끊임없이 자질구레한 일을 들고 우리를 찾았다. 이들은 아니오 라고 말하는 법을 미처 배우지 못한 우리들에게 착 달라붙었다. 누군가 우리를 필요로 하는 이가 있다는 사실에 우리는 육신적으로 기뻐했다. 우리의 말에 귀기울여주고 여러 가지 질문을 해주어 우리를 지혜롭고 유능한 상담자로 여기게 만드는 사람들이 주변에 있다는 것만으로도, 왠지 우리 자신이 중요하고 대단한 사람이라도 되는 양 으쓱해했다.

누군가의 포옹을 받으면 우리는 편안해지고 원기가 회복되고 충전되는 느낌이 든다. 그러나 거머리를 포옹하고 나면 고갈된 느낌이 든다. 이들은 마치 진공청소기 같다. 먼지가 아니라 청결함을 빨아들이는 진공청소기 말이다! 이때 짐 지는 이들은 거머리가 가지고 있던 온갖 쓸데없는 오물이 자신 안에 가득 메워진 것처럼 느껴지기도 한다. 만일 이 현상이 사도 바울의 말씀처럼, 사망은 우리 안에 역사하고 생명은 그들 안에 역사하는 것이라면 나쁠 게 무엇이랴. 실제로 이것이야말로 우리의 목적이지 않는가. 그러나 거머리 안에서는 별로 좋은 일이 일어나고 있는 것 같지 않다. 잠시 조금 더 나은 기분이 되었을 수는 있겠으나, 그것도 잠시뿐이다. 거머리들 안에 생명이 역사하고 있는 기미는 전혀 보이지 않는다. 이들은 마음을 다잡고 계속해서 자신의 힘으로 힘 있게 나아가지 못한다.

거듭 말하지만, 나는 윈스턴 눈스 형제 덕분에 자유를 얻었다. 우리는 워치만 니(Watchman Nee)의 책을 많이 읽었다. 특히 『혼의 잠재력(The Latent Power of the Soul)』을 통해 우리 사역의 많은 부분이 혼적인 노력에 불과했다는 사실을 깨달았다. 진실로 '육은 무익한 것'(요 6:63)이었다. 그러나 어떻게 해야 그 상태를 벗어날 수 있는지 우리는 알지 못했다. 이때 윈스턴 형제가 나에게 말했다. "존, 자네의 사역은 자네에게 있는 이삭이라네. 하나님은 자네가 그것을 희생 제물로 바치길 원하신다네."

윈스턴을 하나님의 사람으로 인정했던 나는 그의 말에 순종했다. 그러나 그 순간도 나는 내가 무슨 일을 하고 있는지 알지 못했다. 나중에야 사람이 어떤 재능이나 은사를 가지고 있는 한 그 재능과 은사를 조종하는 것은 하나님이 아니라 그 자신과 그의 혼적 육신이라는 사실을 깨달았다. 하나님으로 하여금 그와 그의 재능을 소유하게 하셔야 하는데, 오히려 재능이 그를 소유하고 인도해 간다. 윈스턴 형제는 하나님께 복종하여 이삭을 바친 아브라함처럼 나를 이끌어 모든 것을 포기하는 기도를 드리게 했다. 그리고는 누가복음 14장 26절의 의미를 설명해 주었다. 우리가 가진 모든 재능은 마치 어린 아이와 같아서 혈육에 속해 있으며 낡은 포도주부대 안에 담겨있다. 우리는 육체로 더럽힌 옷이라도 싫어해야 하며(유 23), 우리 속에 있는 모든 것들을 십자가 위로 가져다가 죽음에 처하게 해야 한다. 그렇지 않으면, 예수님이 우리를 소유하고 통제하시는 것이 아니라, 우리 안에 있는 그 무엇이 우리를 소유하고 통제하게 된다.

윈스턴의 도움으로 이런 기도를 드린 순간, 또한 폴라와 함께 이 사실을 나누는 순간, 누군가의 도움이 되고 싶어 하는 우리의 욕구는 죽음에 처해졌다. 우리의 사역도 죽음에 처해졌다. 이제까지 우리 사역에 가치를 실어준다고 착각한 것들에 대해서도 더 이상 집착할 필요가 사라졌다. 분별을 활성화시키는 법을 배우는 데에는 훈련이 필요했다. 아니오라고 말하는 법을 배우기 위해서도 다소 시간이 걸렸다. 이런 과정을 통과하면서, 이제까지 우리가 부지불식간에 오로지 예수만을 위하여 살아온 것이 아니라 사역 자체를 위하여 살아왔음을 깨달았다. 다만 더 나은 사역을 위해 예수님을 이용하고 있었다. 이러한 부분에 대해 죽자 우리의 안전은 다시금 예수 안에서 발견되었다. 더 이상 외관상 사역이 잘 되어가는 여부에서 안전을 찾지 않았다.

이는 결코 우리가 거머리들을 무조건 받아들이게 되었다는 뜻이 아니다. 다만 우리가 할 수 있는 일이란 아무것도 없었다. 더 이상 우리는 그들에게 아무 것도 흘려보내지 않았다. 물론 이렇게 하신 분은 예수님이라고 생각한다. 거머리들이 공급받는 혈액은 고갈되어 갔다. 자연히 이들은 또 다른 '흡반(suckers)'을 찾아 이리저리 헤매고 돌아다녔다. 몇몇 소수의 거머리는 거짓된 공급원이 완전히 사라졌음을 알고는, 돌아와 그리스도 안에서 죽음과 거듭남을 발견하기도 했다.

상담자들은 실제로 짐 지기 사역의 한계에 대하여 반드시 숙지해야 한다. 갈라디아서 6장 5절은 이렇게 말씀한다. "각각 자기의 짐을 질 것임이니라." 이 말씀을 이해하는 상담자라면 다른 이들을 누가복음 14장 26절과 같은 아브라함-이삭의 기도로 인도해갈 수 있다. 종종 나는 다음과 같이 고백할 필요를 강하게 느낀다. "주님, 이제까지 지나치게 개방적이었던 우리 내면의 모든 문들을 이제는 닫습니다." 혹은 "이제까지 달라붙어 있던 모든 사람들의 영으로부터 이 사람을 풀어놓습니다. 주님, 다시금 아무도 잘못된 동기를 가지고 이 사람에게 접근하지 못하도록 이 사람의 내적 존재를 봉하여 주십시오."

선천적인 짐 지기 사역자들 가운데 어리석고 십자가에 못 박힌 적도 없는 어떤 이들의 경우와 같이, 완전히 부서지는 경험과 과도한 짐으로 허덕이는 경험을 갖지 못한 자라면, 이러한 깨달음과 기도를 통해 얻게 되는 자유와 해방감의 은총에 대한 온전한 감사도 어쩌면 불가능할지 모른다! 목사님들은 교회에서 가장 신실하게 섬기고 있는 양들을 한번 면밀히 살펴보시기 바란다. 이들 중 대다수가 비참하게도 탈진을 경험해왔다. 우리가 이삭의 교훈 및 누가복음 14장 26절의 교훈을 진작 깨달았더라면, 이들이 그토록 방황하는 일을 막을 수 있었을지 모른다.

우리는 단지 해방감에 대해 가르치고 기도하는 것에 그쳐서는 안 된다. 치유도 베풀어야 한다. 친구들의 과로하고 혹사당한 내면의 영역에 주님의 향유를 쏟아 부어주어야 한다. 이들은 다만 좋은 의도를 가지고 봉사의 삶에 달려든 자들이다. 부족한 것이 있다면 지혜와 자기(self)의 죽음이었을 뿐.

그렇다고 교회가 모든 거머리들을 쫓아내기 위한 돌격대장이라도 앞세워야 한다는 말은 결코 아니다. 주님은 거머리들도 사용하신다. 주님의 종들로 하여금 온통 자기(self)만 앞세운 사역의 게임을 싫어함으로 포기하게 만드는 도구로써 말이다. 또한 거머리라 할지라도 몇 명은 참된 신앙을 발견케 될 수도 있다. 누군가의 도움이 되고 싶은 욕구에서 죽었을 때 비로소 맛보게 된 그 해방감을, 이 주님의 종들이 스스로 발견할 때까지 우리는 다만 이들을 섬기며 지켜보면 된다.

짐 지기에 관한 이야기를 여기서 마무리하려고 한다. 단, '하나님은 아무도 필요로 하지 않는다(God need no one)'는 비밀을 터득한 자에 한하여 본 장을 넘어갈 수 있다. 이 비밀은 곳곳에 위험이 도사리고 있는 짐 지기 사역에 있어 여전히 신뢰할만한 진리이다. 하나님은 결코 우리의 목적을 위한 도구가 될 수 없다. 세상의 모든 아버지들이 자녀 하나하나를 모두 필요로 하듯, 하나님도 우리를 필요로 하신다. 그것 말고 주님이 우리를 필요로 할 이유는 없다. 주님은 잠깐 사이에라도 우리 대신 어는 누군가를 사용할 수 있으셨다. 오직 주님만이 하나님이시다. 하나님은 하나님의 영광을 다른 누구와 나누기를 원치 않으신다. 이는 사실 우리 인간을 위함이다. 남의 필요를 채워주는 것은 좋은 일이 못된다. 필요에 의해 이루어진 관계는 모두 불안정하다. 세상은 조종을 원한다. 세상은 누군가의 필요를 채워주는 존재가 되기를 원한다. 크리스천은 자유하다. 크리스천은 남의 필요를 채워주기 위한 존재가 아니라, 사랑받고 관심받기 위한 존재들이다. 크리스천은 어느 누구도 속박하지 않으면서 자유롭게 사랑을 주고받을 수 있다. 자기가 아니면 교회(혹은 누군가가) 잘 될 리 없다고 생각하는 사람이 있다면 실례지만 크게 놀라셨을 것이다. 모든 크리스천들에게 "온 세상에 대한 총지배인 역할을 포기하자!"고 가르쳐야 한다. 우리 없이도 가족과 친구, 온 세상이 얼마든지 잘 살아갈 수 있다는 사실은 참으로 충격이 아닐 수 없다. 그러나 이러한 충격 후에는 즐거움이 찾아온다! 이런 사실을 터득한 우리에게 주님은 온 세상의 필요를 채워주라고 말씀하실 것이다. 더 이상 우리는 세상을 필요로 하지도 않으며, 우리와 세상 모두 우상숭배에 빠질 염려도 없다. 도처에서 이미 여러 번 말씀드렸으나, 요지는 항상 동일하다. 살기 위해서는 죽는 길밖에 없다!

 짐 지는 이들이 왜 죽기 힘든지 아시는가? 자신들이 이미 죽었다고 생각하기 때문이다.

Chapter 15. 비탄, 좌절, 상실
Grief, Frustration, and Loss

마음의 화평은 육신의 생명이나 시기는 뼈의 썩음이니라 (잠 14:30)

마음의 즐거움은 얼굴을 빛나게 하여도 마음의 근심은 심령을 상하게 하느니라 (잠 15:13)

마음의 즐거움은 양약이라도 심령의 근심은 뼈를 마르게 하느니라 (잠 17:22)

비탄, 좌절, 상실은 두 가지 형태로 나타난다. 꿈을 상실하기도 하고 생업 혹은 직장에서 좌절을 맛보기도 하고, 수입 혹은 소중한 물건을 잃기도 한다. 상실한 물건과 꿈과 희망이 우리에게 어떤 의미가 있었느냐에 따라 이것들은 모두 우리에게 상처를 준다. 마치 조부모로부터 물려받아 소중히 간직하고 있는 찻주전자처럼 말이다. 또 한 형태는 하나님과 타인 또는 자신과의 관계 속에서 일어난다. 후자의 형태는 전자에 비해 훨씬 강력하다. 물건을 잃어버리면 기억만 남는다. 그러나 하나님과 사람들은 계속해서 살아있다. 그들의 삶이 끊임없이 우리 삶을 향하여 소리를 질러댄다. 그들이 계속 존재한다는 사실 하나만으로도 우리에게는 치유와 회복이 필요하다.

비탄(grief)에 관해서는 '우울증'을 논한 제 7장에서 다소간 설명한 바 있다. 좌절과 상실에 관해서는 『속사람의 변화』 중 '부르심에 대한 불안(Destiny Malaise)'을 이야기하면서 잠시 언급하였다. 이 주제에 관해 쓴 좋은 책들은 얼마든지 있다. 특히 린(Linn) 형제의 『삶의 상처를 치유하기(Healing Life's Hurts)』는 매우 훌륭하다. 따라서 본 장에서는 비탄, 좌절, 상실이 구체적으로 어떻게 우리 개인의 영(spirit)과 몸(body)에 영향을 주는지, 또한 그 치유책은 무엇인지에 대해서만 살펴보려고 한다.

우리가 이 세상에 태어났을 때, 영(spirit)은 몸(body) 그리고 부모로부터 물려받은 유산(heritage)과 전혀 동떨어져 있지 않다. 이들 셋은 통합적으로 한데 연관되어 있다. 본능적으로 우리의 영은 자신의 존재를 정의하고(definition) 자기실현(fulfillment)을 이루는 일에 있어 육신의 부모를 가장 중요하게 여긴다. 특히 인생의 형성기에 부모를 상실하는 경험은 단순히 몸의 일부를 잃는 경험과는 전혀 다르다. 사람은 한쪽 팔을 잃어도 여전히 잘 살아간다. 팔 하나를 잃었다고 해서 친구나 친척과의 관계 기반, 혹은 그 사람의 중심부에 존재하는 핵심(core)이 손상되는 것은 아니다. 그러나 우리 삶에 있어서 부모는 심지어 몸의 일부인 다리보다도 훨씬 더 심오한 위치를 차지한다.

아이의 영(spirit)은 매일매일 부모를 통해 자신을 규정하고 자기실현을 이루어간다. 부모와 함께 있음 자체가 아이의 존재를 구성하는 DNA 세포들을 향해 RNA의 지퍼송(zipper song)을 어떻게 불러야 하는지를 노래한다. '함께 있음'과 연합은 아이의 영을 통해 뼛속 깊은 데로 스며든다.

영의 건강과 신체의 건강은 직접적인 연관이 있다. 특히 중요한 의미를 가지는 인물들과의 관계에서는 더욱 그러하다. "어진 여인은 그 지아비의 면류관이나 욕을 끼치는 여인은 그 지아비의 뼈가 썩음 같게 하느니라"(잠 12:4). 사랑하는 이의 상실로 인한 비탄(grief)은 신체 중에서도 뼈의 건강에 악영향을 미친다.

> 내 생명은 슬픔으로 보내며 나의 해는 탄식으로 보냄이여 내 기력이 나의 죄악으로 약하며 나의 뼈가 쇠하도소이다 (시 31:10)

> 무릇 지나가는 자여 너희에게는 관계가 없는가 내게 임한 근심 같은 근심이 있는가 볼찌어다 여호와께서 진노하신 날에 나를 괴롭게 하신 것이로다 위에서부터 나의 골수에 불을 보내어 이기게 하시고 내 발 앞에 그물을 베푸사 나로 물러가게 하셨음이여 종일토록 고적하여 곤비케 하셨도다 (애 1:12-13)

스트레스는 영에 안 좋은 영향을 준다. 결국 건강, 특히 뼈에도 악영향을 미친다.

> 마음의 화평은 육신의 생명이나 시기는 뼈의 썩음이니라 (잠 14:30)

여기서 '시기'에 해당하는 'passion'은 적당하고 건강한 성적 열망이 아니라 육체적인 괴롭힘을 의미한다.

> 마음의 즐거움은 양약이라도 심령의 근심은 뼈를 마르게 하느니라 (잠 17:22)

스트레스를 미리 예상하는 것만으로도 우리 영은 악영향을 받는다. 이로 인해 건강, 특히 뼈의 건강이 악화된다. 하박국은 임박한 죄의 심판을 예언했다.

> 내가 들었으므로 내 창자가 흔들렸고 그 목소리로 인하여 내 입술이 떨렸도다 무리가 우리를 쳐 올라오는 환난날을 내가 기다리므로 내 뼈에 썩이는 것이 들어 왔으며 내 몸은 내 처소에서 떨리는도다 (합 3:16)

욥이 상실과 슬픔으로 스트레스를 받고 있는 동안, 그의 영과 뼈도 함께 고통을 겪었다. 욥의 친구들은 죄가 영과 뼈에 악영향을 미쳤다고 말했다. '두려움과 떨림이 내게 이르러서 모든 골절이 흔들렸었느니라' (욥 4:14). '내 피부와 살이 뼈에 붙었고' (19:20). '밤이 되면 내 뼈가 쑤시니' (30:17). '뼈가 늘 쑤심의 징계를 받나니' (33:19). 한편 욥은 하나님의 축복을 받은 자는 건강을 누린다고 말한다. '그 기골이 청년 같이 강장하나' (20:11). '그 그릇에는 젖이 가득하며 그 골수는 윤택하였고' (21:24).

죄는 영에게 즉각적인 영향을 미치며, 영은 뼈에 영향을 준다.

주의 진노로 말미암아 내 살에 성한 곳이 없사오며 나의 죄로 인하여 내 뼈에 평안함이 없나이다 (시 38:3)

대저 내 날이 연기 같이 소멸하며 내 뼈가 냉과리 같이 탔나이다 내가 음식 먹기도 잊었음으로 내 마음이 풀 같이 쇠잔하였사오며 나의 탄식 소리를 인하여 나의 살이 뼈에 붙었나이다 (시 102:3-5)

내가 토설치 아니할 때에 종일 신음하므로 내 뼈가 쇠하였도다 주의 손이 주야로 나를 누르시오니 내 진액이 화하여 여름 가물에 마름 같이 되었나이다 (시 32:3-4)

저가 저주하기를 좋아하더니 그것이 자기에게 임하고 축복하기를 기뻐 아니하더니 복이 저를 멀리 떠났으며 또 저주하기를 옷 입듯하더니 저주가 물 같이 그 내부에 들어가며 기름 같이 그 뼈에 들어갔나이다 (시 109:17-18)

주님의 징벌도 뼈에 직접적인 영향을 준다.

저희가 두려움이 없는 곳에서 크게 두려워하였으니 너를 대하여 진 친 저희의 뼈를 하나님이 흩으심이라 하나님이 저희를 버리신고로 네가 저희로 수치를 당케 하였도다 (시 53:5)

나로 즐겁고 기쁜 소리를 듣게 하사 주께서 꺾으신 뼈로 즐거워하게
하소서 (시 51:8)

의인이 나를 칠찌라도 은혜로 여기며 책망할찌라도 머리의 기름 같이
여겨서 내 머리가 이를 거절치 아니할찌라 저희의 재난 중에라도 내가
항상 기도하리로다 저희의 관장들이 바위 곁에 내려 던지웠도다 내 말
이 달므로 무리가 들으리로다 사람이 밭 갈아 흙을 부스러뜨림 같이
우리의 해골이 음부 문에 흩어졌도다 (시 141:5-7)

뼈가 이다지도 중요한 이유는 무엇일까? 우리 영에서 일어나는 것들
이 뼈에게 어떻게 그렇게 신속하고 직접적인 영향을 줄 수 있는 것일
까? 다음 이야기를 들어보시라(『리더스다이제스트 의료백과사전
(Reader's Digest Medical Encyclopedia)』, 527-528쪽에
서 발췌).

뼈는 혈액을 구성하는 중요한 성분이 만들어지는 곳이다. 뼈는 혈장에 녹아있는 칼슘의 저장소이기도 하다. 모공과 공동(空洞, cavity)은 적색 골수(骨髓)로 채워져 있다. 발달단계 전반에 걸쳐 적색 골수는 대부분 혈구(血球)로 이루어져 있다. 매초 당 약 500만 개의 성숙한 적혈구 세포가 생성되어 방출된다. 혈소판은 응혈 형성에 필수요소이다. 우리 몸을 감염으로부터 보호해주는 백혈구 역시 적색 골수에서 형성된다(진한색은 저자의 표시).

매초 약 5백만 개의 새로운 적혈구 세포가 우리 몸으로 방출되어 나온

다니, 정말 놀랍지 않는가. 또한 적색 골수가 우리 몸을 질병에 걸리지 않도록 보호하는 백혈구를 생성한다는 사실도 놀랍기만 하다. 이 사실을 유념하며 다음 말씀을 보시기 바란다.

> 너는 마음을 다하여 여호와를 의뢰하고 네 명철을 의지하지 말라 너는 범사에 그를 인정하라 그리하면 네 길을 지도하시리라 스스로 지혜롭게 여기지 말찌어다 여호와를 경외하며 악을 떠날찌어다 이것이 네 몸에 양약이 되어 네 골수로 윤택하게 하리라 (잠 3:5-8)

> 선한 말은 꿀송이 같아서 마음에 달고 뼈에 양약이 되느니라 (잠 16:24)

> 눈의 밝은 것은 마음을 기쁘게 하고 좋은 기별은 뼈를 윤택하게 하느니라 (잠 15:30)

> 너희가 이를 보고 마음이 기뻐서 너희 뼈가 연한 풀의 무성함 같으리라 여호와의 손은 그 종들에게 나타나겠고 그의 진노는 그 원수에게 더하리라 (사 66:14)

이사야 58장에서 주님은 마땅히 주님을 섬길 자들을 부르고 계신다.

> 그리하면 네 빛이 아침 같이 비칠 것이며 네 치료가 급속할 것이며 네 의가 네 앞에 행하고 여호와의 영광이 네 뒤에 호위하리니 네가 부를

때에는 나 여호와가 응답하겠고 네가 부르짖을 때에는 말하기를 내가 여기 있다 하리라 만일 네가 너희 중에서 멍에와 손가락질과 허망한 말을 제하여 버리고 주린 자에게 네 심정을 동하며 괴로와하는 자의 마음을 만족케 하면 네 빛이 흑암 중에서 발하여 네 어두움이 낮과 같이 될 것이며 나 여호와가 너를 항상 인도하여 마른 곳에서도 네 영혼을 만족케 하며 네 뼈를 견고케 하리니 너는 물 댄 동산 같겠고 물이 끊어지지 아니하는 샘 같을 것이라 (사 58:8-11)

시편기자는 주님 안에서 그의 뼈가 기뻐하는 것에 관해 언급한다.

내 영혼이 여호와를 즐거워함이여 그 구원을 기뻐하리로다 내 모든 뼈가 이르기를 여호와와 같은 자 누구리요 그는 가난한 자를 그보다 강한 자에게서 건지시고 가난하고 궁핍한 자를 노략하는 자에게서 건지시는 이라 하리로다 (시 35:9-10)

군병들은 관례와는 달리 십자가에 달린 예수님의 뼈를 꺾지 않았다. 다만 예수님의 옆구리를 찔렀을 뿐이었다. 이는 하나님의 약속을 이루기 위함이었다. 하나님은 의(righteousness)와 뼈에 관하여 다음과 같이 말씀하셨다. "의인은 고난이 많으나 여호와께서 그 모든 고난에서 건지시는도다 그 모든 뼈를 보호하심이여 그 중에 하나도 꺾이지 아니하도다"(시 34:19-20).

우리는 다음과 같은 사실을 유추할 수 있다. (1) 사람의 뼈와 영과 하나님은 아주 특별하고 직접적인 연관성을 가진다. (2) 다른 어떤 신체 부위보다 뼈는 영적 혹은 신체적인 면에서 아주 귀하고 중요한 무언가를 가지고 있다. (3) 죄와 의는 질병이나 건강의 형태로 즉각적이고 직접적으로 뼈에 기록된다. 뼈의 마름, 뼈의 윤택함이라는 단어를 상기하라. (4) 뼈가 부러지는 것은 종종 죄 때문이다. (5) 고백, 회개, 하나님의 은총이 뼈에게 생기를 준다. 이로 인해 몸 전체가 건강해진다.

열왕기하 13장 20-21절은 놀라운 사실을 전해준다. 영(spirit)과 빛(light)의 저장소인 뼈는 죽은 지 오랜 시간이 지난 후에도 여전히 치유의 능력을 보유하고 있다!

> 엘리사가 죽으매 장사하였더니 해가 바뀌매 모압 적당이 지경을 범한지라 마침 사람을 장사하는 자들이 그 적당을 보고 그 시체를 엘리사의 묘실에 들이던지매 시체가 엘리사의 뼈에 닿자 곧 회생하여 일어섰더라

이러한 사실들로 미루어볼 때, 관절염, 활액낭염(bursitis), 백혈병, 건염(tendonitis), 혈액으로 체력을 추스르는 능력 등에 대해서는 우리가 무슨 말을 할 수 있겠는가? 또한 이따금씩 우리를 쓰러뜨리는 혈액질환이나 뼈 관련 질환들은 무엇을 시사해주는가? 태아기에 받은 거절의 경험은 어떻게 해석해야 하는가? 낙태 시도에 관해서는? 자궁 안에 태아를 가진 채 부부싸움을 하는 것에 대해서는? 임산부에 대한 폭력에 대해서는? 등등.

한편, 그리스도의 보혈을 적용하는 기도의 능력에 대해서는 무엇을 말할 수 있겠는가? 성찬식에 참여하는 것의 가치에 대해서는? 성령의 내주로 인해 누리는 유익에 대해서는? 성경에서 다음과 같은 약속의 말씀을 발견하는 것은 전혀 놀랍지 않다. "오직 여호와를 앙망하는 자는 새 힘을 얻으리니 독수리의 날개치며 올라감 같을 것이요 달음박질하여도 곤비치 아니하겠고 걸어가도 피곤치 아니하리로다"(사 40:31).

오랜 관찰의 결과, 주님을 영접하고 주님의 말씀대로 살아가는 사람들은 나이보다 훨씬 젊어 보인다는 사실을 발견했다. 이들에게는 생기가 넘쳐흐른다. 나(존) 자신뿐 아니라 내 주변의 다른 많은 이들이 공통으로 간증하는 것이 있다. 우리의 운동감각은 놀랄 정도로 증진되었다! 더 이상 영은 물과 같고 몸은 물을 담는 컵과 같다는 사고방식을 버려야 한다. 이것은 가현설적인 이단이다. 성령님은 우리의 영 전체에 편재해 계신다. 마치 붉은 색 염료를 파란색에 넣으면 보라색으로 변하는 것과도 같다. 무언가 새롭고도 놀랄만한 변화가 이루어진 것이다. 성령님과 우리의 영은 우리 몸의 모든 세포 속에 녹아들어 있고, 몸을 관통하여 흐르고, 몸 안에 살고, 몸을 통해 호흡하고, 몸에 흠뻑 배어있고, 몸을 활성화시고, 몸을 새롭게 해주고, 몸에 새 힘을 준다! 성령님은 모든 방법으로 우리를 새롭게 하신다.

본 장에서 이제까지 논한 바의 골자는 하나이다. 성령 세례며 기도며 죄며 스트레스며 구속이며 그리스도의 피를 언급하는 것은, 다만 이것들이 지극히 현실적인 실제임을 설명하기 위함이다. 우리가 버려야 할 사고들이 있다. 마치 주일의 삶은 하나님을 위한 것이요 나머지 주중의 삶은 현실적이고 실제적인 생활이라는 이분법에 기초한 거짓된 생각, 또한 산상수훈은 순진한 이상주의자 혹은 세상을 등진 성인들에게나 해당되는 삶의 방식이라는 어리석은 생각 등이 그것이다. 믿음(faith), 하나님과 동행하는 삶, 성령님과의 교제, 이 모든 것들은 매우 실제적이며 우리에게 생명을 준다. 하나님의 말씀은 놀라우리만치 실제적이다. 인간의 생각과 풍습은 죽음을 낳는다. 하나님의 말씀은 생명이다.

> 여호와의 율법은 완전하여 영혼을 소성케 하고
> 여호와의 증거는 확실하여 우둔한 자로 지혜롭게 하며
> 여호와의 교훈은 정직하여 마음을 기쁘게 하고
> 여호와의 계명은 순결하여 눈을 밝게 하도다
> 여호와를 경외하는 도는 정결하여 영원까지 이르고
> 여호와의 규례는 확실하여 다 의로우니
> 금 곧 많은 정금보다 더 사모할 것이며 꿀과 송이꿀보다 더 달도다
> 또 주의 종이 이로 경계를 받고 이를 지킴으로 상이 크니이다
> (시 19:7-11)

사도 바울은 그의 제자들에게 다음과 같이 명령했다.

> 종말로 형제들아 무엇에든지 참되며 무엇에든지 경건하며 무엇에든지 옳으며 무엇에든지 정결하며 무엇에든지 사랑할만하며 무엇에든지 칭찬할만하며 무슨 덕이 있든지 무슨 기림이 있든지 이것들을 생각하라 (빌 4:8)

우리들 중 한편으로는 "그것 좋지!"라고 생각하면서, 또 한편으로는

"하지만 현실과는 거리가 먼 것 같아. 현실에 맞게 살아야지."라고 생각하는 사람들이 너무도 많다. 이런 자들은 다음 말씀이 주는 유익을 받아 누리지 못한다. "너희는 내게 배우고 받고 듣고 본 바를 행하라 그리하면 평강의 하나님이 너희와 함께 계시리라"(9절). 사도 바울은 10절 이하에서 고백한다. 자신은 어떠한 형편에라도 처할 수 있는 비결을 배웠으며, 자기에게 능력 주시는 자 안에서는 모든 것을 할 수 있다고. 과학자들에 의하면 현재 미국인(하나님 말씀대로 살지 않는) 네 명 중 한 명꼴은 다소간 정신질환을 앓고 있다고 한다. 많은 이들은 하나님의 말씀이 비현실적이라고 생각한다! "주께서 심지가 견고한 자를 평강에 평강으로 지키시리니 이는 그가 주를 의뢰함이니이다"(사 26:3).

이미 일반 과학계에서는 긍정적인 말을 통해 질병을 치유하는 방법을 적용해왔다. 하나님의 말씀과는 무관한 이들의 방법이 때로 눈부신 성공을 거두기도 한다.

『건강회복하기(Getting Well Again)』라는 책에는 한 탁월한 연구 보고서가 실려 있다. 이 보고서는 암의 진전, 암과 스트레스와의 관계, 효과적인 치료 프로그램을 위한 설명서 등을 다룬다. 이 책의 저자는 의학 박사인 칼 시몬턴(Carl Simonton), 스테파니 매튜-시몬턴(Stephanie Matthews-Simonton), 제임스 크레이턴(James Creighton) 등이다. 시몬턴 박사는 텍사스 주 포트워스(Forth Worth)에 위치한 한 암 연구센터(Cancer Counseling and Research Center)의 의료소장이다. 이 센터가 조사한 연구 자료를 통해 암환자들의 이력에서 몇 가지 전형적인 요인들이 드러나고 있음이 밝혀졌다. 환자의 어린 시절은 고립, 방치, 절망, 대인관계에 대한 지나친 어려움 등으로 특징지어지고 있었다. 이들은 성인 초기에 직업면에서 놀라운 만족감을 얻기도 했고, 결속력이 강한 의미 있는 관계를 형성하기도 했다. 이러한 성취와 관계를 위해 그들이 쏟아 부은 에너지는 어마어마했다. 얼마 후 이제까지 이루어놓은 관계 혹은 역할 성취가 사라졌다. 아동기에 경험한 절망으로 인해 남아있던 '상처'가 다시금 이들을 괴롭히기 시작했다. 이들은 절망을 '억압했다.' 자신들의 아픔과 분노와 적대감을 남들에게 드러내 보이려 하지 않았다. 이들은 마치 자신들이 타인의 필요에 지대한 관심을 가지고 돌봐주려는 사람으로 비춰지길 원했다. 그러나 정작 자신의 진솔한 감정을 함께 나누거나 다른 이의 어려움을 짊어지는 일에는 늘 거리낌이 느껴졌다. 이들의 마음 깊은 곳에는 자신들의 종말이 재난일 것이라는 예상이 자리하고 있었다. 이들의 기능은 외관상 정상적이었다. 그러나 삶에서 열정이 사라진지는 이미 오래였다. 삶의 열정을 상실한 채 피상적으로 활동은 계속하였다. 이러한 내력은 인터뷰에 응한 500명의 환자 가운데 76%에게서 공통적으로 드러났다(시몬턴 부부가 사용한 이 자료는 로렌스 르샨(Lawrence LeShan) 박사의 책 『당신도 당신의 삶을 위해 투쟁할 수 있다-암의 인과 관계와 정서적 요인(You Can Fight for Your Life: Emotional Factors in the Causation of Cancer)』에 출처를 둔다). 또한 시몬턴 부부는 키센(D.M. Kissen) 박사의 보고서를 통해 얻은 내용도 소개하였다. 동일한 흡연 중독자라 할지라도 어떤 이는 폐암에 걸리는 반면 어떤 이는 걸리지 않는다. 이러한 차이를 초래하는 가장 결정적인 이유는 형성 단계에서 '감정 발산 수단을 얼마나 잘 발전시켰는지'의 여부에 있다고 한다. 블룸버그(D.E.M. Blumberg)와 클로퍼(B. Klopfer) 박사의 연구에 따르면, 빠르게 성장하는 종양은 주로 남에게 좋은 인상을 주려는 과도한 욕구나 자아방어성(ego-defensiveness), 그리고 자신이 만들어낸 현실에 지나치게 충실하려는 태도 등과도 관련이 있다고 한다.

우리가 가르쳐 온 성취지향성, 쓴 뿌리, 내적 맹세 등이 이러한 자료들의 신빙성을 입증한다.

시몬턴 부부는 심리적 스트레스가 신체적인 몸에 끼치는 영향에 관하여 평신도 수준의 평범한 용어로 설명하였다. 심리적인 스트레스는 아드레날린 호르몬의 불균형을 초래하며, 이로 인해 발암물질에 대한 저항력은 현저히 저하된다. 면역 활동이 억제됨으로써 비정상 세포는 증대되고, 마침내 암으로 번진다. 시몬턴 부부는 환자의 자기(self)인식 및 문제 인식의 변화를 이끌어내는 훈련에서 치료 프로그램 속에 희망과 기대라는 요소를 도입하려고 시도했다. 이들 부부는 스트레스 자체가 아니라 스트레스에 대한 반응이야말로 질병에 대한 저항력에 영향을 준다고 주장했다. 이들은 심리학적 방법을 통해 스트레스에 대한 반응양식을 변화시킴으로써 몸에서 이루어지던 파괴적인 과정을 역행시키고, 나아가 암의 점진적인 쇠퇴를 꾀하고자 했다.

다음에 소개하는 도표는 시몬턴 부부의 건강회복을 위한 계획안에 제시된 간략한 기본단계들이다. 우리는 각 단계에 병행하여 그와 동일한 주제를 가진 성경구절을 함께 제시하였다. 크리스천 독자들에게 다음과 같이 묻고 싶다. 하나님에 대한 구체적인 언급이 없는 이 프로그램을 통해서도 암이 성공적으로 감퇴될 수 있었다면(우리가 믿기로 하나님을 떠나서는 결코 진정한 치유는 없다), 내적치유에 상식, 의학 지식, 기도가 결합된다면 얼마나 더 엄청난 성취를 이루어낼 수 있겠는가?! 특히 내적 치유에서는 환자의 고독, 방치, 절망 등의 감정을 추적하기 위해 추적 가능한 어린 시절을 모조리 소급해 올라가지 않는가!

> 평강의 하나님이 친히 너희로 온전히 거룩하게 하시고 또 너희 온 영과 혼과 몸이 우리 주 예수 그리스도 강림하실 때에 흠없게 보전되기를 원하노라 (살전 5:23)

의학치료 지원을 위한 시몬턴의 건강회복 계획안 기초 단계

(Basics of Simonton's Plan for Anticipating Return to Healthy to Support Medical Treatment)

주: 제 1주	동일한 주제의 관련 성구: 평안, 휴식, 용서
- 독서 : 『건강회복하기(Getting Well Again)』(Simonton), 『삶에의 의지(The Will to Live)』(A. Hutschecker), 『생각의 눈으로 보기(Seeing With the Mind's Eyes)』(Samuels), 『치유자의 생각, 살인자의 생각(Mind as Healer, Mind as Slayer)』(K.Peletier) - 긴장이완 및 심상 : 암세포는 약하고 혼동되어 있다. 건강한 세포는 아무 무리 없이 상처를 회복시킨다. 백혈구 부대가 널리 퍼져 암세포를 무찌르고 있다. 백혈구는 적극적이고 열정적으로 전투하고 암세포를 신속하게 찾아내어 박멸한다. 죽은 암세포는 자연스럽게 씻겨나간다. 심상이 끝날 무렵, 당신은 건강하다. 목표에 다다르고 인생의 목적을 성취하는 당신의 모습을 본다.	- 갈5:22 성령의 열매는 화평과 - 엡2:14 그는 우리의 평화 - 살전5:23 평강의 하나님이 친히 너희를 온전히 거룩하게 하시기를 - 눅6:45 (마음에 쌓인 것이 그대로 입으로 표현된다.) - 눅6:46-49 (우리는 기꺼이 주님께 우리의 기초를 시험하도록 내어드리고 기초를 다시 놓아야 한다.) - 렘6:16 너희 심령이 평강을 얻으리라 - 마11:28 내가 너희를 쉬게 하리라 - 마11:29 너희 마음이 쉼을 얻으니 - 히12:10-15 (훈련, 용서, 치유)쓴 뿌리가 나서 괴롭게 하고 많은 사람이 이로 말미암아 더러움을 입을까 두려워하고 - 막9:50 서로 화목하라 - 살전5:13 너희끼리 화목하라 - 히4:10 그의 안식에 들어간 자는 하나님이 자기 일을 쉬심과 같이 자기 일을 쉬느니라

주: 제 2주	동일한 주제의 관련 성구: 눈: 우리의 취약점
- 긴장이완 및 심상을 계속하라. 암 진단을 받기 18개월 전 스트레스를 일으킨 가장 중요한 요인들이 무엇이었는지 파악하라. 이 요인들을 그 이전에 받은 유사한 스트레스들과 연관시켜 보라. 질병이 주는 '유익'을 생각해보라. 당신의 감정은 무조건적으로 수용되며, 당신은 언제라도 도움, 사랑, 관심을 요청할 수 있다. 불만도 표현할 수 있다. 당신은 스트레스를 주는 업무 따위를 감당하지 않아도 된다.	- 마6:22–23 눈은 몸의 등불이니

주: 제 3주	동일한 주제의 관련 성구: 상담자의 필요성
- 긴장이완 및 심상. 매주 3회 1시간씩 신체 운동을 하라. - 상담-목사, 상담자, 심리치료사, 남을 돌볼 줄 아는 이.	- 잠25:1–4 일을 살피는 것은 왕의 영화니라 - 약5:16 너희 죄를 서로 고하며 병 낫기를 위하여 서로 기도하라 - 잠20:5 사람의 마음에 있는 모략은 깊은 물 같으니라 그럴찌라도 명철한 사람은 그것을 길어내느니라

주: 제 4주	동일한 주제의 관련 성구: 용서가 필요한 상황
- 위의 사항을 모두 계속하라. 죽음에 대한 두려움에 직면하라. 분노를 극복하라. 용서하라. 당신이 용서하는 사람을 축복하라.	- 잠25:1–4 일을 살피는 것은 왕의 영화니라 - 약5:16 너희 죄를 서로 고하며 병 낫기를 위하여 서로 기도하라 - 잠20:5 사람의 마음에 있는 모략은 깊은 물 같으니라 그럴찌라도 명철한 사람은 그것을 길어내느니라

주: 제 5주	동일한 주제의 관련 성구: 목표, 성취
- 위의 사항을 모두 계속하라. 3개월, 6개월, 1년간의 목표를 각각 설정하라. 이것들을 심상 과정에 포함시키라. 자신이 목표를 달성하는 모습을 보라.	- 엡2:10 우리는 그의 만드신 바라 그리스도 예수 안에서 선한 일을 위하여 지으심을 받은 자니 이 일은 하나님이 전에 예비하사 우리로 그 가운데서 행하게 하심이니라

주: 제 6주	동일한 주제의 관련 성구: 성령
- 위의 사항을 모두 계속하라. 당신의 '내면의 인도자'와 만나라 (당신 내면의 지혜자 노인이나 당신이 프래디 개구리(Freddy Frog)라고 부르는 어떤 이)	- 시139:23–24 나를 살피사 내 마음을 아시며 - 요14:26 성령 그가 너희에게 모든 것을 가르치시고

위에서 소개한 내용들은 단지 치유의 시작에 불과하다. 크리스천 상담자가 반드시 알아두어야 할 것이 있다. 복음이야말로 '구원을 주시는 하나님의 능력'(롬 1:16)이다. 크리스천으로서 우리는 긍정적인 결과를 가져오는 세상의 연구와 치유기술을 통해서도 배울 수 있어야 한다. 그러나 이것들에 제한받아서는 안 된다. 하나님의 말씀이 능력이다! 우리 주님이 직접 치유를 행하신다. 크리스천이라고 하면서도 복음을 부끄러워하는 자들이 있는 것을 볼 때 안타까운 마음을 금할 길이 없다. 이들은 사역 가운데 기도를 포함시키기를 두려워한다. 이들은 오직 세속적인 기술에만 의존한다. 우리가 믿기로, 세상적인 방식의 치유기술은 단지 치유를 위한 도구요 포장용 상자에 불과하다. 반면에 하나님은 상자 안에 들어있는 내용물이요 도구를 움직이게 하는 능력이다. 하나님의 능력을 온전히 적용할 수 있는 유일한 방법은 기도뿐이다.

> 너희 마음눈을 밝히사 그의 부르심의 소망이 무엇이며 성도 안에서 그 기업의 영광의 풍성이 무엇이며 그의 힘의 강력으로 역사하심을 따라 믿는 우리에게 베푸신 능력의 지극히 크심이 어떤 것을 너희로 알게 하시기를 구하노라 (엡 1:18-19)

이 말씀이 의미하는 바는 무엇인가. 위대한 상실(great loss)의 소식을 듣는 자가 치유의 능력을 갖게 된다!

> 그는 멸시를 받아서 사람에게 싫어 버린바 되었으며 간고를 많이 겪었으며 질고를 아는 자라 마치 사람들에게 얼굴을 가리우고 보지 않음을

> 받는 자 같아서 멸시를 당하였고 우리도 그를 귀히 여기지 아니하였도다 그는 실로 우리의 질고를 지고 우리의 슬픔을 당하였거늘 우리는 생각하기를 그는 징벌을 받아서 하나님에게 맞으며 고난을 당한다 하였노라 그가 찔림은 우리의 허물을 인함이요 그가 상함은 우리의 죄악을 인함이라 그가 징계를 받음으로 우리가 평화를 누리고 그가 채찍에 맞음으로 우리가 나음을 입었도다 (사 53:3-5)

우리는 믿음으로 치유를 받는다. 다른 사람을 치유하는 것도 예수님께 그의 상처와 비탄을 동일시하여 주시고 직접 가져가 주시도록 기도함으로써 가능해진다. 유아기의 상처를 치유하고자 굳이 프라이멀 스크림(primal scream) 요법을 써서 내담자의 비명소리를 들어야만 할 이유는 없다! 우리는 기도하고 예수님이 그의 짐을 짊어지시면 그것으로 충분하다.

내담자가 가진 상처와 상실의 종류, 비극의 정도에 관계없이, 모든 크리스천 상담자들은 로마서 8장 28절의 말씀을 꼭 명심해야 한다. "우리가 알거니와 하나님을 사랑하는 자 곧 그 뜻대로 부르심을 입은 자들에게는 모든 것이 합력하여 선을 이루느니라." 우리가 단순히 위로를 통해 치료하려고 하면, 내담자는 만성화된 자기연민에 빠지게 될 수도 있다. 그는 여간해서 자신의 음울한 감정들을 발산하려 하지 않을지 모른다. 왜냐하면 자기연민의 자세를 유지하고 있어야 주변의 의미 있는 인물들로부터 보상을 받을 수 있는 것으로 여겨지기 때문이다. 치유 기도는 확신을 주는 것이어야만 한다. 하나님은 슬픔의 잿더미도 변화시켜 남을 섬기는 데 필요한 아름다운 원천으로 만드시는 분이라는 확신 말이다. 후속 상담 과정을 통해, 내담자는 자신이 가진 문제의 본질을 꿰뚫어보고 더 이상 어떤 이유로든 고통을 혼자만 간직하고 있지 않도록 끊임없는 기도와 믿음의 훈련을 해나가야 한다.

제 7장에서 언급한 것을 거듭 말씀드린다. 비탄(grief)은 믿음으로 손쉽게 치유되고 떨쳐버릴 수 있다. 그러나 슬픔(sorrow)은 몇 번이고 다시 찾아올 수 있다. 슬픔과 눈물은 결코 믿음이 적음을 표시하는 것이 아니다. 슬픔은 상실과 상처에 대한 건강한 반응이다. 비탄을 진정시키고 난 이후에도 여러 달 동안 눈물이 솟아나올 수 있다. 특히 공휴일 혹은 소중한 추억을 상기시키는 어떤 사건을 만났을 때 더욱 그렇다. 이런 슬픔은 반드시 제거되어야 할 것도, 귀신을 쫓아내듯 반드시 떨쳐버려야 할 것도, 너무 신속하게 치유해버려야 할 것도 아니다. 슬픔은 결코 악하거나 해로운 것이 아니다. 슬픔은 다만 잘 견뎌내야 하고 잘 달래주어야 한다. 사랑으로 인해 겪어야 하는 상실의 고통일 따름이기에. 슬픔은 마음(heart)속에서의 임무가 종료되면 언젠가는 자연스럽게 사라진다.

슬픔이 악이 되기도 한다. 슬픔을 두려워하거나 슬픔을 악한 목적으로 잘못 사용하는 경우이다. 억압된 슬픔은 골수를 침식시키고 생기를 앗아간다. 이로 인해 수많은 심인성 질환이 생긴다. 슬픔이 남을 조종하는 도구로 남용될 수도 있다. 슬픔을 두려워할 때 정서적인 짜증이 증대된다.

어쩌면 수많은 사람들의 내면에는 아직 한 번도 눈물로 발산되지 못한 슬픔의 주머니들이 들어있을지도 모른다. 이것이 바로 문제다. 우리는 적당한 때에 자신의 슬픔을 발산하기를 꺼려한다. 계속해서 슬픔을 억압하기만 했다. 이렇게 되면 슬픔은 불안(anxiety)과 유사한 것으로 변한다. 이때 만일 흑암을 뚫고 들어오는 계시의 등대의 도움을 받아 깨달음과 표출이라는 부둣가에 안전하게 정착하여 짐을 부리지 못하면, 화물선은 아마도 싣고 있던 짐들을 전혀 엉뚱한 수많은 장소에 사그리 침몰시켜 버리게 될지도 모른다. 심인성 질환, 우울증, 정신질환 이면에는 상실의 아픔이 숨어 있다.

내가 섬겼던 한 교회의 성도들 중 한 십대 소년이 있었다. 그는 아버지와 자주 갈등을 빚었다. 그가 느끼기에 아버지는 웬만해서 인정이나 칭찬을 해주지 않는 분이었다. 어느 날 갑자기 아버지가 비극적인 죽음으로 세상을 뜨셨다. 미처 두 사람 사이에 허심탄회한 대화를 통해 문제를 해결하지 못한 상태였다. 아버지가 돌아가신 후 사람들은 아버지를 칭찬했다. 지역사회 사람들은 아버지가 모든 이들을 잘 섬기던 분이었다고 말했다. 그런 아버지에 대해 뭔가 부정적인 말을 하거나 부정적인 생각을 하는 것은 그야말로 아버지에 대한 배신행위만 같았다. 결국 이 아들 안에는 슬픔을 비롯한 다른 온갖 미해결된 감정들이 철저히 억압되고 말았다. 그는 자신의 짐을 벗겨주고 자신의 삶 자체를 지탱해줄 어떤 위대한 존재를 찾기 위해 몸부림치는 가운데 하나님께로 점차 나아갔다. 어느 날 그가 우리를 초대하였다. 그의 집에 갔을 때 식당에 걸기 위해 사놓았다는 그리스도의 그림이 눈에 띄었다. 벽면 한 면 전체를 덮는 크기였다! 이렇게 큰 사이즈의 그림을 통해 그는 예수님이 자신의 삶 전체를 대신 짊어주시기를 바라는 마음을 표출하고 있었다. 그에게는 주님의 포근한 임재 안에서의 쉼이 필요했다. 이 터무니없이 큰 그림은 하나님 아버지에 대해 그가 어떤 이미지를 갖고 있는지도 말해주고 있었다. 그에게 있어 하나님 아버지는 너무나 크신 분이었다. 하나님의 기준은 도저히 따라잡을 수도 그 기준에 맞추어 살 수도 없었다.

당시 그는 기도와 성경읽기도 했고, 담임목사님이나 친구들과의 상담도 하고 있었다. 자유와 안식을 위해 시도된 일들이었으나 그에게는 이 모든 일들이 마치 도저히 따라잡을 수 없는 기준을 따라잡으라고 요구하는 일들로 해석되었다. 결국 우울증에 걸렸다. 증상이 너무 심각하고 좀처럼 낫지도 않았기에 당분간 정신병원 신세를 져야 했다. 주님이 그의 마음에 찾아와 주시기 전까지, 그는 슬픔 자체가 아닌 슬픔을 표현할 수 없는 무능력이라는 감옥에 감금되어 있었다. 그가 통과하고 있는 내면의 역동들을 전혀 깨닫지 못한 공동체의 수많은 사람들은 '종교적 광신주의'에 빠져버린 그를 비난했다. 그가 완전히 회복되었을 때 그를 치료한 정신과의사가 말했다. 그의 회복은 바로 끊임없이 하나님께 다가가기 위한 그의 노력 덕분이었다고.

> 너를 송사하는 자와 함께 길에 있을 때에 급히 사화하라 그 송사하는 자가 너를 재판관에게 내어주고 재판관이 관예에게 내어주어 옥에 가둘까 염려하라 진실로 네게 이르노니 네가 호리라도 남김이 없이 다 갚기 전에는 결단코 거기서 나오지 못하리라 (마 5:25-26)

오늘날의 법원 제도에서는, 변호사들이 하나의 쟁점을 판사에게 가져가기 전에 재판 없이 해결할 목적으로 공판에 드는 비용보다 훨씬 저렴한 가격의 수임료를 요구할 때가 있다. 이와 동일한 일들이 성경시대에도 빈번히 일어났다. 원고와 피고, 그리고 그들의 상담자들이 문제를 해결해줄 재판장이 있는 곳을 찾아 때로 먼 길을 동행해야 할 때가 있었다. 그런데 여행 도중 충분한 대화를 통해 문제가 잘 해결되는 경우가 많았다. 이런 식의 해결이 재판장에게 재판을 받는 것보다 비용이 훨씬 적게 소요

된다는 것은 누구나 알고 있었다. 위에서 언급한 예수님의 말씀은 이러한 시대적 배경을 참조하여 이해해야만 한다. 용서치 못하고 마음을 완고하게 먹는다면, 치러야 할 대가가 훨씬 더 고통스러울 수 있다.

비탄(grief)의 경우도 마찬가지이다. 비탄은 극한 상황을 맞이하기 전, 아직 '길에 있을 때에(적절한 때에 적절한 방법으로)' 다뤄져야 한다. 적절하게 처리되지 못하고 억압된 비탄은 결코 소리 없이 그대로 머물러 있지만은 않는다. 언젠가는 반드시 법정에 서야할 날이 도래한다. 일단 정신적 질환이나 심인성 질병의 감옥에 던져지면, 마지막 한 푼의 감정까지 모조리 되갚기 전에는 결코 빠져나올 수 없다! 이 비유의 원리를 말하자면 이렇다. 비탄(혹은 분노, 증오, 두려움 등 무엇이든)을 직면하라. 그것들이 아직 의식에 떠올라있는 동안에('길에 있을 때에') 말이다. 그렇지 않으면 나중에는 몹시 심각한 고통을 겪어야만 한다. 슬픔을 적절히 다루지 못하고 차단당한 한 젊은 친구가 겪어야 했던 고통을 보았지 않는가.

아주 사소해 보이는 일들, 예를 들어 친구들과 헤어져야만 했던 상황, 사랑하던 피아노 교습 선생님과의 이별, 애완동물의 죽음 이후에 마음 문이 닫힐 수도 있다. 상실이 오래전에 발생했든 최근의 일이든, 상실의 강도가 어떠하든 상관없이, 이들은 의식적으로나 무의식적으로 사랑으로 인해 치러야하는 대가가 너무 혹독하다고 판단했을지도 모른다. 아마도 마음 문을 꽁꽁 걸어 잠근 채, 두 번 다시 누군가를 사랑하거나 자신의 속마음을 내보이는 일 따위는 하지 않겠다고 내적 맹세를 했을지도 모른다. 억압되고 미해결된 슬픔은 사람의 마음을 돌같이 굳게 한다. 앞에서도 살펴보았듯, 이런 사람들은 질병, 특히 암에 걸릴 소지가 높다.

참 안타까운 사실이 있다. 크리스천들이 때로는 충격적인 사건으로 인해 생긴 영향력과 믿음을 혼동한다. 상실로 인해 내적으로 충격을 받으면, 우리 안에 있는 항상성의 원리 혹은 균형의 원리가 작동하여 잠시 모든 감정을 차단한다. 지나친 정서적 스트레스로부터의 자기보호기제이다. 어떤 크리스천들은 이때 누리는 거짓된 평안을 마치 믿음의 승리로 해석한다. 한 친구의 일이 생각난다. 남편이 죽었을 때 그녀는 장례식 내내 얼굴에 미소를 띄우고 있었다. 그녀는 자신이 그럴 수 있었던 것은 믿음으로 슬픔과 눈물을 이겨냈기 때문이라고 확신했다. 그녀는 다음의 성경구절을 즐겨 인용했다. "모든 눈물을 그 눈에서 씻기시매 다시 사망이 없고 애통하는 것이나 곡하는 것이나 아픈 것이 다시 있지 아니하리니 처음 것들이 다 지나갔음이러라"(계 21:4). 그러나 우리의 영은 그녀가 넘쳐나는 비탄을 애써 억압하고 있는 모습을 뚜렷이 감지하고 있었다.

사람들 앞에서 편하게 감정을 표현하는 것에 대한 두려움, 자신이 믿음이라고 여긴 것을 실제로 증명해 보이지 못하는 데 대한 두려움으로 인해, 그녀는 다음과 같은 아주 단순한 사실마저 간과했다. 처음 것들은 아직 다 지나가지 않았으며, 위에 언급한 요한계시록의 예언이 완전히 성취되는 순간은 아직 도래하지 않았다는 사실을 말이다. 약 3년쯤 지나서 그녀의 몸이 내면에 뭔가 문제가 있다는 신호를 보내왔다. 수많은 상담 과정을 거친 후에야 비로소 그녀는 무너져 내리며 통곡을 했다. 이미 훨씬 오래 전에 울어냈어야 할 눈물이었다.

상실은 종종 분노를 불러일으킨다. 상실을 당한 마음이 불가피하게 외치는 절규가 있다. "주님은 어디 계셨나요? 왜 이런 일이 일어나게 하셨나요?" 이런 생각을 하는 것은 결코 믿음이 없어서가 아니다. 하나님께 분노하는 것이 죄는 아니다(이 부분에 관해서는 제 8장을 참조하라). 분노

자체를 죄라고 여기는 수많은 크리스천들이 죄책감의 굴레 속에서 살아왔다. 예수님은 결코 죄를 짓지 않으셨다. 그런데 마가복음 3장 5절을 보시라. "저희 마음의 완악함을 근심하사 노하심으로 저희를 둘러보시고 그 사람에게 이르시되 네 손을 내밀라 하시니." 사도 바울은 "분을 내어도 죄를 짓지 말며 해가 지도록 분을 품지 말라"(엡 4:26)고 했다. 의와 죄를 판별하는 기준은 분노 자체가 아니라 분노로 인해 어떤 행동이 촉발되었느냐에 달려있다. 많은 이들이 이러한 사실을 머리로는 알되 아직 마음 속 깊은 곳에서는 깨닫지 못하고 있다. 그리하여 분노가 일 때마다 이를 적절한 대상을 향해 발산하거나 구체적인 용서의 행위로써 처리하지 못한 채, 단순히 억압해 두려고만 한다. 분노하는 것이 나쁜 것이 아니라는 사실을 인정한다 하더라도, 여전히 하나님께 분노하는 것만은 왠지 옳지 못한 것으로 여길 수 있다. 머리로는 '하나님은 완전하신 분이야. 어떻게 그분이 실수할 수 있겠어'라고 생각하지만, 마음(heart)은 이러한 논리에 조금도 동조하지 못하고 있을지 모른다. "사람이 미련하므로 자기 길을 굽게 하고 마음으로 여호와를 원망하느니라"(잠 19:3). 이때 원망은 기본적으로는 건강한 것이다. 사람들은 말한다. 우리가 하나님을 믿으니 하나님도 마땅히 늘 그 자리에 계셔주어야 한다고 말이다. 우리의 죄와 환경이 하나님의 도움을 차단하였다는 깨달음을 얻는 것은 훨씬 나중의 일이다. 하나님께 분노하는 것도 사실은 하나님을 사랑하기 때문이다. 이러한 사실을 알고 있던 사도 바울도 고린도교인들에게 다음과 같은 편지를 썼다.

모든 것이 하나님께로 났나니 저가 그리스도로 말미암아 우리를 자기

> 와 화목하게 하시고 또 우리에게 화목하게 하는 직책을 주셨으니 이는 하나님께서 그리스도 안에 계시사 세상을 자기와 화목하게 하시며 저희의 죄를 저희에게 돌리지 아니하시고 화목하게 하는 말씀을 우리에게 부탁하셨느니라 이러므로 우리가 그리스도를 대신하여 사신이 되어 하나님이 우리로 너희를 권면하시는 것 같이 그리스도를 대신하여 간구하노니 너희는 하나님과 화목하라 하나님이 죄를 알지도 못하신 자로 우리를 대신하여 죄를 삼으신 것은 우리로 하여금 저의 안에서 하나님의 의가 되게 하려 하심이니라 (고후 5:18-21)

어떤 내담자들은 기껏 용기를 내어 누군가에게 하나님에 대한 분노를 털어놓으려고 했는데 이런 말을 들었다고 한다. "제발 좀 어리석게 굴지 마세요. 당신은 하나님께 분노할 권리가 없어요. 당장 그만 두세요." 내담자들로부터 이런 말을 전해들을 때마다 몹시 가슴이 아프다. 심지어 어떤 이들은 이렇게도 말했다고 한다. "그렇게 하는 건 신성모독이오. 설마 그렇게 어리석은 짓을 하지는 않겠지요?" 모든 상담자들은 나의 말에 제발 귀를 기울여 주시기 바란다. 하나님은 충분히 우리의 분노를 받아들이실 수 있다. 하나님께는 당신의 변호가 필요치 않다! 내담자들로 하여금 분노를 마음껏 표출하도록 허용하라. 이들은 분노를 표출함으로 카타르시스를 경험한다. 억압된 감정을 내어보내야만 감정이 정화된다. 이들이 감정을 정화하는 일을 절대로 방해하지 말라. 제풀에 지쳐 그만둘 때까지 내버려 두라. 논리적으로 대화를 나누는 것은 나중에 해도 충분하다. 더 이상 어떤 말을 해줄 필요가 없을지도 모른다. 감정을 쏟아내는 도중에 내담자 스스로가 문제를 깨닫고 회개할 수도 있다. 감정의 분출을 두려워하는 상담자일수록, 내담자의 카타르시스 경험을 자꾸 방해한다. 이런 상담자는 어쩌면 자신 안에 들어있는 억압된 감정을 두려워하는 것인지도 모른다. 하나님은 이 세상의 부모들처럼 자녀의 분노를 허용치 못하는 미성숙한 분이 결코 아니다.

> 여호와는 자비로우시며 은혜로우시며 노하기를 더디 하시며 인자하심이 풍부하시도다 항상 경책지 아니하시며 노를 영원히 품지 아니하시리로다 우리의 죄를 따라 처치하지 아니하시며 우리의 죄악을 따라 갚지 아니하셨으니 이는 하늘이 땅에서 높음 같이 그를 경외하는 자에게 그 인자하심이 크심이로다 동이 서에서 먼 것 같이 우리 죄과를 우리에게서 멀리 옮기셨으며 아비가 자식을 불쌍히 여김 같이 여호와께서 자기를 경외하는 자를 불쌍히 여기시나니 이는 저가 우리의 체질을 아시며 우리가 진토임을 기억하심이로다 (시 103:8-14)

하나님을 향해 실제적인 의미로 분노하는 사람도 있다. 이들은 현재 당하고 있는 고난으로 인해 정말로 하나님을 비난한다. 우리들 대부분의 경우와는 달리, 이들의 분노는 현재 육신의 부모 혹은 하나님 아버지에 대해 가질 수 있는 일반적인 것은 아니다. 이들은 무의식적으로 육신의 부모에게 향해야 할 정체불명의 억압된 분노와 판단을 하나님께 투사한다. 그들은 하나님(실제로는 그들의 육신의 부모)께 버림받았다고 느낀다. 하나님이 선하시다면 이런 비극이 일어나도록 방치하셨을 리 없다고 생각한다. 원망 가운데 그들은 외쳐댄다. "하나님은 나에게 관심이 없으시거나, 무능력하시거나, 둘 중의 하나일거야." 이들은 선악 전반에 걸친

실존적인 질문을 던지는 가운데 복잡한 철학의 미궁 속으로 빠져들어 간다. 그들이 이렇게 하는 것도 결국은 하나님의 존재를 스스로 입증해 보이려는 시도이다. 이들은 하나님의 품안에서 안식할 만큼 하나님에 대한 전적인 신뢰를 결여하고 있다.

이 부분에 관한 신학적이고 성경적인 논점에 관해서는 이미 『엘리야의 임무(The Elijah Task)』 제 8장과 9장에서 소개하였다. 여기서는 하나님이 어떻게 악을 다루시는지에 관해서는 상세히 언급하지 않으려 한다. 우리의 목적은 치유에 있다. 하나님을 변호하는 것이 우리의 목적이 아니다. 문제는 하나님이 아니다. 우리는 단순히 내담자에게 이렇게 묻는다. "당신의 아버지는 어떠했습니까?" 애정 표현을 잘 해주는 아버지였는지, 아이들이 필요할 때마다 함께 있어주는 아버지였는지, 폭력적인 분이었는지, 자녀들의 말을 공감적인 사랑으로 잘 이해해 주시는 분이었는지, 성급히 결론을 짓고 부당한 판단을 내리신 분은 아니었는지, 아버지는 자녀들에게 무서운 존재였는지, 또한 어머니는 어떤 분이었는지 묻는다. 이 부분에 대해서는 『속사람의 변화』 제 2장 '우리는 어떻게 하나님을 보는가(How We See God)'에서 자세히 다루어 놓았다. 상처와 분노의 표출 자체가 중요한 것은 아니다. 이것들은 다만 인생초기에 받은 상처로 인해 치유 받아야 할 영역이 아직도 남아있음을 보여주는 실마리에 불과하다.

속사람이 가지고 있던 오랜 상처를 치유하고 그 결과 변화된 구조를 갖게 된 경우에도, 상처 자체는 여전히 충분히 다뤄지지 못한 채 남아있을 수 있다. 우리 개인의 영(spirit)은 기억의 흐름이나 혼(soul)의 구조와는 사뭇 다르다. 우리의 영은 더 많은 위로와 안심을 필요로 할지도 모른다. 우리는 이 일을 성취하기 위해 지속적인 기도를 드린다. 기도를 통해 기억과 구조의 변화가 이루어지고 나면, 개인의 영은 하나님의 위로를 받아 편안해진다. 이때 우리는 시편 27편 10절을 종종 인용한다. "내 부모는 나를 버렸으나 여호와는 나를 영접하시리이다." 그리고 다음 말씀을 근거로 주님께 간구한다. "내가 전에 너희에게 보낸 큰 군대 곧 메뚜기와 늣과 황충과 팟종이의 먹은 햇수대로 너희에게 갚아주리니 너희는 먹되 풍족히 먹고 너희를 기이히 대접한 너희 하나님 여호와의 이름을 찬송할 것이라 내 백성이 영영히 수치를 당치 아니하리로다"(욜 2:25-26). 우리는 하나님 아버지께 요청한다. 이 어린 아이의 존재를 구성하고 있는 모든 부분들이 자신은 사랑받는 존재이고 선택받은 존재이며 하나님께 속한 소중한 존재라는 사실을 충분히 인식할 때까지, 몇 번이고 반복해서 이 내담자를 주님의 품안에 품어달라고 말이다.

단순히 부정적인 요인들을 십자가상으로 가져가는 일 이후에도 남아 있는 단계가 있다. 내면의 아이는 건강해지고 자유로워질 때까지 지속적이고 따뜻한 돌봄을 필요로 한다. 이를 위해 내담자는 소그룹모임이나 교회 예배, 작은 친교모임에 참여하거나 친밀한 관계들을 형성하는 것이 좋다. 더 이상 그의 영이 굶주리지 않고 충분히 양식을 공급받아 온전하게 될 때까지 말이다. 포옹, 웃음, 우정, 즐거움을 통해 내담자는 이제껏 한 번도 경험해보지 못한 유년시절의 건강함을 마음껏 누리게 된다.

슬픔이나 분노를 과도하게 표출하는 사람들도 있다. 여기에는 다양한 심리적 요인이 작용한다. 그러나 상담자로서 이들을 도울 수 있다면, 이제껏 오랫동안 억압하거나 망각해온 것들을 표면위로 떠오르게 해주는 일이다. 사람은 자기도 모르게 상처를 받기도 한다. "웃을 때에도 마음에 슬픔이 있고 즐거움의 끝에도 근심이 있느니라"(잠 14:13). 내(존)가 바로 이런 경우에 해당한다. 엄청난 상처를 받았으면서도 당시에는 상처를 받았다는 사실조차 전혀 깨닫지 못했다. 어린 시절 나의 집은 종종 아수라장이 되곤 했다. 당면한 감정을 차단하는 능력이 어려서부터 나의 몸에 배였다. 나에게 있어 감정의 기능이란 오직 머리에 정보를 전달하는 일이었다. 이제는 그 기능마저 무디어지면서 나는 나를 혼란스럽게 하는 어떤 종류의 위협에 대해서도 차분히 앉아 이를 분석하고 처리해내는 사람으로 변해갔다. 나는 꽤 오랫동안 이런 훈련의 덕을 보며 지냈다. 그와 동시에 나는 자신의 참된 감정을 점점 상실했다. 해가 지나면 지날수록 점점 더 증대되기만 하는 고통을 처절하게 겪어야 했다. 원인이 된 감정을 조금이라도 빨리 경험했더라면 고통을 훨씬 덜 수 있었으리라.

주로 많은 남성들이 이런 식의 훈련에 길들여져 왔다. 다음과 같은 사도 바울의 고백을 나도 진작 배웠어야 했다. "내가 자책할 아무 것도 깨닫지 못하나 그러나 이를 인하여 의롭다 함을 얻지 못하노라 다만 나를 판단하실 이는 주시니라"(고전 4:4). 여기서 '자책하다(Against myself)'는 말은 다음과 같이 바꿀 수도 있다. "주님, 저는 슬픔이나 분노나 통분의 감정을 조금도 의식하지 못하고 있습니다. 비록 느껴지지는 않으나 이 감정들은 분명 내 안에 들어있을 것입니다. 주님, 나를 살펴보아 주십시오. 그 감정들을 느낄 수 있도록 해주시든지, 아니면 믿음으로 다룰 수 있게 도와주십시오.", "하나님이여 내 속에 정한 마음을 창조하시고 내 안에 정직한 영을 새롭게 하소서"(시 51:10).

스트레스에 대해 차분하고 능률적으로 대처하고자 감정을 차단하는 법을 터득한 사람들은, 더 이상 만사를 개인적인 기도를 통해 혼자서만 처리하려는 습관을 버려야 한다. 만일 변호사가 스스로에 대해 변호할 것을 가지고 있다면 자신의 의뢰인에 대해서도 어리석은 행동을 할 가능성이 높다. 마찬가지로, 자신에 대한 상담과 치유를 늘 혼자서만 해결하려는 자는 어리석은 자이다. 언젠가 이런 사람은 맥없이 쓰러지게 된다. 앞에서 배운 대로 암에 걸린 이의 76%가 남의 도움을 차단하며 살아가던 자들이었다. 내가 못 보는 나의 상처를 친구들은 볼 수 있다. 나 자신은 인식조차 하지 못하는 슬픔일지라도 나의 친구들은 감지해낸다.

미련한 자는 자기 행위를 바른 줄로 여기나 지혜로운 자는 권고를 듣느니라 (잠 12:15)

지혜로운 자의 혀는 양약 같으니라 (잠 12:18)

훈계 받기를 싫어하는 자는 자기의 영혼을 경히 여김이라 견책을 달게 받는 자는 지식을 얻느니라 (잠 15:32)

근심이 사람의 마음에 있으면 그것으로 번뇌케 하나 선한 말은 그것을 즐겁게 하느니라 (잠 12:25)

지혜 있는 자의 교훈은 생명의 샘이니 사람으로 사망의 그물을 벗어나게 하느니라 (잠 13:14)

상담이나 기도 중, 상담자와 내담자가 전혀 의도하지 않았는데 우연찮게 그동안 숨어있던 눈물의 강과 맞닥뜨리는 경우가 있다. 이런 일은 주로 대화나 기도 중에 발생한다. 혹은 간단한 질문이 계기가 되기도 한다. 내담자들은 숨도 제대로 못 쉴 지경까지 통곡하며 눈물을 쏟아낸다. 상담자나 내담자는 이런 경우에 조금도 당황할 필요가 없다. 간헐천과도 같은 이 눈물을 강제로 멎게 하려고 해서도 안 된다. 이는 그동안 억압되어 온 에너지를 해방시키는 눈물이다. 눈물은 하늘나라의 선물이다. 이처럼 갑작스럽게 터져 나오는 눈물은 상담자가 던진 질문이 진실에 근접해 있었음을 명백히 입증한다. 상담자는 다만 내담자의 흐느낌이 멎기까지 기다리면 된다. 이때 내담자의 옆에 무릎 꿇고 앉아 위로의 팔을 내담자의 어깨에 올려놓을 수도 있다. 상담자의 태도는 마치 "마음껏 우세요. 제가 옆에 있잖아요. 괜찮아요."라는 의미로 받아들여진다. 대체로 이런 폭발적인 눈물이 지나가고 나면 고요한 계시의 순간이 찾아온다. 내담자가 그렇게 울어댈 수밖에 없었던 것은 상처가 그만큼 깊었음을 반증한다. 정서적으로 자유로워지면 통찰의 문이 열린다. 이제야 비로소 내담자는 오랜 세월 망각해온 혹은 억압해온 사건들을 구체적으로 떠올린다. 눈물의 여운 이면에서 아름다운 토양을 발견하게 되기도 한다.

    울음을 강요한 것도 아니고 우는 것을 억지로 말리지도 않는 상담자에 대해 내담자는 신뢰를 느낀다. 자신의 가장 깊은 슬픔을 내어놓고 그동안 자제해온 감정들을 마음껏 분출했음에도 불구하고 상담자는 묵묵히 있어주었다. 만일 부모님이었다면 이렇게 말했을지 모른다. "야, 입 좀 다물어!" 혹은 "이 울보 녀석아! 뚝 그치지 못하겠니?" 혹은 "그만 좀 질질 짜라. 계속 울면 더 혼날 줄 알아!" 내담자의 마음(heart)은 상담자 안에서 피난처를 발견한다. 더 이상 거절당하지 않을 것도 안다. 이제 내담자의 영(spirit)은 진실에 직면하고 그 진실을 함께 나눌 힘을 얻는다. 이 때 상담자에게 필요한 것은 조용히 참고 인내하면서 내담자가 자신의 이야기를 계속 털어놓도록 격려하는 일뿐이다. 일단 수문만 열리면 한 치유과정 중 단 몇 차례의 만남을 통해서도 내담자는 급작스런 회복을 이룬다. 내담자 자신이 오히려 이런 사실에 놀랄지 모른다. 상담자는 내담자에게 그가 아주 정상적인 사람이며 그런 감정을 갖는 것 혹은 감정을 표현하는 일은 매우 건강한 모습이라는 확신을 심어주어야 한다. 말없이 차분한 상담자의 태도를 통해 내담자는 "괜찮아요. 멈추지 마세요. 계속 이대로 가셔도 되요."라는 메시지를 전달받으며 힘을 얻는다. 내담자가 눈물과 흐느낌의 강을 돌파해내는 사건은 그야말로 기뻐해야 할 일이다. 이를 두려워할 하등의 이유가 없다. 물론 내담자들 가운데는 뭔가를 은폐하기 위해 엉엉 우는 사람도 있다. 상담자는 주님의 도움으로 진짜 눈물과 가짜 눈물의 차이를 분별할 수 있다. 내가 이제까지 경험한 바에 의하면, 진실한 눈물은 언제나 깊은 치유가 일어났음을 보여주는 명백한 표지였다.

예를 들어 이제까지 애정이나 이해에 굶주려 살아온 사람이 있다고 하자. 만일 누군가가 그에게 그동안 쌓아둔 욕구를 반드시 보상해주어야 한다고 말하면 그는 왈칵 눈물을 쏟아낸다. 이를 통해 우리는 내담자가 얼마나 심한 박탈감에 사로잡혀 있는지를 분별할 수 있다.

어쩌면 많은 내담자들은 굳이 지나간 일들을 이야기하여 스스로 난처해질 필요가 없지 않겠느냐고 생각할지 모른다. 그렇게 하는 것이 그다지 현실적이거나 중요하게 여겨지지 않기 때문이다. 내담자들은 고통을 피할 수만 있다면 어떤 구실을 통해서라도 달아나려 한다. 그러나 이제까지 내가 만난 내담자 가운데 눈물을 통해 슬픔의 감정을 정화한 후 즉각적인 효과를 얻지 못한 사람은 단 한 사람도 없었다.

내담자들은 봇물처럼 터져 나온 눈물이 결코 자신이 일부러 의도한 것이 아니었음을 잘 알고 있다. 감정에서 해방된 뒤 내담자들은 평안해진다. 이들은 내면의 집을 청소한다는 것이 무엇인지 이해한다. 우리가 상담자들에게 거듭하여 강조하는 것이 있다. 내담자들에 "자, 이제 그만 됐어요. 그만 우세요."라는 말을 해서는 결코 안 된다는 것이다. 마치 욥의 친구들 같은 상담자들도 있다는 소문을 자주 접한다. 이들은 지금 그들의 눈앞에서 일어나고 있는 일의 가치를 전혀 알지 못한다! "주 안에서 항상 기뻐하라 내가 다시 말하노니 기뻐하라!"(빌 4:4) 당신의 내담자는 지금 진정한 자신의 모습을 찾아가고 있을 따름이다. 자신의 현주소를 발견하는 중이다. "너희 관용을 모든 사람에게(당신의 내담자에게) 알게 하라 주께서 가까우시니라"(빌 4:5). "여호와는 마음이 상한 자에게 가까이 하시고 중심에 통회하는 자를 구원하시는도다"(시 34:18). "아무 것도 염려하지 말고 다만 모든 일에 기도와 간구로, 너희 구할 것을 감사함으로 하나님께 아뢰라 그리하면 모든 지각에 뛰어난 하나님의 평강이 그리스도 예수 안에서 너희 마음과 생각을 지키시리라"(빌 4:6-7).

감정정화가 얼마나 중요한가를 알고 있는 상담자들이 일부러 내담자의 감정을 부추기고 싶은 유혹이 들 수도 있다. 그래서는 절대 안 된다! 성령님은 훌륭한 의사이다. 성령님은 종기를 째야하는 순간을 가장 잘 아신다. 성령님은 마음의 포도즙을 짜내어 잔치를 위한 최상의 포도주로 만들어야 하는 순간도 가장 잘 아신다. 그저 편히 있으라. 주님이 모든 걸 알아서 해결해 주신다. 이따금씩 나도 이렇게 생각했다. "이 사람이 지금 깨닫고 있는 것이 분명해. 이제 곧 뭔가를 느끼게 되겠군. 조만간 감정을 표출하겠는걸." 그러나 겉으로 보기에는 아무 일도 일어날 것 같지 않았다. 6개월, 심지어는 3년 후, 내담자들에게서 갑작스런(갑작스럽게 보였을 뿐이지만) 분노의 눈물, 두려움과 증오의 눈물이 터져 나왔다. 마음(heart)과 생각(mind)이 무르익어 감정을 표출하게 되기까지 그토록 오랜 시간이 걸렸다. 상담자는 내담자가 당장 아무 감정도 느끼지 못하는 것 같아도 결코 실망하거나 좌절해서는 안 된다. 감정이 언제나 필요한 것은 아니다. 감정이 전혀 도움이 되지 않는 경우도 있다. 그렇지 않더라도 언젠가는 주님께서 감정을 표출하게 해주실 것이다.

어떤 이들은 자신의 마음에 억눌러온 것은 결코 해결할 수 없을 것이라고 느낀다. "어차피 그는 죽고 없잖아요. 되돌아가서 그에게 용서를 구할 수도 없고, 나에게 얼마나 큰 상처를 주었는지 말해줄 수도 없어요." 이런 사람들일수록 그들이 실제로 믿는 것과 말은 다르다. 이런 말이 변명에 불과하다는 것을 그들 스스로가 더 잘 안다. 고백함으로써 문제를 해결할 수 있다는 것을 그들도 안다. 다만 이 과정을 통과하고 싶지 않으니까 그럴싸한 구실을 찾아내려하는 것이다. 우리는 이들의 착각을 정면으로 반박하지는 않는다. 앞에서도 말했지만, 분노는 피할 길이 없다. 부지불식간에 우리 모두는 하나님과 부모에게 분노한다. 일반적으로 우리는 자신에게는 분노와 쓴 뿌리가 없다며 자축하고 싶어 한다. 우리는 삶을 잘 통제하고 있다는 자기 확신을 갖기를 원한다. 그러나 은폐된 감정과 욕구들을 간직한 채 살아오고 있다는 사실은, 생각했던 것만큼 자신의 삶을 잘 통제하고 있지 못하다는 것에 대한 반증이다. 이는 분노의 존재 가능성에 비해 훨씬 더 위협적이다.

많은 이들이 착각하는 것이 있다. 사랑하는 사람에 대해서 동시에 부정적인 감정을 품을 수는 없다는 생각이다. 자녀들의 필요를 조금도 채워주지 않는 아버지에 대하여 애정결핍으로 인해 치밀어 오르는 분노를 인정하는 것은 왠지 아버지에 대한 배신처럼 여겨진다. 아버지에 대한 단순한 충성심이 좌절감이나 슬픔을 철저히 억압한다. 또한 어머니의 쌀쌀맞은 말이 우리를 상처주고 분노하게 했다는 사실조차 인정하고 싶지 않다. 당시 어머니는 엄청나게 과로하여 스트레스를 받고 계셨다는 생각 때문이다. 사실 이와 같은 생각들은 상처에 대처하기 위해 머리가 만들어낸 그럴싸한 해결책에 불과하다. 이것으로 우리 마음의 상처가 다 치유되었다고 보면 오산이다. 우리의 감정이 가진 또 다른 면을 인정하는 것은 결코 수치스런 일이 아니다. 그동안 억압해온 상처를 크게 말해내라는 것은 결코 부모님에게 망신을 주고자 함이 아니다. 이는 매우 간단한 원리이다. 예를 들어 아이가 막 뛰어와 우리 무릎위에 안겼다고 하자. 이때 우리는 아이가 상처를 입었다는 것, 우리에 대해 화나 있다는 것을 금방 알아차린다. 우리는 아이에게 묻는다. "이리 온, 아가야! 말해보렴. 무슨 일이지?" 아이는 으앙 울음을 터뜨리며 자기가 무엇 때문에 화가 났는지 이야기한다. 아이가 설사 우리의 잘못에 대해 언급한다 해도, 이는 결코 우리를 수치스럽게 하려는 것이 아니다. 아이는 상처 때문에 실제로 아파할 만큼 우리를 사랑하고 있다. 오히려 아이가 우리에게 모든 걸 솔직하게 털어놓고도 여전히 부모의 사랑을 받을 수 있다고 굳게 믿고 있다는 것 자체가 우리를 기쁘게 한다. 이와 마찬가지로, 상담자와 더불어 자신의 문제를 이야기하는 것은 결코 부모에게 치욕을 주는 일이 아니다. 단지 치유를 위함이다. 내담자를 힘들게 하는 이가 부모이든 다른 누구이든 어쩌면 이미 이 세상 사람이 아닐 수도 있다. 이런 경우에도 단순히 상담자의 기도만으로도 상처가 치유된다. 주님과 함께 있을 우리의 사랑하는 사람이 이 사실을 알고는 기뻐하지 않을 것이라고 그 누가 장담하겠는가. 예수님이 말씀하신 나사로와 부자의 이야기를 통해 볼 때, 죽은 사람도 이 세상에서 일어나고 있는 일들을 보고 있다(눅 16:19-31). 이 부분에 관한 논의는 사실 내담자의 치유와는 별 관련성은 없다. 기도는 내면에 있는 마음의 문들 너머에서 치유를 일으킨다. 당황스런 일을 만나도 두려워하지 말며, 누군가의 명예에 먹칠을 하는 게 아닐까 염려하며 주저하지도 말라. 우리를 온전하게 만든 네 방해되는 깃은 무엇이든 용납하지 말아야 한다.

    비탄, 좌절, 상실에 대한 온전한 치유를 위해서는, 단지 우리에게 상처를 준 사건만 다루는 것으로는 불충분하다. 혹은 내적 맹세나 돌같이 굳은 마음 등 자신의 연약함을 감추기 위해 만들어낸 구조물들을 십자가에 못 박는다고 해서 온전한 치유에 이르는 것도 아니다. 이것들을 놓고 기도하는 일은 매우 중요하며 좋은 일이나, 여전히 치유의 완성은 아니다. 우리 개인의 영(spirit)은 상실을 보상받고 싶은 갈망을 여전히 떨쳐내지 못했다. 사랑하는 이와의 사별을 경험해야 했을 때, 오직 주님만이 성령을 통해 우리 영의 욕구를 온전히 만족시켜 주신다. 우리를 부르신 주님은 우리에게 상처 입은 자들을 만져주고 그들에게 확신과 수용과 애정을 공급하는 주님의 도구가 되라고 말씀하신다. 그러나 상처 입은 영을 깨끗이 씻기고 다시금 생기를 불어넣는 일은 오직 주님의 성령의 충만함으로만 가능하다. 우리는 단지 주님께서 친히 그 일을 이루시도록, 내담자를 친히 온전함과 충만함 가운데로 인도해 주시도록 기도할 뿐이다.

모든 이, 특히 남편과 사별한 부인과 이혼한 여성 내담자들을 위해 다음 성경말씀을 전해드리고 싶다.

> 두려워 말라 네가 수치를 당치 아니하리라 놀라지 말라
> 네가 부끄러움을 보지 아니하리라
> 네가 네 청년 때의 수치를 잊겠고
> 과부 때의 치욕을 다시 기억함이 없으리니
> 이는 너를 지으신 자는 네 남편이시라
> 그 이름은 만군의 여호와시며 네 구속자는 이스라엘의 거룩한 자시라
> 온 세상의 하나님이라 칭함을 받으실 것이며
> 여호와께서 너를 부르시되 마치 버림을 입어 마음에 근심하는 아내
> 곧 소시에 아내 되었다가 버림을 입은 자에게 함같이 하실 것임이라
> 네 하나님의 말씀이니라
> 내가 잠시 너를 버렸으나 큰 긍휼로 너를 모을 것이요
> 내가 넘치는 진노로 내 얼굴을 네게서 잠시 가리웠으나
> 영원한 자비로 너를 긍휼히 여기리라 네 구속자 여호와의 말이니라
> (사 54:4-8)

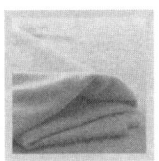

Chapter 16. 죄인들의 세상에서 살아가기
Dwelling Within a Sinful Group

그 때에 내가 말하되 화로다 나여 망하게 되었도다 나는 입술이 부정한 사람이요 입술이 부정한 백성 중에 거하면서 만군의 여호와이신 왕을 뵈었음이로다 (사 6:5)

이 의인이 저희 중에 거하여 날마다 저 불법한 행실을 보고 들음으로 그 의로운 심령을 상하니라 (벧후 2:8)

누가 철학과 헛된 속임수로 너희를 노략할까 주의하라 이것이 사람의 유전과 세상의 초등 학문을 좇음이요 그리스도를 좇음이 아니니라 (골 2:8)

수년 전 폴라와 나는 샌프랜시스코에서 강의를 해달라는 부탁을 받았다. 그곳에는 강연을 맡은 또 한 부부가 있었다. 그들은 남녀 특히 젊은이들을 사교(cult)에서 구해내어 재교육하는 일을 천직으로 알고 있었다. 우리는 그들로부터 당시 샌프란시스코만(Bay Area)에만도 백 개 이상의 사교가 활동 중인 것으로 파악된다는 이야기를 전해 들었다! 사교의 활동이 이렇게 갑자기 증가한 이유는 과연 무엇일까? 아니면 이미 이전부터 있었던 현상을 우리만 모르고 있었던 것일까?

이들 부부에 의하면 젊은이들이 사교에 빠지는 주된 원인은 바로 권위(authority)에 대한 갈망이다. 간단히 말해 아버지의 부재이다. 본서 제 5장에 설명한 '졸음의 영'을 기억하는가? 수많은 젊은이들이 '졸음의 영(The Slumbering Spirit)'을 가지고 있다. 이런 젊은이들은 진리와 거짓을 분별하지 못한다. 뿐만 아니라 그들이 가진 극심한 상처는 아버지 같은 인물로부터의 사랑과 힘과 보호를 간절히 필요로 한다. 한편, 이들 부부는 말하기를, 젊은이들이 독재적인 사교 지도자에게 꼼짝없이 휘둘리는 이유는 바로 어떻게 살아야할지 가르쳐줄 아버지 같은 인물에 대한 절박한 욕구 때문이라고 했다. 젊은이들이 독립을 부르짖긴 하지만 여전히 이들에게도 어떻게 살아야 할지 가르쳐줄 안식처는 필요하다. 이 부분을 성취지향성 (『속사람의 변화』 제 3장을 참조하시라)과 관련시켜 이해한다면, 온갖 그릇된 방식으로 살아가는 젊은이들의 내면에서 일어나는 역동이 쉽게 파악된다.

그들을 지배하고 속박하는 것은 두려움(fear)이다. 거절에 대한 두려움. 소속되지 못함에 대한 두려움. 처벌에 대한 두려움. '주님을 잃어버릴 것'에 대한 두려움. '하늘나라를 잃어버릴 것'에 대한 두려움. 주님의 요구사항(실제로는 사교 교주들의 왜곡된 통제)에 따라 살지 못하는 것에 대한 두려움. 붙잡히면 보복 당한다는 두려움. 부모와 사회라는 감옥에 두 번 다시 빠져들고 싶지 않다는 두려움. (사교 교주들은 다른 모든 사람을 감옥으로 표현한다. 그들의 방식만이 유일한 자유라고 말한다.) 지옥에 대한 두려움(이는 조직 바깥에서 들어오지 못하고 서서 기다리는 것을 뜻한다). 핍박에 대한 기대(부모, 목사, 친구들의 충고를 핍박으로 여긴다. 이로써 '의인'으로서의 교주의 위상이 확고해져 간다). '끼지' 못함에 대한 두려움. 이는 다른 조직원들처럼 자신도 반드시 이 어그러지고 거스르는 세대에 모욕을 받음으로 고난 받는 종으로서의 확증을 얻어야 한다는 생각에서 나온 두려움이다. 사교 조직에 속한 사람들은 공통적으로 편집증적 메시야 콤플렉스의 양상을 띤다. 스스로를 선한 자요, 선택받은 소수정예의 남은자로 여긴다. 자기들에게만 진리가 있고 진리를 수호하기 위해서 어떠한 고난도 마다하지 않는다고 생각한다. 오늘날 철의 장막(Iron Curtain) 뒤에는 실제로 고난 당하는 교회가 존재한다. 이들이야말로 현대의 진정한 순교자들이다. 그런데 여기에 비극적인 혼동이 있다. 사교조직에 속한 자들이 그릇된 방식으로 자신들의 역할모델로 삼고 있는 대상은 바로 이들 순교자들이다.

    사교 구성원들의 마음을 미혹하는 원인은 심리학적인 데만 있지 않다. 여기에는 원형(archetype)의 힘이 작용한다. 원형이란 우리의 육신에 속한 강력한 수단을 통해 생각을 통제하는 것이다(원형에 관해서는, 본서 제8장 '더럽힘, 마귀, 죽음을 소원' 부분이나 『속사람의 변화』 제16장을 참조하시기 바란다). 여기서는 원형이란 모든 이가 공유하는 생각의 바다 한복판에 존재하는 고정된 사고방식이라는 것만 언급하고 지나가겠다.

원형은 결코 선반위의 책처럼 독자의 손에 들리어 읽혀지기만을 기다리는 활동성 없고 무기력한 무엇이 아니다. 오히려 왕성한 활동에너지를 가진 괴물과도 같다. 원형의 척도를 벗어나면 결코 사고가 불가능해질 정도가 되기까지 한 사람의 생각을 철저히 옭죄고 들어간다. 원형의 작용에 대한 이해를 위해 카우보이를 연상하면 좋다. 왜곡된 사고를 급히 좇아가서는 이를 다시 무리 안으로 데려온다. 원형이 가지는 뚜렷한 목적은 '철학과 헛된 속임수로 속여서' 자유로운 사고를 못하게 만드는 데 있다. 위에서 열거한 두려움들의 도움을 받아 그 흉악한 임무를 성공적으로 수행하고 있는 원형의 영향력이야말로, 사교 재교육자들에 의해 반드시 파쇄 되어야 할 부분이다.

사교 재교육자를 위한 지침을 제시하는 것이 우리의 목적은 아니다. 이 부분에 대해서 폴라와 나는 전문지식이 거의 전무하다. 우리는 재교육자들의 사명이 끝난 후에 반드시 필요한 후속적인 치유에 관해 이야기하고 싶다. 일단 사교에서 빠져나올 수 있었더라도 미혹의 덫은 언제라도 이들을 다시 끌어들이려고 호심탐탐 기회를 노린다.

사교에 빠졌다가 구원받은 이들이 재차 미혹당할 가능성을 두려워하는 것은 충분히 이해가 된다. 그러나 지나친 염려는 오히려 필요한 돌봄을 제공받을 건강한 연합마저 배제해버린다.

'엘리야의 집' 초창기의 일이다. 한때 사교에 빠졌던 경험을 가진 한 회원이 있었다. 그는 지배와 통제에 대한 심한 두려움을 가지고 있는 사람이었다. 그는 나를 비롯한 다른 리더들이 권위적인 동기와 행동으로 남을 조종하고 감금하려 한다며 모임 내에서 계속 말썽을 일으켰다. 당시 우리는 이 남성이 가진 문제가 사실은 권위에 대한 갈망에 있다는 사실을 알지 못했다. 결국 그는 우리를 떠나 지독히 독재적인 사교 조직에 다시금 빠져들었다.

사교에 빠졌다가 나온 한 부부가 있었다. 그들이 속했던 사교는 목양과 제자화를 무리하게 강요하는 곳이었다. 그 사교의 교주들은 심지어 자신들의 친구로 남을 자와 그렇지 않을 자로 양자택일을 강요했다고 한다. 이 부부는 우리 맏아들 로렌(Loren)이 담임목사로 있는 모퉁이돌 교회(Cornerstone Christian Fellowship)의 교인이 되었다. 모퉁잇돌 교회의 큰 특징 중의 하나가 바로 소그룹활동이다. 이 부부는 친교와 지원을 몹시 필요로 했다. 그러나 소그룹에 속하는 것은 너무도 두려운 일이었다. 미처 치유되지 않은 기억으로 인해 사고가 마비된 이들 부부는 과거에 그들을 조종하던 사교 조직과 교회의 소그룹은 전혀 다르다는 사실조차 분간하지 못했다.

사교에 속해 있는 동안 달라붙은 퇴적물(deposits)들을 완전히 제거해 내려면, 꾸준한 교제와 충분한 치유기도가 필요하다. 사교에 있다가 나온 사람들을 볼 때마다 우리는 가재(crayfish)가 떠오른다. 멀찌감치 물러선 채 눈만 둥그렇게 뜨고 방어자세로 발톱만 쭉 내밀고 있는 모양새이다. 자유로운 우정과 관계의 기초는 신뢰이다. 신뢰를 확립하기 위해 이들에게 필요한 것은 어쩌면 무조건적인 사랑과 용납의 경험일지 모른다. 비록 이들이 지금 당장 보여주는 성향은 공격이나 도망, 둘 중의 하나일지라도 말이다. 이들을 치유하는 열쇠는 바로 오래 참는 사랑이다. 이들은 무엇이든 자신들을 통제하고 조종하려는 것으로 여겨지면 무조건 극도로 예민하게 반응한다. 그러나 이들에게 있는 쓴 뿌리 기대와 판단이야말로 주변 사람들의 조종과 통제를 불러들이는 요인이다.

일단 오래참고 인내하는 사랑을 통해 사역을 받을 수 있는 토양을 갖춰놓으면, 치유를 위한 간단한 작업들을 다양하게 착수할 수 있다. 우선, 조종과 통제를 불러오는 쓴 뿌리 판단과 기대를 십자가에 못 박아야 한다. 비단 최근에 있었던 사교의 경험뿐 아니라, 어린 시절 부모와의 갈등으로 인해 생긴 것들까지 모두 처리해야 한다. 가장 중요한 것이 있다. 이들에게는 그리스도 안에서의 아버지와 어머니가 필요하다. 이들이 폭군적인 사교 교주에게 휘말려 들어간 것도 바로 권위 인물과 관계를 맺고 싶은 갈망 때문이었다. 그러나 지금 이들은 그토록 바랐던 권위를 두려워하여 피해 도망하고 있다. 지혜로운 상담자는 이들이 제공받아야 할 기능을 쉽게 충족시켜 줄 수 있다. 굳이 상담자의 행동이 무엇을 의미하는지 밝히지는 않더라도 말이다.

마음에 품어주는 일, 무조건 사랑해주는 일, 필요할 때면 언제나 함께 해주는 일, 지속적으로 중보해주는 일, 자유의지를 존중하면서 상담해주는 일 등, 다른 모든 사람들처럼 이들에게도 충분한 애정표현이 필요하다. 이 모든 것은 그들이 부모로부터 공급받았어야 할 행동들이었다고 굳이 말해주지 않아도 된다. 이들에게 제공해줄 수 있는 것은 이보다 훨씬 더 많다.

이들은 깊은 차원의 기초 신뢰를 회복해야 한다. 마음 문을 열고 활짝 꽃을 피워도 될 만큼 안전하다는 느낌, 더 이상 아무도 그들의 연한 꽃잎을 찢거나 짓밟거나 꺾어버리지 않을 것이라는 확신을 되찾아야 한다. 그러나 다시금 남들과 마음을 터놓는 사이가 되는 것은 좋지만, 결코 위험에서 자유로운 상황은 아니라는 사실도 유념해야 한다. 우리의 삶은 결코 안전하지 않다. 삶에는 언제나 위험이 따른다. 도처에 도사리는 위험요소와 관련하여 이들은 하나님에 대한 온전한 확신과 자유를 회복해야 한다. 설사 이들이 다시 실패하여 상처를 입게 되더라도 주님은 주님의 백성들을 반드시 회복시켜 주시는 분임을 확신해야 한다.

사교에서 구출된 이들은 늘 긴장된 모습이다. 이들은 깊은 영의 치유를 필요로 한다. 치유를 통하여 내면 깊은 곳에서 평안을 누려야 하고, 삶의 온갖 시련과 역경들에 대해 마음 문을 활짝 열고 대하는 자세를 회복해야 한다. 가장 기본적이고 시급한 치유가 있다. 이들의 영은 지나친 두려움이나 견고한 방어벽을 허물고 상대방과 허심탄회하게 교제하고 만나는 능력, 마음을 열고 마음의 지평을 넓혀가는 능력을 되찾아야 한다. 이러한 치유를 성취하기 위해 우리는 내담자와 함께 큰 소리로 기도한다. 주님께서 그를 위로해주시고 치유해 주시며, 주님의 주권적인 은혜로 그에게 신뢰를 회복시켜 달라고 간구한다. 신뢰 회복이야말로 주님의 은총의 행위이자 마음에서 일어나는 부활의 기적이다.

사실 이들의 치유에는 부활의 기적이 필요하다. 짓밟히고 활기를 잃은 이들의 영(spirit)에게는 재창조와 회복의 기적이 일어나야 한다. 근육기능이 심하게 저하된 채 태어나 평생 다리를 절며 살아온 사람이 다시금 걷고 뛸 수 있으려면 재창조와 재생의 능력이 개입되어야 한다(행 3:1-10). 사교에서 구출된 사람들은 마치 한손이 오그라든 사람처럼(눅 6:6-11) 정상적인 기능이 전혀 불가능한 자들이다. 주님이 이들의 영을 향하여 '너희의 손을 내밀어 다시금 용기 있게 살아가라'고 명령하시기 전까지, 이들의 내적 존재는 스스로 손을 내밀어 무엇을 잡는 일조차 할 수 없다. 주님이 계신 곳에 뉘인 중풍병자와도 같이(막 2:1-12), 이들의 영이 가진 수많은 재능들은 현재 두려움으로 마비되어 있다. "예수께서 저희의 믿음을 보시고 중풍병자에게 이르시되 소자야 네 죄 사함을 받았느니라 하시니"(5절). 기도하는 자는 이런 사람들을 위한 믿음을 가져야 한다. 이들은 남을 신뢰할 수 있는 능력도 마비되었다. 하나님은 기도하는 사람이 가진 믿음을 우선적으로 보시고 응답해 주신다. 기도 받는 이의 연약한 믿음은 두 번째로 보신다.

우리가 반드시 인정하고 용서받아야 할 특별한 죄가 있다. 재능을 묻어두는 죄이다. 사교에 가담하는 것은 사실상 삶으로부터의 도피이다. 사교에 들어감으로 비겁하게 삶을 등진 사람들일수록 자신은 오직 하나님께만 헌신하기 위해 담대한 발걸음을 내디뎠다고 착각한다. 그러나 이들은 무언가를 결정할 책임, 자유로운 선택으로 인한 결과에 용기 있게 맞설 책임을 무의식적으로 회피한 자들이다.

모세가 있었다면 그들은 이렇게 말했으리라. "나를 노예였을 때로 되돌려주시오. 인생의 광야에서 더 이상 자유를 누리기가 버겁소. 적어도 예전에 나는 무엇을 해야 할지 잘 알고 있었소. 사람들이 우리에게 무엇을 해야 할지 모두 가르쳐 주었소. 나는 생각 따위는 안 해도 되었소. 그저 행동만 하면 되었소." 자연히 이들은 '도피'와 '묻어둠'으로 인한 쓴 열매를 거두었다. 자신이 가지고 있다고 여기는 것까지 빼앗기고 말았다(눅 19:11-26). 그들이 누리던 자유는 모조품이었다. 대부분의 사교에서는 조직원들이 부모나 친척, 친구들과 접촉하지 못하도록 금지한다. 사교에 가담하면서 그리스도 안에서의 담대함은 훼손되었다. 독립의 능력도 상실되었다. 두려움으로부터의 자유도 빼앗겼다. 마음대로 오갈 자유, 친구를 만나는 자유, 파티에 참석할 자유, 인생을 즐길 자유, 이 모든 자유가 철저히 억압되거나 혹은 완전히 사라졌다. 간단히 말해, 예수님이 주신 풍성한 삶을 빼앗겨버렸다.

더 많이 받은 자들은 도대체 무엇을 가지고 있었기에 더 받을 수 있었을까? 사교 변절자들은 도대체 무엇을 갖고 있지 못했기에 이토록 많은 걸 잃어야만 했을까? 신뢰(trust)이다! 마음 놓고 주인을 신뢰한 자들은 자신이 가진 재능을 투자하여 갑절의 이윤을 남겼다(16-18절). 주인을 신뢰하지 못한 자는 재능을 잃어버릴까 두려워 이를 고스란히 땅에 묻어 두었다. 그의 재능은 한 번도 개발되지도 사용되지도 않았다. 이는 용서받아야 할 죄이다. 상담자는 내담자의 선택 이면에 숨어있는 이러한 죄를 인식하게 해준 뒤 그들을 위해 용서를 선포해야 한다.

사교에서 구출된 이들은 수치심도 치유해야 한다. 우리와 함께 대화를 나눈 이들 중 대다수가 수치심으로 형편없이 일그러져 있었다. 저지른 실수가 너무나 심각하기에 자신들은 두 번 다시 사용 받지 못할 것이라고 생각한다. 하나님이 그들을 믿고 임무를 맡기시는 일은 다시는 없을 것이라면서 말이다. 이들은 자신의 사교 체험이 전혀 쓸모없는 방탕의 여정이었으므로 하나님 아버지의 지원을 받는 일도 더 이상 끝장이라고 여긴다. 이들에게는 모든 것이 합력하여 선을 이룬다고 말해줄 누군가가 필요하다. 모든 것을 잃어버린 것은 아니며, 그들이 터득한 소중한 교훈이 다른 사람을 섬기는 축복의 도구가 될 수도 있다고 격려해줄 누군가가 필요하다.

상처받은 사람들은 공통적으로 자신감(confidence)이 훼손되어 있다. 육신에 속한 사람 혹은 자기 자신에게 두었던 확신이 송두리째 무너져 내린 것에 대해 주님을 찬양하라! 이 교훈 하나만 제대로 깨달아도 과거의 실수는 충분히 제값을 치렀다! 이들은 두 번 다시 높은 사람들(princes)에게 자신의 확신을 두어서는 안 된다는 진리를 깨달았다. 주님의 몸 된 교회의 구성원들, 특히 목사님, 지도자들, 텔레비전 스타들을 우상화해 온 사람들은, 이 부분에 있어서는, 사교에서 구원받은 이들로부터 교훈을 얻으시기 바란다. 신뢰(trust)의 경우와 마찬가지로, 하나님 안에 기반을 둔 자신감 회복을 위해서는 기도를 통해 개입해주시는 주님의 기적적인 은총이 요구된다. 이들이 소중한 교훈을 깨닫게 되었음에 주님을 찬양하자. 이들은 육신에 속한 생각은 반드시 무시해야 한다는 교훈을 힘들게 터득했다. 우리는 그들이 이러한 깨달음을 소중히 여기도록 격려해 주어야 한다. 이들은 다음 말씀의 진리를 명백히 깨달은 자들이다. 참으로 귀한 일이다. "어떤 길은 사람의 보기에 바르나 필경은 사망의 길이니라"(잠 14:12). 사람은 스스로 의로운 생각을 가졌다고 굳게 확신하면서 동시에 완전히 속고 있는 경우가 있다. 이 사실은 모든 크리스천들이 반드시 숙지해야 할 안전장치이다. 사교에 있다가 나온 자들이, 육신의 생각을 무시하는 법을 배울 뿐 아니라, 광야의 온갖 경험들로부터 가치를 뽑아낼 수만 있다면, 그것 자체가 이미 부분적인 자신감 회복이다. "이봐요, 난 중요한 것을 얻었소. 과거의 경험을 통해 수많은 교훈을 얻고 성숙해졌다오. 결코 모든 걸 잃은 건 아니란 말이오." 이런 광야경험을 통한 배움이 가지는 또 한 측면은 두려움과 과묵이다. 이들의 영은 치유를 통해 자유케 되어야 한다.

　사교에 가담했던 이들을 사로잡고 있는 것은 실패에 대한 두려움이다. 성취지향성을 가진 이들은 실수마저 마음대로 하지 못한다. 크리스천이 가진 자유의 본질은 언제라도 실수할 수 있다는 데 있다. 이는 결코 어리석음이나 고의적 죄를 변명하기 위한 구실로서의 자유가 아니다. 뭔가를 위해 열심히 노력하다가 실패할 수도 있는 자유이다. 우리는 다음 사실을 확신해야 한다. 은혜와 자비가 풍성하신 하나님은 인생을 즐거운 것으로 만드셨다. 인생은 하나님을 향해 힘껏 추구해나갈 수 있는 장소이다. 비록 실패를 하더라도 주님은 그 실패를 영광으로 바꾸어 주신다. 자신감과 신뢰가 가지는 이러한 측면은 반드시 회복되어야 한다. 대개 사교에서 빠져나온 사람들은 이러한 확신을 애당초 갖고 있질 못했다. 이미 어린 시절 상처로 인해 상실되었다. 따라서 치유는 반드시 두 가지 차원으로 이루어져야 한다. 첫째는 최근에 겪은 곤경으로 인해 발생한 현재의 상처를 치유해야 한다. 둘째는 자유와 신뢰의 회복을 위해 속사람을 치유해야 한다. 부모의 과도한 노력이 부지불식간에 자녀의 자유와 신뢰를 빼앗아갔다.

사교에 있다가 나온 이들은 더 이상 사람의 마음(heart)을 신뢰하지 않겠다고 결심한다. 교주가 제아무리 좋은 의도를 가졌더라도 어차피 그는 미혹당하고 조종당한 자였다. 그가 악한 자였다면, 그는 순진하고 선한 의도들을 어떻게 악용하고 배신할 수 있는지 너무도 잘 터득하고 있는 자였다. 어떤 면에서 볼 때 이것 역시 소중한 교훈이다.

> 많은 사람은 각기 자기의 인자함을 자랑하나니 충성된 자를 누가 만날 수 있으랴 (잠 20:6)

> 방백들을 의지하지 말며 도울 힘이 없는 인생도 의지하지 말찌니 (시 146:3)

> 여호와께 피함이 방백들을 신뢰함보다 낫도다 (시 118:9)

사교에서 구출된 이들은 어렵사리 '신중함(caution)'의 소중함을 깨달았다. "슬기로운 자는 재앙을 보면 숨어 피하여도 어리석은 자들은 나아가다가 해를 받느니라"(잠 27:12). 그러나 그 결과 이들은 친구와의 우정을 믿지 못하게 되었다. 이들은 사람들과 관계 맺는 것을 두려워한다. 우리는 이들에게 다음의 사실들을 말해주어야 한다. 이들의 두려움은 과거의 경험으로 인해 반사적으로 형성된 것이다. 쓴 뿌리를 치유하면 다시 진실한 우정을 키워나갈 수 있게 된다. 이로써 두 번 다시 누군가를 우상화함으로 자신의 삶에 대한 책임을 포기해버릴 일은 없을 것이다. 크리스천은 사람을 순진하게 신뢰해서는 안 된다. 예수님에 대한 신뢰를 통해서만 형제를 사랑해야 안전하다.

이들은 힘든 경험을 통해 진정한 신뢰와 우정이 무엇인지 깨달을 준비를 갖춘 셈이다. 이들은 다른 사람 안에 있는 주님을 신뢰할 준비도 갖추었다. 사람이 가진 죄의 성향을 잘 인식하고 언제라도 이에 대처할 준비를 함으로써 그들이 우리에게 죄를 짓지 못하도록 방비해야 한다. 순진함은 사람 속에 있는 최악의 것을 부추길 수 있다. 그러나 성숙함은 사람 속에 있는 죄에게 결코 기회를 주지 않음으로써 우리를 보호한다. 우리는 최악의 경우를 늘 염두에 두면서도, 동시에 예수 그리스도를 통해 최선의 것을 이끌어내야 한다.

사교에서 빠져나온 자들은 대체로 기쁨(joy)을 잃고 있다. 이제까지 삶은 너무나 심각했다. 모든 사람이 추구해야 할 어린이다움, 그러나 이들은 어린이다움을 소멸했을 뿐 아니라 심지어 이를 두려워한다. 이들은 어린이다움과 순진함을 동일시하거나 혼동한다.

어린이다움과 순진함은 다르다. 어린이답다는 것은 하나님의 자녀로서 살아가는 은총이다. 나는 하나님만 해결하실 수 있는 문제를 더 이상 내가 해결하려고 애쓰지 않는다. 주님만 풀 수 있는 수수께끼를 풀어내어 하나님같이 되려고 애쓰지도 않는다. 나는 놀 수 있다. 인생을 즐길 수 있다. 인생과 나 자신을 보며 하하 웃을 수도 있다. 나는 삶의 완전한 주인이신 주님이 문제들과 박해하는 자들을 향해 비웃기도 하신다는 것을 잘 안다. "세상의 군왕들이 나서며 관원들이 서로 꾀하여 여호와와 그 기름 받은 자를 대적하며…하늘에 계신 자가 웃으심이여 주께서 저희를 비웃으시리로다"(시 2:2, 4). 주님은 위험이 닥쳐오면 경고도 해주시고, 무슨 선택을 할 때는 조언과 격려도 해주신다. 주님은 나의 보호자이시다. 주님은 나를 책임져주시는 분이다. 크리스천의 기쁨은 주님이 이미 승리하셨다는 명백한 사실에 근거를 둔다. 일시적인 실패가 뭐 그리 중요하겠는가. 우리 주님은 그것마저 영광으로 바꾸어 주시는 분이신데….

그런데 이들이 상실한 기쁨은 그렇게 단순하지만은 않다. 어쩌면 이들은 기쁨을 가져본 적이 거의 없을지도 모른다. 안전을 보장해주는 부모와 함께 있을 때에만 아이는 마음껏 기뻐할 수 있다. 아이는 아버지 어머니로부터 사랑, 확신, 위안, 안전을 제공받는다. 이런 요소들을 충족 받은 아이는 마음껏 장난치며 뛰어논다. 부모가 아이에게 이러한 환경을 조성해주지 못할 때, 아이의 기쁨은 좌절된다. 이제 삶은 너무나도 빨리 심각해져 간다.

마음은 원래 기뻐야 한다. 하나님이 만드신 모든 피조물들은 자연스럽게 기쁨에 바탕을 두고 있다. 자연계에 속한 온갖 생물들의 자손들은 본능적으로 기뻐하며 뛰논다! 굳이 기뻐하라고 말할 필요도 없고 억지로 기뻐하게 할 이유도 없다. 오직 기쁨을 좌절시키거나 금하지만 않으면 된다. 상담자들은 이들에게서 기쁨의 근원이 거침없이 흘러나올 때까지 치유를 계속해야만 한다. 이때 가장 중요한 것은 신뢰의 회복이다. 주님의 주권을 신뢰함으로써 확신, 위안, 안전이 정립되기만 하면, 기쁨은 자연스럽게 흘러나온다. 상담자들이 해야 할 일은 다만 초기부터 최근까지의 기억을 모두 치유함으로써 이들의 기쁨을 해방시켜주는 일이다.

사교에서 빠져나온 이들은 대체로 초자연적인 것이라면 무조건 두려워한다. 현실에 몰두함으로 지난날의 온갖 영적인 쓰레기들과 잡동사니들을 잊고 싶어 한다. 누가 이들을 비난할 수 있겠는가? 주님께 감사하라! 이들은 '하룻강아지 범 무서운 줄 모른다'는 교훈을 제대로 터득했다! 그러나 이들은 예배나 기도모임 시 주님의 거룩한 임재 속으로 들어가는 일마저 무서워한다. 모든 사람들이 고요한 주님의 기름 부으심과 축복을 기쁘게 받아 누리는 순간에조차 무서워하며 달아나려고 했다. 이들은 더 이상 자신의 분별력을 신뢰할 수 없게 되었다. 결국 하나님의 다양한 초청도 두렵기만 했다. 이들은 단순히 오감만으로 감당할 수 없는 수많은 일들을 겪었다. 소름끼치는 일을 너무도 자주 만났다. 그것도 기만당하면서 경험해야 했다! 이들은 주님의 임재마저 두려워한다. 안식을 위해 반드시 필요한 신뢰를 잃어버렸다.

> 너희 중에 아비된 자 누가 아들이 생선을 달라 하면 생선 대신에 뱀을 주며 알을 달라 하면 전갈을 주겠느냐 너희가 악할찌라도 좋은 것을 자식에게 줄줄 알거든 하물며 너희 천부께서 구하는 자에게 성령을 주시지 않겠느냐 하시니라 (눅 11:11-13)

사람들은 대개 이 말씀을 읽으면서 두려움을 떨쳐버린다. 그러나 사교에서 빠져나온 이들은 아직 그렇게 하지 못한다. 치료가 신속히 진행되면 가능해질 일이다. 막 사교에서 빠져나온 이에게 강도 높은 예배나 기도모임을 강요하는 것은 현명치 못한 일일 수 있다. 우선은 유쾌하고 인간적인 만남, 웃음과 기쁨, 가벼운 임무와 휴식을 권하는 것이 최상이다. 만일 이들이 출입구 쪽에 앉기를 고집한다면 그대로 허용하라. 사람들과 부딪치기를 싫어한다면 혼자 있게 하라. 기도모임에서 말로 교제하는 것을 꺼려한다면 억지로 강요하지 말라. 주님의 몸 된 교회는 이들에게 지속적인 환대를 베풀어야 한다. 절대로 무리하게 강요하지 말라.

짐 지기를 통한 수많은 중보적인 치유기도도 필요하다. 자연 속에서 산책하는 것, 땀 흘리며 할 수 있는 기분 좋은 육체노동, 스포츠를 즐기는 것, 영양을 골고루 갖춘 식사, 달콤한 수면, 이 모든 것들은 이제까지의 삶을 통해 얻은 긴장을 이완시킬 건강한 해결책들이다. 이들이 땅의 일에 몰두한다고 해서 결코 영성을 잃을 일은 없다. 오히려 영성을 얻게 된다. 다음은 톨킨(J.R.R. Tolkien)의 3부작 시리즈 『반지의 제왕(Lord of the Rings)』에 나오는 이야기이다. 남들은 다 지쳐 쓰러져가는 상황 속에서도 사우론(이 소설에 나오는 마귀)의 악행에 끝까지 저항하며 돌진해 나간 자들이 있었다. 이들은 바로 호빗(hobbit) 난쟁이들이었다. 키가 작고 담력이 있었고, 신비주의적인 것과는 거리가 먼, 현실에 충실한 자들이었던 호빗 난쟁이들에게는, 힘의 비결이 있었다. 이들은 단순하게 땅의 일에 충실하면서 가능한 한 자주 모여 즐거운 시간을 가졌고 맛있는 음식을 즐겼다. 톨킨은 소설을 통해 이 사실을 분명하게 강조하고 있었다. 괴짜로서 살아온 경험이 있는 내가 보기에 톨킨은 현실을 아주 정확하게 포착한 사람이다. 현실에 충실한 자가 진정으로 영적인 사람이 된다. 사교에서 갓 구출된 이를 높은 수준의 영적 모임에 데려가는 일은, 이들에게 충분한 휴식과 현실에 충실한 기간을 제공한 후에 하더라도 결코 늦지 않다.

사교에서 빠져나온 이들 중 어떤 이들은 어디서든 귀신(demons)을 두려워한다. 어느 사교는 모든 사람 속에 귀신이 있다고 가르쳤다. 귀신이 실제로 있든 없든, 이들은 자기들이 그토록 찾고 있는 귀신들을 실제로 보기도 했다. 휘트워스(Whitworth) 대학의 심리학과장인 빌 존슨(Bill Johnson)박사는 한 사람의 평범한 성령 충만한 신자로서 다음과 같이 말했다. "심리학이 할 수 있는 일이라고는 육신의 속임수를 낱낱이 열거하는 것뿐입니다." 사교 운동을 이끌던 한 지도자가 자신이 속한 교회에서 담임 직을 맡았다. 그는 회중들에게 심리학과 연관이 있는 사람 안에는 귀신이 득실거린다고 설교했다! 이러한 거짓 교사들은 모든 사물과 사람 속에서 귀신을 보았다. 귀신들리지 않은 유일한 사람은 자기들이며, 자기들에게 가까이 와야 안전하게 살 수 있다고 가르쳤다! 귀신(demons)에 대한 두려움으로 사교 지도자들의 헛된 가르침을 신봉한 모든 이들은 적어도 감옥에 갈 가능성은 없었다. 앞에서 언급한 사교 재교육자 부부의 지혜를 갖지 못한 수많은 크리스천들이 단순히 축사를 시도한다. 사교에서 빠져나온 이들을 자유케 해주어야 한다며 그들을 향해 귀신아 떠나가라고 외친다. 사교에서 나온 이들이 그토록 두려움과 소심함에 사로잡혀 있는 것도, 부분적으로는 이러한 기억때문인지도 모른다. 이들이 '이것은 단지 이것일 뿐'이며 '저것은 단지 저것일 뿐'이고, 모든 게 귀신 때문에 그런 건 아니라는 인식을 할 수 있게 되려면, 충분한 시간과 현실에 뿌리박은 생활이 필요하다.

우리는 상담자들에게 사교에서 빠져나온 내담자들의 면전에서 축사하는 일은 삼가라고 주의를 준다. 만일 귀신들이 실제로 이들을 괴롭히고 있다면, 조용히 귀신들을 결박하고 잠시 기다리면 된다. 서두르면 안 된다. 시간은 우리 편이다. 그는 점점 밝아지고 있고 날마다 건강해지고 있다. 일단 상담자에 의해 내적치유로 인도받아 자유케 되면, 희생자를 다시 덫에 걸려들게 하려는 귀신의 힘은 약해진다. 귀신이 있을지도 모른다고 무조건 축사를 해서는 안 된다. 모든 것은 우리 주님이 주님의 때에 주님의 지혜로 행하신다.

궁극적으로는 가족 및 친구들과 화해를 이루어야 한다. 그러나 너무 서두르지는 말라. 이들에 대한 가족들의 부담, 분노, 비난하려는 성품으로 인해, 만남이 도움보다는 오히려 해가 될 수도 있다. 그러나 대체로 빠르면 빠를수록 좋다. 가족과 친구들도 재결합에 필요한 준비를 갖추면 좋다. 질책하거나 너무 많은 질문을 성급히 퍼붓지 말라고 가르쳐야 한다. 가족들은 사교에 빠졌다가 돌아온 식구에 대해 애정과 감사를 표현해야 한다. 물론 감정이 자꾸 고양되겠지만 가능한 한 자연스럽고 열린 마음으로 그를 대해야 한다. 과장된 동작을 삼가고, 그로 하여금 자신이 과보호 손님대우를 받고 있다고 여기게 해서는 안 된다. 이는 마치 '넌 아직 집에 온 게 아니야. 우리가 아는 게 틀리지 않을 걸?' 이라는 메시지를 줄 수 있다. 이상야릇한 곳에서 빠져나와 집에 돌아왔을 때에는 예전부터 늘상 해왔던 일들이나 허드렛일들이 오히려 기운을 북돋우는 데 도움이 된다.

뒷전에서 수군거리는 일은 금물이다. 어색함이 느껴지긴 할 것이다.

자식이 참전 후 혹은 오랫동안 대학을 다니다가 집에 돌아온 경우도 마찬가지이리라. 그냥 그 상황을 견뎌내라. 그는 평범한 대접을 원한다. 특별하고 유별한 대접을 결코 원치 않는다.

사교에서 빠져나온 이들이 수다를 떨고 싶어 할 수도 있다. 가족들은 그가 마음껏 이야기를 하도록 허용해야 한다. 감정정화를 위해 수다를 떠는 것인지도 모른다. 단지 가슴에 쌓인 것을 떨어버리고 싶은 욕구 때문에 말이다. 이들에게는 들어주고 이해해주는 것만이 필요하다. 이들을 가르치려 들거나 꾸짖거나 조언하려 들지 말라. 사교에서 구출된 사람들 대부분은 수다쟁이가 되기보다 오히려 과묵해진다. 얼마간 혼자서 조용히 지내는 것도 도움은 된다. 그러나 도가 지나치지는 말아야 한다. 이때는 피크닉, 야구경기, 식탁에 둘러앉아 농담 즐기기 등, 가족의 일로 자꾸 그를 불러내면 좋다.

무엇보다 가족들도 혼자 고립되어서는 안 된다. 반드시 상담자나 재교육자들과 지속적으로 접촉하면서 조언을 얻어야 한다. 부모 혹은 친척으로서 어떻게 행동해야 하는지, 사교에 빠졌다가 돌아온 자식에게 혹시 안 좋은 영향력을 주는 건 아닌지, 판단하기 어려운 비상사태는 언제라도 일어난다. 우리가 고독한 순례자들이 아니라 몸(Church)인 것도 바로 이런 이유 때문이다. 현명한 부모와 친구들은 상담의 가치를 안다.

부모와 더불어 허심탄회하게 마음을 열고 대화하는 것은 무척 바람직한 일이다. 대부분의 부모들은 상담의 기회가 저절로 찾아오기를 기다리지 말고 스스로 나서서 미리 약간의 상담을 받아놓는 것도 좋다. 자신은 아무 문제도 없고 상담을 받을 필요도 없다고 생각하는 아버지라 하더라도 일단 상담을 받아두라. 나중에 자식들과 대화할 기회가 찾아왔을 때 상담을 통해 얻은 지식이 꽤 쓸모가 있겠다는 깨달음을 얻을 것이다. 상담을 받으면 자기 인식이 매우 급속도로 성장한다. 반면 전혀 상담을 받지 않는 대부분의 부모들은 자신의 말과 행동이 자식들에게 어떤 영향을 주는지 전혀 알지 못하기 때문에 부모로서의 위상이 곤두박질치는 경우가 많다. 특히 아버지나 어머니는 가족들의 삶의 양태가 어떻게 자녀들에게 영향 또는 상처를 주는지, 사교에 휘말릴 정도로 연약한 자식을 만들어낸 가정안의 환경적 요인은 무엇인지를 볼 수 있어야 한다. 한편 상담을 통해 부모들은, 혼자만 의로운척하며 자녀들을 혼내는 것이 아니라, 오히려 부모 자신의 허물을 자백하고 자녀에 대해 용서를 구하게 될 수도 있다.

끝으로, 사교에서 빠져나온 이들은 부단히 노력할 수 있는 어떤 곳, 남에게 도움을 주는 보람된 일로 온전함을 발견할 수 있는 어떤 곳을 필요로 한다. 아마도 잠시 동안의 휴식기간 후 좋은 일자리를 찾을 수도 있고, 일정한 형태의 사역을 시작할 수도 있다. 나치즘의 주문에 말려들어가 강제노동자들을 짐승처럼 남용하고 수천 명 이상을 공포의 죽음으로 몰아간 나치 시대의 과학자들이 있었다. 마침내 악의 구름이 걷혔을 때 이들은 심한 죄책감으로 충격과 당황에 휩싸였다. 이들은 죄책감을 어떻게든 만회하고자 자신들이 가진 지식을 선한 목적으로 사용하기 위해 부단히 애를 썼다. 죄를 속함 받은 자들은 어딘가에서 봉사함으로써 보상하고 싶어 한다. 이러한 봉사는 특히 사교에 있다가 빠져나온 사람에게는 용기를 얻는 계기가 된다. 자신이 다시금 전진하는 사회의 일원이 되었다는 자부심 회복에 도움이 되기 때문이다. 미성숙한 자들이 사교에 휘말리는 것은 바로 반항의 순간이다. 이들에게 있어 사회 전체는 '기성사회(establishment)'이며 악이다. 자신들은 정반대의 극단에 서서 사회에 대항하여 싸워야 한다고 생각한다. 이때 사교는 마치 소돔 성을 구원할 의인 열 명과 같은 '거룩한' 구제수단을 제공해주는 곳으로 여겨진다. 이전에 사교에 가담했다가 빠져나온 어떤 이는 이렇게 말했다. "이제 저는 사회에 공헌하는 삶을 살고 싶어요. 비록 한때는 사회를 경멸하기도 했지만 말예요. 저에게 일자리를 주세요. 일을 통해 삶의 한복판에 들어가 마침내 사회 안에 존재하는 일 을 잘하지 못하고 불완전한 사람들을 받아들이는 법을 터득하고 싶어요."

사교로부터 해방된 이들은 반드시 성숙의 열매를 맺는 데까지 나아가야 한다. 고지식한 태도만 고집하며 겁을 먹고 있다면 아무 일도 이룰 수 없다. 더 많은 상담이 필요하다. 사교로부터 자유를 얻은 자들에게는 준비되는 대로 지도자가 입는 옷과 권위의 반지와 잔치용 살진 소가 제공되어야 한다. 신앙을 유혹하는 덫에 관해 이들 돌아온 탕자보다 누가 더 잘 알겠는가? 예수님 안에 머물면서 다른 사람을 신뢰하지 않아야 한다는 진리를 이들보다 더 절실히 깨달은 자는 또한 누구이겠는가? 사람들이 인본주의의 늪으로 빠져 들어가고 깨어지는 가정이 점점 많아질수록, 종교적으로는 사교, 정치적으로는 민중선동도 계속 증가되어 갈 것이다. 사교에서 구출 받은 이들의 경험, 또한 이들이 쓰라린 경험을 통해 체득한 지혜가 우리에게는 필요하다. 우리는 이들을 마치 열등한 크리스천으로 대우해서는 안 된다. 상담을 통해 밀을 키질함으로 쭉정이는 날려 보내고 알곡만 남겼을 때, 이들도 지혜롭고 원만한 사람으로 변하게 될 것이다.

이제는 죄로 몸살을 앓고 있는 현대의 문화 속에 살아가는 우리가 받는 상처에 관해 살펴보기로 하자. 사람으로 인한 더럽힘(defilement)과 이에 대한 치유법에 관한 많은 사항은 이미 제 8장에서 언급하였다. 여기서는 문화, 특히 교육, 뉴스, 텔레비전, 영화, 소설 등 다양한 대중매체를 통해 우리의 생각(mind)과 영(spirit)이 받는 상처만을 다루기로 한다.

온갖 형태의 대중매체가 흘려보내는 거짓 본보기와 거짓 가르침의 해악은 일일이 나열할 필요조차 없다. "여자의 뒤에서 뱀이 그 입으로 물을 강 같이 토하여 여자를 물에 떠내려가게 하려 하되"(계 12:15). 이 구절은 다양한 의미를 가지고 있다. 그러나 홍수처럼 범람하는 영화, 록 스타, 마약, 소설이나 잡지 또는 TV드라마의 거짓된 가르침 등에 대한 생생한 묘사인 것만은 틀림없다. 마치 머리 위로 쉴 새 없이 떨어지는 나이아가라 폭포처럼 질릴 정도로 많은 대중매체들이 넘실거린다. 여자인 교회(Church)를 떠내려가게 하려는 것이 이것들의 목적이다! 유감스러운 일이지만, 결혼의 신성함을 저버리고 죄(sin) 속에서 동거하는 크리스천들의 예는 우리가 들은 것만 해도 벌써 수백 건이 넘는다. 이들은 사랑이라면 모든 게 괜찮다는 거짓말을 받아들였다. "어쨌든 오늘날 모든 사람이 다 그렇게 하잖아요."라면서 합리화한다. 크리스천 독신자 그룹들이 주일은 하나님을 찬양하면서 주중에는 내내 간음을 행하는 자들의 모임이 되는 경우는 또 얼마나 많은지. 약 30년 전까지만 해도 'X' 등급(성인용)이었던 것이 요즘은 아무렇지도 않게 'PG' 등급(준 일반용)으로 받아들여진다. 영화, 텔레비전, 소설의 주인공들은 마치 아무렇지도 않게 언제라도 아무하고나 잠자리를 같이하는 사람으로 그려진다. 007이 모든 여주인공이나 여성 범죄자들과 성관계를 하는 것은 충분히 나쁘게 여긴다.

그러나 오늘날 병원의 수석외과의사, 경찰총수를 비롯하여 주인공으로 등장하는 사람들은 한 결 같이 부도덕한 애정행각에 연루되어 있는 사람들뿐이다! 영화에서 도둑은 챔피언이 된다. 이런 영화를 보는 청중들은 무의식적으로 자신만은 면제대상이길 원한다. 시각매체를 따지자면 한도 끝도 없다.

전쟁은 사람의 생각(mind)에 대한 통제권 장악을 둘러싸고 일어난다. 이러한 전쟁에서 상담자들은 각각의 내담자들의 영(spirit)이 정결해지고 깨어나도록 기도해주어야 한다. 그러나 궁극적으로 각 사람은 자신의 생각(mind)과의 전쟁을 치러야 한다. 해법은 간단하다. 성경을 통해 나타난 하나님의 법만이 절대적이라는 사실을 생각(mind)과 의지(will)와 영(spirit) 안에 확실하게 뿌리내리면 된다. 이보다 더 나은 해결책은 없고, 유일한 해결책이기도 하다.

오늘날 하나님에 대한 마땅한 경외감을 갖고 있는 사람은 거의 아니 전혀 없다. "여호와를 경외하는 것이 지혜의 근본이요 거룩하신 자를 아는 것이 명철이니라"(잠 9:10). 어떻게 해야 하나님에 대한 진정한 경외감을 회복할 수 있을까? 우리 자신과 우리 백성들을 위해서 말이다. 이 부분에서 독자들은 다음 사실 하나만은 분명하게 숙지하시길 바란다. 하나님의 말씀대로 살겠다고 결심을 했으면서도 힘든 일이 닥치면 이를 잊고 인내하지 못하는 사람이 있다. 반면에 동일한 결심을 한 후 무슨 일이 있어도 끝까지 말씀대로 살아가는 사람들도 있다. 이러한 차이는 도대체 어디서 생기는 것일까? 결정적인 요인은 한가지이다. 어떤 이는 뿌리를 가지고 있지만, 어떤 이에게는 뿌리가 없다. "바위 위에 있다는 것은 말씀을 들을 때에 기쁨으로 받으나 뿌리가 없어 잠간 믿다가 시험을 받을 때에 배반하는 자요"(눅 8:13).

그렇다면 뿌리를 갖는다는 것은 무엇을 말하는가? 어떻게 해야 뿌리를 가질 수 있는가? 뿌리는 땅속을 뚫고 내려가 양분을 흡수한다. 뿌리를 통해 땅속의 양분을 공급받지 못한 식물은 쇠약해진다. 뿌리를 통해 수분을 흡수하지 못하면 식물은 시들어버린다. 자녀들의 뿌리는 부모라는 토양으로부터 애정, 사랑, 수용, 안정, 훈련을 빨아들인다. 가정과 상속물이 아이들의 뿌리이다. 아이들의 영은 그들의 몸을 넘어서 애정과 수용이라는 옥토에서 힘을 제공받는다. 영이 힘을 흡수하는 토양은 우선은 부모이다. 이로써 하나님으로부터 힘을 흡수할 수 있는 능력도 생긴다. 아이들의 영이 뿌리를 통해 양분을 공급받는 동안, 아이들은 점차 존경, 감탄, 신뢰를 배워나간다. 하나님에 대한 자각이 생기면서 이러한 특질들은 놀라움과 경외감으로 바뀌고, 이는 하나님에 대한 경외감으로 변한다. 하나님에 대한 진정한 경외감은 우리의 영(spirit)의 삶 안에서 태어나고 그 안에 거처를 마련한다. 제 5장에서 언급한 바와 같이, 충분히 돌봄 받지 못한 아이는 졸음의 영을 가지게 된다. 이런 아이들의 마음(heart)은 돌짝밭이 되고, 영은 깨어나지 못한다. 결국 이들은 울퉁불퉁한 바윗돌과 파편들을 힘차게 뚫고 지나가서 하나님과 사람들이 주는 애정과 사랑 안에 정착하여 양분을 흡수해낼 만한 영적 에너지가 없다. 이들에게는 뿌리가 없다. 단순히 심리적인 결심이나 의지력만으로는 불충분하다. 제 5장에서 살펴본 대로, 그들은 영의 기능이 멈춰있기에 의식의 기능 역시 중단되어 있다. 이들은 유혹의 순간에 금방 넘어진다.

돌진해오는 문화의 홍수에 대해 통렬한 비난을 가하며 단호하게 훈계하려는 설교자들은 번번이 목적이 좌절되곤 한다. 교인들이 바로 서는 것은 오직 그들이 생존에 필요한 뿌리를 갖추고 있을 때에만 가능하다! 어떻게 해야 하나님의 말씀의 절대성을 단번에 확실하게 깨달을 수 있을까? 육신에 속한 의지력으로는 도저히 불가능하다. 믿으려는 결의를 다 잡는다고 될 일이 아니다. 오늘날 '믿음(faith)'에 관한 이야기는 난무한다. 그러나 왠지 알맹이가 빠진 공허한 선전 문구처럼 들릴 때가 많다. 믿음이란 관계맺음이다. 믿음이란 실제적이고도 부인할 수 없는 경험을 통해 지속적으로 하나님과 관계를 맺는 일이다. 머리(head)의 지식이 '사랑 가운데 뿌리가 박히고 터가 굳어진'(엡 3:17) 진정한 믿음을 향해 나아가는 20cm의 여행이 가능해지려면, 각 개인의 영을 되살리고 깨워냄으로써 정상적으로 작동하는 뿌리의 기능을 회복하는 길 외에는 없다!

사역초기에 나는 당시 전국을 휩쓸기 시작한 포르노의 홍수를 보며 뭔가 의미 있는 일을 하고 싶었다. '좋은 문학을 위한 시민들(Citizens for Decent Literature)'이라는 단체를 통해 깨달음을 얻은 나는, 온갖 시민단체를 찾아다니며 연설을 했다. 시민단체를 통해 일리노이 주의 스트리터(Streator)에서 강연할 수 있는 초대장을 얻어내기도 했다. 나는 사람들에게 위험을 경고했고, 믿음으로 초청하였으며, CDL에 가입한 시민의 수도 늘려갔다. 마침내 50여 개의 클럽들과 사회단체, 또한 우리의 경고를 받아들인 수백 명의 시민들이 우리의 일에 동참했다. 이러한 노력의 결과가 무엇이었는지 아는가? 도색잡지를 구매하고 외설적인 영화를 보기 위해 몰려가는 사람들은 훨씬 더 많아졌다! 마치 금서목록을 만든 로마가톨릭과 같았다. 호기심은 사람들로 하여금 더 빨리 금서를 보기 위해 금서 있는 데로 달려가게 만들었다! 미국에서는 알코올 금지로 인해 백만장자가 된 암거래상이 생겨났고 마피아 조직도 강화되었다. 악을 정면으로 대항하는 가르침과 설교는 도리어 악을 선전하고 퍼뜨리는 결과만 초래한다는 사실을 나는 너무도 어렵사리 터득했다. 물론 때로는 그렇게 할 필요도 있다. 이따금씩 위험에 대한 경고는 필요하다. 그러나 계속해서 큰소리로 외쳐대기만 한다면 오히려 정반대의 효과가 되돌아온다. 오직 복음을 외치는 것만이 능력이다! 진정한 믿음이 생겨나 영이 깨어났을 때, 비로소 사람들은 건전한 삶을 살아간다!

설교자들이 이러한 사실을 모르면 주님 오실 때까지 단지 여기저기서 발생한 자잘한 죄(sin)의 불만 진압하느라 녹초가 될지 모른다. 온 나라를 날아다니는 풀꽃 씨처럼 지속적인 효과는 전혀 거두지 못한 채 말이다! 거듭 말한다. 주님 안에서 뿌리 기능을 제대로 회복한 자만이 제대로 살아갈 힘이 있다. 오늘날 우리가 행하는 대부분의 노력들을 볼 때마다 최신 유행하는 생일초가 연상된다. 훅 불어 끈 뒤에도 다시금 점화가 가능하도록 만들어진 초 말이다. 우리는 죄를 볼 때마다 안절부절 못한다. 해결이 되었다 생각하고 다른 곳을 향해 고개를 돌리자마자, 그 문제는 다시금 불꽃이 일고 있다. 말라기 4장 5-6절의 예언을 다시 한 번 들어보자.

> 보라 여호와의 크고 두려운 날이 이르기 전에 내가 선지 엘리야를 너희에게 보내리니 그가 아비의 마음을 자녀에게로 돌이키게 하고 자녀들의 마음을 그들의 아비에게로 돌이키게 하리라 돌이키지 아니하면 두렵건대 내가 와서 저주로 그 땅을 칠까 하노라 하시니라

아버지의 마음(heart)이 자녀에게 돌아올 때에라야 자녀의 마음

(heart)은 사랑 속에 뿌리를 박고 터를 잡는다. 그때야 비로소 영은 하나님에 대한 진정한 경외함 가운데 뿌리를 박게 된다. 또한 그때야 비로소 우리의 삶은 '마귀의 궤계를 능히 대적하기 위하여 하나님의 전신갑주를 입고, 모든 일을 행한 후에 설 수 있는' (엡 6:11, 13) 영적인 힘을 부여받는다. 회중들에게 거룩하고 강건한 삶의 능력을 주기를 진심으로 원하시는 목사님들이 계신가? 회중들로 가정의 회복을 이루게 하라. 상처 입은 마음을 치유하고 잠자는 영이 다시금 깨어나게 하라. 오직 그렇게 할 때에만이 그들은 진정으로 하나님의 말씀을 믿고 서게 된다.

참으로 각 사람은 서기 위한 단호한 결단을 스스로 내려야 한다. 속이 텅 빈 자는 설 수 없다. 우리는 이런 자들을 준비시켜야 한다. 마비되어 있는 그들의 영을 자유케 해주어야 한다. 일단 영이 깨어나기만 하면, 의는 세찬 물줄기처럼 흘러넘칠 것이다. 또한 그동안 화가나있던 영은 이제껏 우리가 다소 후회하기만 하고 지나쳤던 여러 가지 악들을 더 이상 허용하지 않게 될 것이다. 상처와 졸음의 영을 치유하는 일은 도덕성을 회복한 사회로 가기 위한 확실하고 유일한 열쇠이다. 한번 부딪쳐보자!

참고문헌 bibliography

The Amplified Bible(Grand Rapids, MI: Zondervan, 1965).

M.A. Atwood, Hermetic Philosophy and Alchemy(New York: Julian Press, 1960).

R.Gladstone, Jr., Mind Over Matter, American Child Psychology, 1974), quoted by Kenneth McAll, Journal of Christian Healing, Vol.5, No.1

Marshall Hamilton, Father's Influence on Children (Chicago: Nelson-Hamilton, 1977)

Jeff Lane Hensley, Ed., The Zero People (Ann Arbor, MI:Servant, 1983).

The Holy Bible - Revised Standard Version (New York: Collins, 1952).

The Holy Bible - New International Version (Grand Rapids, MI; Zondervan, 1978).

King James Version of the Bible

New American Standard Bible (Carol Stream, IL: Creation House, 1973).

Oxford Universal Dictionary (London: Clarendon Press, 1933).

Leanne Payne, Crisis in Masculinity (Westchester, IL: Crossway, 1985).

John and Paula Sandford, The Elijah Task (Tulsa, OK: Victory House, 1977).

John and Paula Sandford, Restoring the Christian Family (Tulsa, OK: Victory House, 1979).

John and Paula Standford, The Transformation of the Inner Man (Tulsa, OK: Victory House, 1982).

William Shakespeare, Hamlet

William Shakespeare, Macbeth

O.Carl Simonton & Stephanie Simonton, Getting Well Again (Los Angeles: Cancer Control Society, 1978).

J.R.R. Tolkien, The Lord of the Rings Trilogy: The Fellowship of the Ring, The Two Towers, The Return of The King (Boston: Houghton – Mifflin, 1974).

Thomas Verny & John Kelly, The Secret Life of the Unborn Child (New York: Summit Books, 1981).

순전한 나드 도서안내　02-574-6702

No.	도서명	저자	정가
1	존 비비어의 승리〈개정판〉	존 비비어	12,000
2	교회를 뒤흔드는 악령을 대적하라	프랜시스 프랜지팬	5,000
3	교회를 어지럽히는 험담의 악령을 추방하라	프랜시스 프랜지팬	5,000
4	그리스도인의 삶의 비결〈개정판〉	진 에드워드	9,000
5	존 비비어의 친밀감〈개정판〉	존 비비어	14,000
6	내게 신선한 기름을 부으셨나이다	허 철	9,000
7	내어드림〈개정판〉	프랑소와 페늘롱	7,000
8	더 넓게 더 깊게	메릴린 앤드레스	13,000
9	존 비비어의 축복의 통로〈개정판〉	존 비비어	8,000
10	부서트리고 무너트리는 기름 부으심	바바라 J. 요더	8,000
11	사도적 사역	릭 조이너	12,000
12	사사기	잔느 귀용	7,000
13	상한 마음을 치유하는 기도	마크 버클러	15,000
14	상한 영의 치유1	존 & 폴라 샌드포드	17,000
15	상한 영의 치유2	존 & 폴라 샌드포드	13,000
16	성령님을 아는 놀라운 지식	허 철	10,000
17	세계를 변화시키는 능력	릭 조이너	10,000
18	속사람의 변화 1	존 & 폴라 샌드포드	11,000
19	속사람의 변화 2	존 & 폴라 샌드포드	13,000
20	신부의 중보기도	게리 윈스	11,000
21	십자가의 왕도	프랑소와 페늘롱	8,000
22	아가서	잔느 귀용	11,000
23	악의 속박으로부터의 자유	릭 조이너	9,000
24	어머니의 소명	리사 하텔	12,000
25	여정의 시작	릭 조이너	13,000
26	영광스러운 교회에 보내는 메시지 1	릭 조이너	10,000
27	영분별〈개정판〉	프랜시스 프랜지팬	4,000
28	영적 전투의 세 영역〈개정판〉	프랜시스 프랜지팬	11,000
29	예레미야	잔느 귀용	6,000
30	예수 그리스도와의 친밀함	잔느 귀용	7,000
31	예수님 마음 찾기	프랑소와 페늘롱	8,000
32	예수님을 닮은 삶의 능력〈개정판〉	프랜시스 프랜지팬	12,000
33	예수님을 향한 열정〈개정판〉	마이크 비클	12,000
34	잔느 귀용의 요한계시록〈개정판〉	잔느 귀용	13,000
35	인간의 7가지 갈망하는 마음	마이크 비클 & 데보라 히버트	11,000
36	저주에서 축복으로	데릭 프린스	6,000
37	주님, 내 마음을 열어 주소서	캐티 오츠 & 로버트 폴 램	9,000
38	지구상에서 가장 강력한 기도	피터 호로빈	7,500
39	축사사역과 내적치유의 이해 가이드	존 & 마크 샌드포드	20,000
40	출애굽기	잔느 귀용	10,000
41	하나님과 동행하는 사람들	샨 볼츠	9,000
42	하나님과 사람에게 더욱 사랑스러운 자	듀안 벤더 클럭	10,000
43	하나님과의 연합	잔느 귀용	7,000
44	하나님의 마음에 합한 사람	마이크 비클	13,000
45	하나님의 아름다움을 바라보는 축복	허 철	10,000
46	하나님의 요새〈개정판〉	프랜시스 프랜지팬	9,000
47	하나님의 장군의 일기〈개정판〉	잔 G. 레이크	6,000
48	항상 배가하는 믿음〈개정판〉	스미스 위글스워스	13,000
49	항상 부족함이 없으리로다	하이디 베이커	8,000
50	혼돈으로부터의 자유	릭 조이너	5,000
51	혼의 묶임을 파쇄하라	빌 & 수 뱅크스	10,000
52	존 비비어의 회개〈개정판〉	존 비비어	11,000
53	금식이 주는 축복	마이크 비클 & 다나 캔들러	12,000
54	부활	벤 R. 피터스	8,000
55	거절의 상처를 치유하시는 하나님	데릭 프린스	6,000
56	존 비비어의 분별력〈개정판〉	존 비비어	13,000
57	통제 불능의 상황에서도 난 즐겁기만 하다	리사 비비어	12,000

PURE NARD BOOKS

No.	도서명	저자	정가
58	어린이와 십대를 위한 축사사역	빌 뱅크스	11,000
59	빛은 어둠 속에 있다	패트리샤 킹	10,000
60	목적으로 나아가는 길	드보라 조이너 존슨	8,000
61	러쉬 아워	슈프레자 싯홀	9,000
62	지도자의 넘어짐과 회복	웨이드 굿데일	12,000
63	하나님의 일곱 영	키이스 밀러	13,000
64	너희 지체를 의의 병기로 하나님께 드리라	허 철	8,000
65	왕의 자녀의 초자연적인 삶	빌 존슨 & 크리스 밸러턴	13,000
66	믿음으로 산 증인들	허 철	12,000
67	욥기	잔느 귀용	13,000
68	나라를 변화시킨 비전: 윌리엄 테넌트의 영적인 유산	존 한센	8,000
69	세상을 다스리는 권세의 회복	레베카 그린우드	10,000
70	창세기 주석	잔느 귀용	12,000
71	하나님의 강	더치 쉬츠	13,000
72	당신의 운명을 장악하라	알렌 키란	13,000
73	자살	로렌 타운젠드	10,000
74	그리스도인의 영적혁명	패트리샤 킹	11,000
75	초자연적 중보기도	레이첼 힉슨	13,000
76	나는 하나님의 음성을 듣는다	킴 클레멘트	11,000
77	하나님의 초자연적인 능력	바비 코너	11,000
78	사랑하는 하나님	마이크 비클	15,000
79	과거로부터의 자유(개정판)	존 & 폴라 샌드포드	14,000
80	일곱 교회 이기는 자에게 주시는 축복	허 철	9,000
81	일곱 산에 관한 예언(개정판)	조니 앤로우	15,000
82	일터에 영광이 회복되다	리차드 플레밍	12,000
83	악의 삼겹줄을 파쇄하라(개정판)	샌디 프리드	12,000
84	초자연적 경험의 신비	짐 골 & 줄리아 로렌	13,000
85	웃겨야 살아난다	피터 와그너	8,000
86	폭풍의 전사	마헤쉬 & 보니 차브다	13,000
87	천국 보좌로부터 온 전략	샌디 프리드	11,000
88	영향력	윌리엄 L. 포드 3세	11,000
89	신의 성품에 참예하는 자	허 철	8,000
90	예언, 꿈, 그리고 전도	덕 애디슨	13,000
91	아가페, 사랑의 길	밥 멈포드	13,000
92	불타오르는 사랑	스티브 해리슨	12,000
93	능력, 성결, 그리고 전도	랜디 클락	13,000
94	종교의 영	토미 펨라이트	11,000
95	예기치 못한 사랑	스티브 J. 힐	10,000
96	모르드개의 통곡	로버트 스턴스	13,500
97	1세기 교회사	릭 조이너	12,000
98	예수님의 얼굴(개정판)	데이비드 E. 타일러	13,000
99	토기장이 하나님	마크 핸비	8,000
100	존중의 문화	대니 실크	12,000
101	제발 좀 성장하라!	데이비드 레이븐힐	11,000
102	정치의 영	파이살 말릭	12,000
103	치유 사역 훈련 지침서	랜디 클락	12,000
104	헤븐	데이비드 E. 타일러	13,000
105	더 크라이	키스 허드슨	11,000
106	천국 여행	리타 베넷	14,000
107	파수 기도의 숨은 능력	마헤쉬 & 보니 차브다	13,000
108	지저스 컬처	배닝 립스처	12,000
109	넘치는 기름부음	허 철	10,000
110	거룩한 대면	그래함 쿡	23,000
111	믿음을 넘어선 기적	데이브 헤스	10,000
112	영적 전쟁의 일곱 영	제임스 A. 더함	13,000
113	영적 전쟁의 승리	제임스 A. 더함	13,000
114	기적의 방을 만들라	마헤쉬 & 보니 차브다	12,000

No.	도서명	저자	정가
115	개인적 예언자	미키 로빈슨	13,000
116	어둠의 영을 축사하라	짐 골	13,000
117	보좌를 향하여	폴 빌하이머	10,000
118	적그리스도의 영을 정복하라	샌디 프레드	13,000
119	성령님 알기	마헤쉬 & 보니 차브다	12,000
120	십자가의 권능	마헤쉬 & 보니 차브다	13,000
121	성령이 이끄시는 성공	대니 존슨	13,000
122	축복의 능력	케리 커크우드	13,000
123	하나님의 호흡	래리 랜돌프	11,000
124	아름다운 상처	룩 홀터	11,000
125	하나님의 길	덕 애디슨	13,000
126	천국 체험	주디 플랭클리, 베니 존슨	12,000
127	당신의 사명을 깨우라	M. K. 코미	11,000
128	기독교의 유혹	질 새넌	25,000
129	우리가 몰랐던 천국의 자녀양육법	대니 실크	12,000
130	임재의 능력	매트 소거	12,000
131	예수의 책	마이클 코울리아노스	13,000
132	신앙의 기초 세우기	래리 크레이더	13,000
133	구약에서 일어난 모든 일들	윌리엄 H. 마티	13,000
134	신약에서 일어난 모든 일들	윌리엄 H. 마티	11,000
135	드보라 군대	제인 해몬	14,000
136	거룩한 불	R. T. 켄달	13,000
137	당신의 자녀를 향한 하나님의 65가지 약속	마이크 슈리브	8,000
138	무슬림 소녀, 예수님을 만나다	사마 하비브 & 보디 타이니	13,000
139	스미스 위글스워스의 병 고침(개정판)	스미스 위글스워스	12,000
140	뇌의 스위치를 켜라	캐롤라인 리프	13,000
141	약속된 시간	제임스 A. 더함	13,000
142	실패를 딛고 일어서는 믿음	샌디 프레드	12,000
143	스미스 위글스워스의 성령의 은사(개정판)	스미스 위글스워스	13,000
144	끝날 때까지 끝난 것이 아니다	R. T. 켄달	15,000
145	완전한 기억	마이클 A. 댄포스	10,000
146	금촛대 중보자들 1	제임스 말로니	15,000
147	질투	R. T. 켄달	14,000
148	사탄의 전략	페리 스톤	14,000
149	죽음에서 생명으로	라인하르트 본케	12,000
150	금촛대 중보자들 2	제임스 말로니	13,000
151	금촛대 중보자들 3	제임스 말로니	13,000
152	올바른 생각의 힘	케리 커크우드	12,000
153	부흥의 거장들	빌 존슨 & 제니퍼 미스코브	25,000
154	지옥의 실체와 하나님의 열쇠	메리 캐서린 백스터	12,000
155	문지기들이여 일어나라	제임스 A. 더함	15,000
156	안식년의 비밀	조나단 칸	15,000
157	교회를 깨우는 한밤의 외침	R. T. 켄달	15,000
158	하나님의 시간표	마크 빌츠	12,000
159	사랑의 통역사	샨 볼츠	12,000
160	예루살렘의 평화를 위해 기도하라	탐 헤스	13,000
161	마이크 비클의 기도	마이크 비클	25,000
162	유대적 관점으로 본 룻기	다이앤 A. 맥닐	13,000
163	폭풍을 향해 노래하라	디모데 D. 존슨	13,000
164	영광의 세대	브루스 D. 알렌	15,000
165	영적 분위기를 바꾸라	다우나 드 실바	12,000
166	하나님을 홀로 두지 말라	행크 쿠네만	14,000
167	하나님이 디자인하신 완전한 나	캐롤라인 리프	20,000
168	대적의 문을 취하라(개정판)	신디 제이콥스	15,000
169	R. T. 켄달의 임재	R. T. 켄달	15,000
170	영성가의 기도	찰리 삼프	10,000
171	하나님의 불	제임스 A. 더함	15,000

No.	도서명	저자	정가
172	일상에 임한 하나님의 영광	브루스 D. 알렌	15,000
173	마지막 시대 마지막 주자	타드 스미스	13,000
174	주의 선하신 치유 능력	크리스 고어	13,000
175	건강한 생활 핸드북	로라 해리스 스미스	15,000
176	더 높은 부르심	제임스 말로니	12,000
177	레위기, 민수기, 신명기(개정판)	잔느 귀용	14,000
178	당신도 예언할 수 있다(개정판)	스티브 탐슨	14,000
179	생각하고 배우고 성공하라	캐롤라인 리프	15,000
180	기적을 풀어내는 예언적 파노라마	제임스 말로니	13,000
181	케빈 제다이의 초자연적 재정	케빈 제다이	14,000
182	적그리스도와 마지막 때 분별하기	마크 빌츠	13,000
183	블러드문	마크 빌츠	11,000
184	하이디 베이커의 사랑	하이디 & 롤랜드 베이커	13,000
185	내 인생을 바꿔 줄 최고의 여행	제이 스튜어트	12,000
186	시간 & 영원	조슈아 밀즈	10,000
187	하나님의 임재	빌 존슨	13,000
188	초자연적 기름부음	줄리아 로렌	12,000
189	하나님의 갈망	제임스 A. 더함	14,000
190	형통의 문을 여는 31가지 선포기도	케빈 & 캐티 바스코니	5,000
191	춤추는 하나님의 손	제임스 말로니	37,000
192	참소자를 잠잠케 하라	샌디 프리드	13,000
193	영광이란 무엇인가?	폴 맨워링	14,000
194	내일의 기름부음	R. T. 켄달	13,000
195	영적 전투를 위한 전신갑주	크리스 밸러턴	12,000
196	성령을 소멸치 않는 삶	R. T. 켄달	13,000
197	초자연적인 삶	아담 F. 톰슨	10,000
198	한계를 돌파하라	샌디 프리드	13,000
199	마음을 견고히 하라	빌 존슨	9,000
200	천국으로부터 받아 누리기	케빈 제다이	13,000
201	모든 것이 당신에게 유리하게 되어 있다	케빈 제다이	15,000
202	징조!!	조나단 칸	18,000
203	데릭 프린스의 교만과 겸손	데릭 프린스	10,000
204	유다의 사자	커트 A. 슈나이더	15,000